战争知识百科

ZHAN ZHENG ZHI SHI BAI KE

王 烨 主编

云南大学出版社

图书在版编目（CIP）数据

战争知识百科/王烨主编 . —昆明：云南大学出
版社，2010

（青少年知识小百科）

ISBN 978 - 7 - 5482 - 0339 - 1

Ⅰ . ①战… Ⅱ . ①王… Ⅲ . ①军事—青少年读物
Ⅳ . ①E - 49

中国版本图书馆 CIP 数据核字（2010）第 260081 号

青少年知识小百科
战争知识百科

主　　编：王　烨
责任编辑：于　学　李　红
装帧设计：林静文化

出版发行：云南大学出版社
电　　话：(0871) 5033244　5031071　　(010) 51222698
经　　销：全国新华书店
印　　刷：北京旺银永泰印刷有限公司

开　　本：710mm × 1000mm　1/16
字　　数：303 千字
印　　张：15
版　　次：2011 年 3 月第 1 版
印　　次：2011 年 3 月第 1 次印刷
书　　号：ISBN 978 - 7 - 5482 - 0339 - 1
定　　价：29.80 元

地　　址：云南省昆明市翠湖北路 2 号云南大学英华园内
邮　　编：650091
E - mail：market@ynup.com

前　言

　　时光如梭、岁月如流、逐步进入21世纪。这是一个信息的时代、这是一个知识的世界、这是一个和谐发展的社会。亲爱的青少年读者啊，邀游在地球村，你将发现瑰丽的景象——自然的奥秘、文明的宝藏、宇宙的奇想、神奇的历史、科技的光芒。还有文化和艺术，这些是人类不可缺少的营养。勇于探索的青少年读者啊，来吧，快投入这智慧的海洋！它们将帮助你，为理想插上翅膀。

　　21世纪科学技术迅猛发展，国际竞争日趋激烈，社会的、信息经济的全球化使创新精神与创造能力成为影响人们生存的首要因素。21世纪世界各国各地区的竞争，归根结底是人材的竞争，因此培养青少年创新精神，全面提高青少年素质和综合能力，已成为我国基础教育的当务之急。

　　为满足青少年的求知欲，促进青少年知识结构向着更新、更广、更深的方向发展，使青少年对各种知识学习发生浓厚兴趣，我们特组织编写了这套《青少年知识小百科》。它是经过多位专家遴选编纂而成，它不仅权威、科学、规范、经典，而且全面、系统、简洁、实用。《青少年知识小百科》符合中国国情，具有一定前瞻性。

　　知识百科全书是一种全面系统地介绍各门类知识的工具书，是人类科学与思想文化的结晶。它反映时代精神，传承人类文明，作为一个国家或民族文明进步的标志而日益受到世界各国的重视。像法国大学者狄德罗主编的《百科全书》，英国1768年的《不列颠百科全书》，以及我国1986年出版的《中国大百科全书》等，均是人类科学与文化的巨型知识百科全书，堪称"一所没有围墙的大学"。

　　《青少年知识小百科》吸收前人成果，集百家之长于一身，是针对中国青少年的阅读习惯和认知规律而编著的；是为广大家长和孩子精心奉献的一份知识大餐，急家长之所急，想孩子之所想，将家长的希望与孩子的想法完美体现的一部智慧之书。相信本书会为家长和孩子送上一份喜悦与轻松。

全书500多万字，共分20册，所涉范围包括文化、艺术、文学、社会、历史、军事、体育、未解之谜、天文地理、天地奇谈、名物起源等多个领域，都是广大青少年需要和盼望掌握的知识，内容很具代表性和普遍性，可谓蔚为大观。

本书将具体的知识形象化、趣味化、生动化、知识化、发挥易读，易看的功能，充分展现完整的内容，达到一目了然的效果。内容上人性、哲理兼融，形式上采用编目式编辑。是一部可增扩青少年知识面、启发青少年学习兴趣的百科全书。

本书语言生动，富有哲理，耐人寻味，发人深省，给人启迪，有时甚至一生铭记在心，终生受益匪浅，本书易读、易懂让人爱不释手，阅读这些知识，能够启迪心灵、陶冶情操、培养兴趣、开阔眼界、开发智力，是青少年读物中的最佳版本，它可以同时适用于成人、家长、青少年阅读，是馈赠青少年的最佳礼品，而且也极具收藏价值。

限于编者的知识和文字水平，本书难免有疏漏之处，敬请专家学者和广大读者批评指教，同时，我们也真诚地希望这套系列丛书能够得到广大青少年读者的喜爱！

本书编委会

目　录

第一章　刀光剑影——古代战争纵览

第一节　箭簇飞舞——冷兵器战争

1. 兵戎相见——剑与盾的碰击

剑与盾的碰击，奏响了冷兵器时代战争的主旋律。

冷兵器是指用石块、木棍、青铜器、钢铁、弓箭等不使用火药的武器的统称。冷兵器时代大约从原始社会晚期到公元前 10 世纪，经历了石器兵器时代、青铜兵器时代和铁器兵器时代。最初，人们用石块和棍棒进行格斗，后来逐步发展为矛、剑和盾的拼杀。

早期战争中主要使用石质兵器，决定战争胜负的主要是士兵的士气、武艺和体力，基本上无战略战术可言。战争非常残酷，初期有人吃人的现象，后来，变为把俘虏杀掉，直到野蛮时代后期，生产的增长带来了对劳动力的需要，才使用俘虏劳动。原始社会部落之间频繁的掠夺战争，加速了私有财产和奴隶剥削的发展，敲响了原始社会覆灭的丧钟，推动了阶级、国家的形成。

从原始社会到奴隶社会的转变是历史上的一个巨大进步。奴隶和奴隶主阶级以及国家形成后，常常发生压迫与反压迫、侵略与反侵略的战争。奴隶主之间争夺奴隶、财富和兼并土地的斗争也很激烈，奴隶制国家就是经过残酷的战争而逐渐巩固的。这个时期的战争大体上有：新兴奴隶主推翻腐朽奴隶主统治的战争，如罗马内战；奴隶制国家间的兼并与争霸战争，如古代埃及与赫梯的争霸战争、伯罗奔尼撒战争等；新兴的封建势力推翻奴隶主统治的战争，如"蛮族"灭亡罗马帝国的战争；反对外来侵略的战争，如埃及反喜克索斯的战争；奴隶反对奴隶主统治的战争，如斯巴达克起义。

进入中世纪后，军队的构成以封建骑士为核心，当时使用的兵器主要是长矛、剑和盾牌，随同骑兵的步兵装备简陋，缺乏防护的铠甲，也缺乏战斗力，因此当时的战争主要依靠骑士的搏斗来决定胜负。阿拉伯人正是依靠优势的骑兵及宗教狂热统一了阿拉伯半岛,并向外扩张。这个时期由于封建割据,经济发展缓慢,加上受神学和经院哲学的桎梏,军事学术发展受到很大限制,正如恩格斯所说:"整个中世纪在战术发展方面,也像在其他科学方面一样,是一个毫无收获的时代。"

当火药由中国传入西方,最后在战场上表明其威力的时候,封建骑士的铠甲才无法防御,从而退出了战争舞台。

2. 硝烟弥漫——苏美尔战争

尼罗河畔的古埃及,幼发拉底河和底格里斯河流域的苏美尔和巴比伦,印度河和恒河流域的古印度,黄河和长江之滨的中国,是世界文明的四大摇篮。五六千年来,它们孕育着亿万人民的智慧和创造,为人类文明作出了卓越的贡献。人类有文字记载的最早的战争就发生在古代苏美尔。

苏美尔地区有许多城邦国家,均以灌溉农业经济为主,因而经常为夺取土地、奴隶和水源而进行战争。公元前 30 世纪前期,苏路帕克、乌鲁克、乌尔和基什先后称霸。当时实行的是公民兵制,只要有战争,老百姓便纷纷放弃生产从事战争。据苏美尔史诗《吉尔伽美什与阿伽》记载,有一次基什的国王阿伽遣使向埃勒克(乌鲁克)国王吉尔伽美什提出强硬要求。吉尔伽美什召开城市长老会议商讨,长老会议居然选择投降,吉尔伽美什又召集全城民众会议,而民众则答复吉尔伽美什:"不要向基什家族投降,我们要用武器打。"

于是,吉尔伽美什告诉他的仆人恩奇都:"为了猛烈的战斗,且把苏卡拉(一种农具——作者注)放在一边,让战斗的武器回到你们的身旁……"然而此时,基什国王阿伽的队伍已经包围了埃勒克。吉尔伽美什告诉他的勇士们:"我的愁眉苦脸的英雄们,谁有心,就请他站起来,我将派他去见阿伽。"

一位名叫比尔胡尔图里的勇士站出来,要去见阿伽。于是,吉尔伽美什登上城墙指挥作战,最后取得了胜利。他和阿伽会晤,双方又言归于好。

公元前 30 世纪中期,拉格什国兴起。国王安那吐姆在位时摆脱了基什的统治,并征服了乌尔。安那吐姆的扩张引起北邻国家温马的不安。公元前 2470 年,温马国王乌什联合基什和阿克沙克进犯拉格什。安那吐姆率军迎战,打败了温马的联军。战后,他把这场战争的胜利记在一块大石碑上,这块石碑上刻有鹫形,号为"鹫碑",其遗迹现藏于法国巴黎卢浮宫博物院。

约在公元前 25 世纪末,温马国王乌尔鲁马率军越过边界,打坏"鹫碑",

侵入拉格什境内。拉格什国王安那吐姆一世和恩铁美那先后率军迎战，温马再次战败。公元前 2377 年至公元前 2371 年，温马国王卢伽尔扎吉西率军进攻拉格什，初期受挫，后与乌鲁克组成联军，攻陷拉格什城，在苏美尔暂时取得霸权。

这是人类有文字记载的最早的战争。尽管人类最初几千年历史一直没有文字记录，但武装冲突和战争早已是长期存在的事实。

当时，兵器和生产工具没有严格的区分，人们使用石块、棍棒等作为寻找食物、配偶和栖身之所的工具，或者用来征服他人，从而认识了石块和棍棒作为"武器"的价值。后来，人类又发现，边缘锋利的石块或者削尖的棍棒要比圆石或钝棒威力更大，所以战争中主要使用石质的冷兵器，即所谓"以石为兵"、"以玉为兵"。

3. 军事强国——亚述

在漫长的几个世纪里，亚述历代诸王四面出击，建立起了一个北临乌拉尔图，南达波斯湾，西抵地中海沿岸和埃及，东接伊朗，地跨西亚和北非的奴隶制大帝国。然而，就在它发展到鼎盛之际却突然灰飞烟灭了。

亚述原是巴比伦北面的一个小国，位于底格里斯河上游，同其四周邻国进行了许多战争。有时实行侵略扩张政策，有时被迫防守自卫，以此维持着国家的奴隶制政权。

古亚述时期（公元前 2030—公元前 1366 年），在军事上功绩卓著的是第十三代国王沙马什阿达德。他以暴力夺取政权，并以武力对外扩张领土，曾在铭文上自称是"四方之王"。在他统治期间，接受过许多国王的纳贡，势力达到"大海"（地中海）之滨。

中亚述时期（公元前 1366—公元前 935 年），提格拉·帕拉萨一世不仅向南征服了巴比伦，还向西远征黎巴嫩和腓尼基。不过，亚述大规模的侵略扩张和鼎盛之时还是在新亚述帝国时期（公元前 935—公元前 612 年）。

公元前 745 年，提格拉·帕拉萨三世登基，这位雄才大略的国王随即积极进行军事改革，废弃了当时的民兵组织，在全国各地建立了一支常备正规军，用铁制兵器更换铜制兵器，使亚述军队成为有史以来使用铁制兵器的第一支大军。提格拉·帕拉萨三世把行省由大划小，加强了中央集权和军队的作战能力。

当时，西亚和北非的强国如埃及、古巴比伦、赫梯等，到公元前 10 世纪都已衰落或灭亡；叙利亚、腓尼基、巴勒斯坦则诸国纷争；乌拉尔图虽曾一度兴盛，但未能发展到足以压倒亚述的程度。提格拉·帕拉萨三世决定利用这一形势，采取各个击破的战略方针，实行对外扩张。

提格拉·帕拉萨三世首先率兵平定巴比伦内乱，建立亲亚述政权，从而稳定了后方。第二年即公元前744年又率军向东北进攻，征服米底各部落，砍掉了强敌乌拉尔图的左膀。

公元前743年，他进行第一次大规模西征，率军横渡幼发拉底河向叙利亚北部诸部进攻。叙利亚各部慑于亚述的强大力量，遂联合迎击亚述侵略军，并火速向乌拉尔图国王萨尔杜尔三世求援。

萨尔杜尔三世很清楚，亚述人对叙利亚的进攻实际上是进攻乌拉尔图的前奏，因而毫不犹豫地派出大军援救叙利亚各部。亚述国王早就想到了这一点，他在幼发拉底河谷的萨姆萨特附近的险要地形上设下埋伏，当乌拉尔图大军进入伏击圈后，亚述军队突然"神兵"天降，一举将乌拉尔图大军击溃，萨尔杜尔三世侥幸逃脱。于是，叙利亚完全暴露在亚述的兵锋之下。阿尔帕德城被围，城内军民英勇抵抗达3年之久，最后在公元前740年陷落，整个叙利亚落入亚述人手中。

征服叙利亚后，提格拉·帕拉萨三世挥师向东。公元前739年，以大马士革、以色列为首的小亚南部、叙利亚、巴勒斯坦、阿拉伯等地19国联合反抗亚述。两军在黎巴嫩山区会战，亚述军又获全胜，西亚各国纷纷降服。

公元前735年，提格拉·帕拉萨三世认为最后攻打乌拉尔图的时机已经成熟，便对乌拉尔图发起了进攻，但由于乌拉尔图首都吐什普（今土耳其）设防坚固，亚述军久攻不下，而在此时地中海沿岸各地区反亚述奴役的起义不断，提格拉·帕拉萨三世只得中止与乌拉尔图的战争，回师镇压各地起义。

公元前732年，强大的亚述军队又进攻叙利亚，包围了京城大马士革。

叙利亚人顽强抵抗，激战了七天七夜，最后被亚述军队击溃了。

亚述军队每攻占一座城池，都残酷地对待被俘的士兵和城里的老百姓，杀害了城里的大多数人。大马士革的国王被捆绑着押到亚述国王的面前，被斩首。接着，一堆堆的金、银、铜、象牙和其他贵重物品，一车接一车地运回亚述……

第二年，迦勒底人夺占巴比伦王位，亚述王率兵打败迦勒底人，于公元前729年以联盟方式兼并巴比伦。

亚述的老国王去世后，他的继承人在公元前671年率军穿过西奈沙漠，攻占埃及首都孟斐斯，公元前640年灭亡埃及王国；公元前639年又攻占伊朗高原。从此，亚述囊括了当时世界上最强大的两个文明古国——埃及和巴比伦的全部领土，同时将疆土扩大到周围的地区，建立起一个威震一方的大帝国。

在世界军事史上，亚述写下了光辉的一页。在阿舒那西尔当政时期，战车和骑兵首次用于战场，大大加强了亚述军队的机动和攻击力量。虽然亚述军队的基本战斗人员仍然是弓箭手、盾牌手、长枪手和标枪手，但其装备精良，战斗人员拥有铠甲、盾牌和头盔，最普遍的武器是弓箭和短箭。亚述人还在战场上首次使用了撞城锤。

然而，建立在对外残酷掠夺、对内奴役劳动人民基础之上的亚述军事帝国，它的统治终究是不会长久的。不到100年，各被征服地区的人民不断掀起反抗斗争，陆续脱离了亚述的统治。在亚述国内，商人、僧侣、奴隶主集团和军事贵族奴隶主集团之间的矛盾日益加深，国内统治薄弱，一片混乱。其间，亚述的外部环境发生了很大变化。埃及独立后逐渐复兴，吕底亚成为小亚细亚富国，伊朗高原的米底逐渐强盛，迦勒底人日益壮大。公元前630年，迦勒底首领那波帕拉萨尔称王，于前626年攻占巴比伦，建立新巴比伦王国，不久与米底结成反亚述同盟。前612年，联军攻陷亚述首都尼尼微，亚述王自焚于宫中；公元前605年，联军又攻陷了亚述人在西部的最后据点卡赫美士，亚述军队全军覆没，盛极一时的亚述帝国终于覆亡了。

4. 一战成名——马拉松会战

在奥林匹克运动会上，有一个竞赛项目，叫"马拉松赛跑"，而且规定的距离为42公里又195米。为什么叫"马拉松赛跑"呢？又为什么规定这样的长度呢？原来这是根据古代希波战争中的一次著名会战——马拉松会战来的。

波斯帝国起源于西亚伊朗高原的西南部，是在古代亚述和巴比伦帝国的故土上兴盛起来的。公元前6世纪初，波斯人受米底王国的统治，他们在同米底人的斗争中，逐步形成强大的部落联盟。公元前553年，一个出身于阿黑门尼德氏族的部落首领居鲁士乘米底王国内乱之机，起兵灭了米底王国，于公元前550年建立了波斯国。

建国后，波斯仍保持着部落联盟的性质，有着军事民主制的遗风。它的军队被称为"卡拉"，即人民的意思，由波斯和米底的全体自由公社成员组成。这种兵民合一的战斗组织，使波斯帝国一开始便有强大的军事力量。

居鲁士是波斯帝国的创建者，他凭借强大的军事力量东征西讨，占领了小亚细亚、两河流域地区、叙利亚等地。公元前529年，居鲁士战死后，其子冈比西斯于公元前525年征服了埃及，建立起横跨亚非两大洲的奴隶制大帝国。

公元前522年，波斯国王大流士一世即位。他是一个野心勃勃的征服者。在他的铁腕下，波斯帝国得以重新统一。他实行了一系列维护奴隶制度和加强集权统治的改革：把整个帝国划分为 20 个行省，每省设总督 1 人；利用地冲海东岸腓尼基人的力量建立起一支强大的舰队，以控制地中海东部；修筑驿道，形成四通八达的道路网等。在进一步巩固了奴隶制帝国的中央集权后，大流士一世随即开疆拓土，扩大领地。

他于公元前 518 年征服了印度河流域西北部地区；公元前 514 年开始西侵黑海北岸，在色雷斯驻兵 8 万。后来，大流士一世又进而向爱琴海扩张，控制了一些岛屿，从此使波斯成为世界历史上第一个横跨亚、非、欧的奴隶制帝国。

大流士一世为了纪念他的伟大胜利，在岩石上刻上他的铭文。这个铭文至今还保留在伊朗西部 450 米高的贝希斯顿岩石上。铭文的上方，刻着大流士的全身像，他昂首挺胸，一副胜利者的英姿。在他的脚下，刻着一群跪着的人，旁边还有 9 个囚犯，脖子上捆着绳子，双手被绑在背后。据说，这些人就是他在击败其他国家时捕俘的 9 个国王。

大流士一世的西侵政策，引起了以雅典为首的希腊城邦国家的忧虑，加剧了希腊与波斯之间的矛盾。大流士一世最大的理想是征服希腊，控制欧洲。公元前 500 年，小亚细亚沿岸最大的一个希腊城邦米利都人由于难以忍受波斯人的压迫，掀起反波斯起义。随后，爱奥尼亚地区的许多城邦纷纷响应，宣布脱离波斯的统治。这可以说是希腊城邦与波斯帝国爆发战争的序幕。

小亚希腊人为反对波斯人，感到自身力量不足，因而派使节到希腊本土，向各自的母邦求援。当时斯巴达等城邦相距遥远无力渡海支援为由拒绝出兵，只有雅典和优卑亚岛上的埃雷特里亚答应支援，派出 25 艘战船前往米利都参战。由于起义军的联合行动和英勇作战，曾一度攻陷了小亚细亚的波斯总督所在地萨狄斯城。

萨狄斯城的陷落引起了大流士一世的高度重视，他立即派来大军进行血腥镇压，将起义军击败。公元前 492 年，大流士一世以雅典和埃雷特里亚援助米利都为借口，委派女婿马多尼乌斯为统帅，率领一支庞大的陆海军同时进发，发动了对希腊的战争。

马多尼乌斯率领的波斯大军的计划是：以陆军为主，取陆上迂回路线；海军沿海岸开进，支援陆军作战；先征服色雷斯和马其顿，再从希腊北部南下，逼攻雅典。

公元前 492 年夏天，波斯大军顺利越过了赫勒斯滂海峡，开始向希腊进军，沿途不断征服近海地带的一些希腊殖民地，但是波斯军深入异地，受到当地居民的强烈反抗，行进并不顺利。其陆军进入色雷斯境内后，每夺取一个城邦，都要付出相当大的代价。经过艰难的长途征战，波斯陆军才抵近马其顿边境。

在一次料想不到的作战中，统帅马多尼乌斯不幸受重伤。同时，海军到达阿索斯角时遇到大风暴，300多艘战船撞毁，2万余人失踪，几乎全军覆没。于是，受伤的马多尼乌斯决定收兵，向亚洲撤退。

公元前490年，波斯对希腊发动第二次远征。老将达提斯和阿塔非尼斯率军约2万余人横渡爱琴海，攻占并破坏了埃雷特里亚城，继而南进，在距雅典城东北40公里的马拉松平原登陆。

雅典全城紧急动员，组成约1万人的队伍开赴马拉松迎敌，并派人向斯巴达等城邦求援。雅典军到达马拉松后，立即修建阵地，建立营地，竭力拖延时间，以等待斯巴达援军的到来。可是，等了8天，只有普拉提亚城邦的1000名重装步兵及时赶来，斯巴达的援军一点影子也没有。

原来，斯巴达人虽然同意出兵增援，但宣称他们不能破坏宗教惯例，要等过了9月19日夜间的宗教节之后才能发兵。

然而，埃雷特里亚的陷落，使得雅典军不能继续等待，因为两支波斯军一旦汇合，雅典的处境将更糟。于是，公元前490年9月21日，爆发了著名的马拉松会战。

希腊联军指挥官米大亚得命令部队占据有利地形，控制山头，封锁通向雅典的道路。他针对波斯军在平原作战惯用的中央突破战术，设计了正面佯攻、两翼夹击的战法：把实力很强的雅典军重步兵分为两个各长约半里的横队，配置在阵地的两翼，前后共8排；在阵地中央，配置较弱的兵力，其横队只有4排。按照他的计划，首先由阵地中央较弱的兵力主动出击，引诱波斯军进行反击，然后雅典军且战且退，把波斯军引入陷阱；等到波斯军进到一定深度，其队形混乱之时，则以两翼重兵进行反攻，一举歼灭敌人。

经过激战，雅典军果然重创波斯军，波斯军死亡6400人，大批的人登舰逃跑；雅典军只牺牲192人，还缴获战船7艘。

米太亚得为了把胜利的消息迅速告诉雅典人，选中了快跑能手斐力庇第斯。斐力庇第斯虽然已经受了伤，但还是毅然接受了任务。他以飞快的速度从马拉松跑到雅典中央广场，对着盼望的人群激动地喊了一声：

"大家欢呼吧，我们胜利了！"

就在人群沸腾之时，斐力庇第斯却倒在地上牺牲了。

马拉松会战是雅典军的首次大捷，极大地鼓舞了希腊人奋起反对波斯军的作战热情，增强了希腊人团结抗战的必胜信心。

大流士一世得到波斯军再次失利的消息，十分气恼，决心再次远征希腊。但是，战败也导致了波斯境内一些部族和领地的反叛，打乱了他的西侵计划。不久，他就去世了。继位的薛西斯一世仍奉行侵略扩张政策，其征服希腊称霸欧洲的野心，较之其父有过之而无不及，为此他征集大量兵员物资，建造大量舰船，先后两次架设横跨赫勒斯滂海峡的浮桥，开凿经阿陀斯半岛颈部的运河。与此同时，希腊城邦也在紧张备战，雅典同 30 多个希腊城邦结成军事同盟，公推拥有强大陆军的斯巴达为盟主，组成了希腊联军。

公元前 480 年春，薛西斯一世率约 10 余万人、战船 1 000 余艘，渡过赫勒斯滂海峡，分水陆两路沿色雷斯西进，迅速占领北希腊，旋即南进至温泉关。斯巴达国王列奥尼达率领先期到达的希腊联军约 7 000 人扼守地势险要的温泉关。斯巴达人欧利比阿德斯指挥希腊海军控制阿尔泰米西翁角。

8 月中旬，波斯军向温泉关发起进攻，希腊守军顽强抵抗了两天，使波斯军损失惨重。第三天，当地一希腊人把波斯军引到希腊守军侧后，列奥尼达在腹背受敌的情况下，命令联军撤退以保存军力，自己率领 300 名斯巴达勇士顽强抵抗，直至全部阵亡。

指挥雅典海军的泰米斯托克利利用列奥尼达英勇阻击所争取的时间，将雅典全城居民安全转移，并在萨拉米斯岛集结了海军主力。结果，波斯陆军虽攻占了雅典却毫无所获，其海军却被诱入水域狭窄的萨拉米斯海峡。

希腊舰队发挥其船小灵活、在狭窄海湾运转自如的优势，以接舷战和撞击战法反复突击波斯舰队，击沉波斯战船 200 余艘。此战扭转了希波战争的战局，从此希军转入反攻，这也是世界海战史上以少胜多、以弱胜强的典型战例。

公元前 479 年 8 月中旬，波斯陆军南下与希腊联军在布拉底决战，斯巴达统帅保萨尼阿斯率 4 万人重创波斯陆军，杀死马多尼乌斯，粉碎了波斯的第三次远征。

波斯由于远征希腊失败，加上帝国内部矛盾重重，被迫转入守势，而以雅典为首的希腊联军则逐渐转入进攻，乘机扩张海上势力，企图建立雅典在爱琴海的霸权。

公元前 478 年，雅典舰队占领赫勒斯滂，打开了通向黑海的通路。同时，斯巴达国王色桑尼率领联军的伯罗奔尼撒舰队进行东征，先后攻下了地中海的塞浦路斯岛和博斯普鲁斯海峡的拜占庭，但都没有进行长期占领而单独返回巴尔干。由于色桑尼不善于统率联盟军队，斯巴达作为农业大国所推行的政策，也不受亚洲沿岸爱奥尼亚希腊人的欢迎，于是希腊联盟的各城邦举行会议，罢免了斯巴达对联盟军队的统帅权，而由雅典取而代之。

公元前 478 年年底至 477 年年初，由雅典首倡，其他决心继续进行反波斯战争的城邦，包括小亚细亚沿岸和附近岛屿的一些城邦在内，一致同意组成新的对抗波斯的同盟，因其会址和金库设在爱琴海中的提洛岛上，故被称为"提洛同盟"，又称"海上攻守同盟"或"雅典海上同盟"，推举雅典为盟主。

此后的希波战争，实际上就是以雅典为首的提洛同盟与波斯帝国之间的战争，同盟的领导权完全落入雅典手中，同盟成为雅典帝国的工具。

公元前476年，希腊联军攻占色雷斯沿海地区、爱琴海许多岛屿和拜占庭；公元前468年，在欧律墨东河口会战中大败波斯舰队；公元前449年，在塞浦路斯以东海域重创波斯军。波斯帝国见大势已去，无力继续与希腊为敌，于是向希腊求和，并且签订了《卡利亚斯和约》。和约规定，波斯放弃对爱琴海、赫勒斯滂和博斯鲁斯海峡的控制，承认小亚细亚西岸希腊诸城邦独立。希波战争到此结束，雅典成为爱琴海地区霸主。

在这次战争中，以雅典和斯巴达为首的希腊城邦，在强敌进攻面前，捐弃前嫌，团结对敌，对赢得胜利功不可没；希腊将领正确指挥，运用战略战术灵活多变，马拉松会战中注意把握战机，正确选择主要突击方向，创造了以少胜多的战例；周密策划组织了萨拉米斯海战；欧律墨东河口会战中成功地组织了陆海军的协同作战。而波斯军队的决策和指挥就显得略逊一筹。从这次战争也可以看出，战争的性质对于战争胜负起着决定性的作用。希腊城邦进行的战争是反侵略、反奴役的正义战争，它激励了城邦军民的爱国主义精神和同仇敌忾的激情。斯巴达国王和300名勇士的死节，雅典成年男子全部参加海军作战，就是明显的例证。

这场战争使波斯的扩张势头受到了遏制，但它本身并没有遭受重大破坏。对于希腊诸城邦来说，它们由此赢得了独立和自由，获得了加速发展的时机，使全希腊的奴隶制政治和经济进入了全盛时期，特别是雅典确立了海上霸权，控制了海上的重要战略据点和商路，为雅典奴隶制城邦"黄金时代"的到来奠定了基础。

为了纪念这次战争中马拉松会战的胜利和表彰英雄斐力庇第斯的功绩，1896年在雅典举行的第一届奥林匹克运动会上，规定了一个新的竞赛项目——马拉松赛跑。运动员从马拉松起跑，大致沿着当年斐力庇第斯的路线，到达雅典，全程为40公里又200米。1920年，对这段距离又作了仔细的测量，确定为42公里又195米。

5. "银板和约"——古埃及内战

公元前1280年的一天，在埃及法老拉美西斯二世的王宫里，来了赫梯国王派来的一个使团，使团带来了用银板制成的和约，银板上刻着双方结束战争、缔结和约的条文，拉美西斯二世在条文基础上拟订了自己的草案，再派人送给赫梯国王。双方国王确定了永久的和平，答应永不交战，并在一国与他国作战时相互支援。

银板上刻的是赫梯的楔形文字。为了昭信于世，又用埃及的象形文字把它雕刻在埃及卡纳和拉美西乌姆寺庙的墙壁上。这是历史上保留至今最早的有文字记载的国际军事条约文书，反映了古埃及与赫梯之间的争霸战争。这场战争的起因和具体情况如下：

大约公元前五六千年，古埃及人在尼罗河三角洲定居下来。随着经济的发展，古埃及开始从原始社会缓慢地进入奴隶社会，但是，大约在公元前4000年的时候，埃及还没有形成统一的国家，当时埃及有40多个州，每个州都有自己崇拜的神，后来又出现了军队和用来代表自己部落的旗帜，实际上都是一个个独立的小王国。

各州之间经过长期的战争和兼并，把狭长的尼罗河分成了北部和南部两个大的独立王国。北部叫下埃及王国，国王戴红冠，以蛇神为保护神，以蜜蜂为国徽。南部叫上埃及王国，国王戴白冠，以神鹰为保护神，以白色百合花为国徽。

上、下埃及经常发生战争。约在公元前3000年左右，上埃及逐渐强盛起来，国王美尼斯亲自带领大军去攻打下埃及。两军在尼罗河三角洲地区展开决战。美尼斯亲自在阵前督战，只见在阵阵呐喊声中，无数面画着白色百合花或蜜蜂的军旗交杂，两军厮杀得难解难分。经过三天三夜的激战，下埃及军队终于被击溃。

下埃及国王站在一群俘虏前面，脱下了自己的红色王冠，然后跪在地上，双手把王冠奉献给美尼斯。美尼斯为了纪念这次战争的胜利，把这个决战的地点命名为"白城"，后来，这里成了统一的古埃及王国首都孟斐斯城。

此后，埃及曾组织大规模的远征，例如第四王朝的第一位国王斯尼弗鲁王曾远征努比亚（今埃塞俄比亚），虏获了7 000名俘虏和20万头牲畜。中王国埃及强大后，又恢复了对外扩张政策。第十二王朝的开创者阿美涅姆黑特厂世和他的继承者，曾多次远征努比亚和东北方向的利比亚以及叙利亚一带，他们在盛产黄金的努比亚建立了许多要塞，至今还留下一些遗迹。埃及军队在进占这些地区时，往往随带人力开采矿产，表明他们的征服战争带有明显的经济掠夺目的。

从公元前18世纪末叶起，内部腐朽的中王国埃及开始遭受来自西亚的游牧民族喜克索斯人的入侵，长于使用战车、战马的喜克索斯人占领了埃及北部，定都阿瓦利斯，建立了第十五、第十六王朝。此后，喜克索斯人还不断向埃及南部扩张，每次军事行动前，他们都向埃及法老们提出无法接受的要求，并以若拒绝这些要求就要发动战争相威胁，这可能是国际关系史上最早提出最后通牒的实例。

民族的入侵唤起了埃及人的斗志，也激起了人民的反抗。埃及从喜克索斯人那里学会了用马作战，经过长期斗争，终于在公元前 16 世纪上半叶，把异族赶出国土，建立了第十八王朝，开始了新王国时期。

埃及新王国统治者为了控制国外的商路，掠夺财富、奴隶和本土所没有的产品，埃及从一开始就向外扩张，曾多次对巴勒斯坦和叙利亚进行掠夺战争。其中比较有名的是古埃及法老图特摩斯三世。在他亲自执政的 20 多年时间内，先后远征西亚 15 次，到处破坏城镇乡村，屠杀人民，镇压反叛者，每次远征总是带回数以千计的俘虏和牲畜等战利品。

约公元前 1482 年，图特摩斯三世率军约 3 万人从尼罗河三角洲东部的萨鲁出发，经加沙到达离美吉多（今巴勒斯坦北部）不远的叶赫木城。与此同时，在米坦尼王国支持下，300 多名叙利亚和巴勒斯坦王公结成以卡迭石城统治者为首的反埃及同盟，并将数量与埃及军队相当的同盟军集结于美吉多，派前哨部队扼守美吉多山口。

图特摩斯三世乘坐战车，率部强行突破封锁，越过山口，迅速地将部队组成新月状队形，向同盟军进击。同盟军猝不及防，又缺乏统一指挥，仓皇败逃城内，埃及军队取得了决定性的胜利。

其后，图特摩斯三世又对叙利亚地区进行了多次战争，在卡赫美什击败了米坦尼军队，直达幼发拉底河沿岸。结果使埃及得以在公元前 1471 年至公元前 1450 年前后约 20 年的期间内维持了对叙利亚的霸权。

埃及第十九王朝初期，小亚细亚兴起了强大的赫梯王国，几乎侵占了埃及在叙利亚的全部属地，与埃及的利益发生了直接冲突。赫梯人在公元前 2000 年形成国家以后，不断向外扩张。公元前 1600 年，赫梯人攻占了叙利亚和巴勒斯坦；5 年之后，又攻陷了巴比伦帝国的首都巴比伦城，彻底洗劫了这座当时世界上最繁荣的城市。为了争霸中东，赫梯人又与埃及人打起仗来。后来，埃及的新王国逐渐强盛，力图恢复其在叙利亚的统治地位。

埃及第十九王朝的第一个法老拉美西斯一世（约公元前 1309—公元前 1308 年在位），曾长期在埃及军队中任统帅或宰相，即法老位时已是高龄。他在位仅两年，却实行了强化埃及军队的改编措施：把军队分为 3 个军团，以底比斯等重要城市的主神名字命名每一个军团，分别称为"阿蒙神"、"拉神"和"苏泰赫神"，每个军团均配备了战车队，以强化军队的机动性和攻击力，还大量招募外国人当雇佣军，用以守卫要塞。

拉美西斯二世继承了其父亲的军事扩张政策。据称，当他还是一个十岁的孩子时便在军队里任指挥官，曾随其父参加征战，并在其父晚年被加冕为王，与父共治，至 25 岁父死才正式即位为法老，他在原有的 3 个军团以外，又组建了 1 个新军团，名叫"普塔赫神"。此外，还有努比亚人、沙尔丹人等外族组成的雇佣军，总兵力约 2 万多人。

约公元前 1297 年，拉美西斯二世派兵占领了南叙利亚沿海的别里特和比布鲁斯。次年，拉美西斯二世亲率 4 个军团从三角洲东部的嘉鲁要塞出发，沿海北上。在阿穆路的南部海岸某地，拉美西斯二世在那里留下了一支特种部队，当时是为了保护海港西密拉。后来这支部队折向东边的卡迭石，与主力部队会合。然后，拉美西斯二世率领主力部队，沿内陆的里达尼河谷北上，到达奥伦特斯河谷，又沿东岸继续北进，在出发后的第 29 日进至卡迭石附近，在其城南约 15 英里处的一个高地宿营。

就在埃及准备向赫梯发起大规模进攻之际，赫梯王穆瓦塔利斯也在积极备战。他的战略目标是：确保赫梯人在北叙利亚的领地，为此必须击败来势汹汹的埃及军队，坚守卡迭石城堡。

为了达到上述战略目标，穆瓦塔利斯拟订了作战计划：使自己的主力隐蔽在卡迭石附近，然后诱敌深入至埋伏圈内，一举击溃之；为了诱敌入伏，他派出"死间"扮成当地牧民，向埃及军队提供假情况以麻痹引诱他们。

埃及法老坐着一辆十分华丽的战车，亲自率领先锋部队"阿蒙神"军团接近了卡迭石。拉美西斯二世命令部队暂缓前进，他纵目远眺周围的地形：左边的一条大道通向波涛汹涌的大海，右边是悬崖深谷，中间夹着一条水势湍急的河流，前面是一片平原，远处山岗上，隐隐约约的城墙就是卡迭石城。

埃及法老亲率"阿蒙神"军团孤军深入，迅速来到卡迭石城下。此时，"拉神"军团渡过奥龙特斯河后尚在开进途中，其余部队尚未渡河。

就在这时，赫梯国王已经率领大军沿着东面的河谷，包抄到了埃及法老的后面。他计划第二天一早围歼埃及的先头部队，活捉埃及法老拉美西斯二世。为了周密侦察埃及军队是否进入自己设计的伏击圈，赫梯国王又派了两名间谍前去摸清虚实。

这两名间谍刚接近埃及军队的军营，就被法老的卫兵抓住了。

这两个间谍一句话也不肯说。埃及法老命令士兵各打他们 100 军棍，疼得两个赫梯人实在吃不消，只得将赫梯国王第二天要来围歼的计划从实招出，并供认早上的两个间谍是赫梯国王派出的"死间"，意在麻痹埃及军队。

埃及法老紧张万分，急忙派一个大臣迅速到后面令第二梯队的军团开上来，但为时已晚，"拉神"军团在途中就遭到赫梯军队的袭击，被打得溃不成军。赫梯战车回过头来又向埃及法老的军营进攻，把埃及"阿蒙神"军团围困在卡迭石城下，拉美西斯二世险些被擒。

埃及法老在卫兵掩护下，继续指挥部队突围，并急令后续部队火速增援。

"普塔赫神"军团及"拉神"军团的残部赶到卡迭石后，将军队迅速展开成三线队形：一线为战车并有轻步兵掩护，二线为步兵，三线为步兵和战车各半，猛攻赫梯军翼侧，救出了拉美西斯二世。

埃及法老命令部队猛打猛冲，把赫梯军队打得晕头转向，但赫梯国王马上组织了反冲锋，埃及士兵毕竟人数有限，被迫后撤。

卡迭石会战以双方都遭到惨重的损失而结束。此战的主要特点是：利用军事计谋诱敌深入，步兵与战车兵协同作战，要塞守军与机动部队配合行动等。其后，赫梯和埃及的战争却没有停止，前后持续了16年。

公元前1280年，拉美西斯二世与赫梯新国王哈图西利斯三世缔结和约，规定双方互不侵犯，互相支援对方反击外来敌人，镇压对方国内的奴隶暴乱。一般认为，该和约是传世最早的战争和约。

拉美西斯二世死后，埃及国势日衰，属领叛离，奴隶起义不断。公元前11世纪初，新王国完全瓦解，埃及分裂。直到公元前525年，波斯军队进军埃及，打败埃军，于是埃及失去独立的地位，国家沦亡。

埃及与赫梯的长期争战，是古代社会典型的奴隶主争霸战争，它使双方实力大为削弱，这使其他国家或武装集团得以乘机进入中东的历史舞台。亚述兴起于东，灭亡了米坦尼，兵临叙利亚北部，对赫梯构成直接的威胁。在西方，来自地中海的所谓"海上民族"，则对小亚细亚和叙利亚以及埃及北部三角洲地区进行直接攻击。所以，埃及与赫梯的和平条约签订以后，在中近东的历史舞台上，各方势力都发生了重大变化。

6. 得不偿失——皮洛士远征罗马的战争

西方军事史上，长期流传着一个典故，叫做"皮洛士的胜利"，意思是"得不偿失"。这个典故来自古希腊伊庇鲁斯国王远征罗马的作战经历。皮洛士（公元前319—前272年）出身于伊庇鲁斯王族，与马其顿王室有着亲戚关系。他少年罹难，被迫离开了自己的国家，逃亡到邻国伊利里亚，12岁时，依仗姐夫的援助，带兵归国，夺得王位。但在他17岁一次出国时，政权又被敌对势力夺走，直到22岁才又复国。他崇尚武功，有雄才大略，从小就以未来的亚历山大自居。18岁那年，他参加了亚历山大诸部将为争夺权位而进行的伊普斯会战，初露锋芒，显示了良好的军事才华。他先后被埃及国王托勒密和西西里国王阿加托克利招为女婿，从此身价大增。公元前295年，皮洛士应邀干预马其顿王国的王位继承权斗争，取得了一连串的重大胜利。因为武艺出众，箭法超群，战斗勇敢，办事果断，人们称赞他很像亚历山大，以致名声大振。

公元前3世纪初，罗马日益强盛，相继征服了拉丁姆和中部意大利，进而向南部意大利进逼。南部意大利的希腊移民城邦和当地的路卡尼亚人，不甘心承受罗马的侵略，多次进行反抗，但根本不是罗马人的对手。公元前281年，罗马军队进攻希腊城邦塔兰托，塔兰托人便向北希腊的伊庇鲁斯王国求救。伊庇鲁斯王国的皮洛士国王，此刻正谋划着对外扩张，也就欣然接受邀请。皮洛士早就不满足于仅仅统治一个伊庇鲁斯，他图谋着正好借此机会先去远征意大利和西西里，然后再回师东进，征服巴尔干，真正像亚历山大那样建立一个囊括地中海的大帝国。但是，他没有亚历山大那样幸运，此次远征以得不偿失的胜利告终，使他最后铩羽而归，留下一个"皮洛士的胜利"的笑柄。

公元前280年，皮洛士率领着2万名训练有素的步兵、3 000名帖撒利亚骑兵、2 000名弓箭手、500名投枪手和20头战象，横渡亚得里亚海，来到了南意大利。这支远征军途中虽遇风暴，受到一些损失，但就当时来说，仍可称为一支劲旅。塔兰托城邦许诺，将其5万余步兵和2万骑兵交皮洛士统一指挥。他对塔兰托的人马进行了一段时间的严格训练后，便挥师奔赴战场。为了迎击皮洛士，罗马首先派出了4个军团。罗马人当时处于不断扩张、军威日盛的发展时期，军队的战斗力很强，皮洛士对此也不免小心谨慎。但是，面对这位声名远扬的希腊统帅，罗马军队也未敢贸然攻击。随着皮洛士军队的开进，罗马人逐渐收缩，一直退到赫纳克里亚附近，才摆开战场。随后，双方进行了第一次会战。

这次会战中，尽管塔兰托等盟军对罗马军畏之如虎，连战连退，给作战带来了不利影响，但皮洛士却非常沉着，冷静应敌，指挥若定。他不仅充分发挥了步兵的威力，还亲率骑兵冒险进犯，直接冲锋，并在关键时刻使战象起了巨大作用。罗马官兵同样训练有素，并且久经战阵，作战勇敢，但他们的战马从未见过战象，一与战象相遇，便吓得掉头狂奔。皮洛士也就趁机挥军掩杀，大败罗马军，抢占了罗马军营地。据说，在双方第一次会战中，罗马死伤7 000人，被俘2 000人，是他们近几十年作战中最大的一次失败。但皮洛士为这个胜利也付出了沉重的代价：伤亡官兵4 000人，其中很多人是军官和骨干。

赫纳克里亚会战后，皮洛士跟踪追击，挥师进军罗马本土，一直赶到距离罗马城几十里的地方，才停下来安营扎寨。这时，罗马城内也紧张备战，败退下来的罗马军迅速进行了整顿，得到了补充，准备再战。罗马周围以及拉丁姆区，还不少城邦如加普亚等，仍然站在罗马一边。皮洛士自料难以攻克罗马城，觉得与其做一件不可能的事，不如保持一个胜而不狂的美名，于是，决定同罗马进行和平谈判。

他选派了一位帖撒利亚人作为使者。这人叫西尼阿斯，既善于辞令又具有外交手腕。西尼阿斯进入罗马城后，在罗马元老院里为皮洛士进行了非常出色的说项。他奉命提出：只要罗马承认塔兰托等城邦独立，退还在战争中掠去的东西，皮洛士就不要任何代价而放回 2 000 名罗马俘虏，停止战争。元老院为此展开了热烈的争论。正在犹豫不决时，盲人阿彼阿斯·克劳狄乌斯来到元老院，发表了慷慨激昂的演说，鼓舞罗马人继续作战，提出只要皮洛士还在罗马，就拒绝与他谈判。这次和谈没有成功，不过还是相互释放了俘虏。这样，双方继续进行作战准备。

公元前279年4月，双方经过冬季休整以后，在阿斯库伦附近进行了第二次会战。这次会战，罗马方面集结军队 7 万人，并为对付皮洛士的战象而专门制造了一种特殊的战车，车上装有烧红的炭火炉和长矛等物。罗马人对于战场的选择也颇费了一番心思，阿斯库伦附近地形起伏，沼泽很多，不利于皮洛士的骑兵特别是战象的行动。开始，皮洛士忙于跟踪敌人，来不及注意战场情况，所以在第一天的战斗中不能随心调动兵力，双方也未能决出胜负。皮洛士很快觉察到了形势的不妙，并当机立断采取了对策，因而使罗马人的计划也未能实现。

第二天作战中，皮洛士首先调整部署，抢占有利地形，巧妙地布设阵势，使罗马人不能继续发挥优势。皮洛士的步兵方阵在强大骑兵和战象配合下，又一次发挥出巨大威力，最后把具有数量优势的罗马军打败。在这次会战中，罗马伤亡 6 000 人；皮洛士军队伤亡 3 550 人，伤亡的主要是伊庇鲁斯部队的精华，其中有皮洛士的一些主要将领和知心朋友，皮洛士深为胜利所付出的代价而痛心。会战结束时，有人向他表示祝贺，他却非常伤感地说："如果再有一次这样的胜利，我就要变成没有军队的光杆司令了！"由于他的这句话，此后"皮洛士的胜利"便成了人们常用的词语，专门用来形容那些得不偿失的胜利。

皮洛士虽然两败罗马军，但他的处境并不好。当时的罗马处于发展时期，又在本国作战，兵源充足，战败的军队能迅速得到补充，而且还有拉丁同盟的支援；皮洛士则远离自己的国家，兵源和补给都相继发生困难，他本人又非常骄横，对邀请他来助战的城邦很不尊重，并且不顾当地风俗习惯，以致很快激起了同盟者的不满，因而也失去了必要的支援。就在他进退两难的时刻，叙拉古等城邦派遣使者前来邀请他率军赶赴西西里岛，帮助他们攻打迦太基人；同时，巴尔干方面也有使者前来，请他回去争夺马其顿。皮洛士由此非常高兴，好似绝路逢生一样。他权衡了利弊，认为去西西里更有前程，也符合出兵的初衷，于是，便于公元前278年率领自己的军队开进了西西里岛。

皮洛士进入西西里后，受到叙拉古等城邦的热烈欢迎，被尊为"国王和领袖"。他率军向迦太基人进攻，连战皆捷，所向披靡。迦太基人招架不了，便乞求和谈，并表示支付大笔赔款。可是皮洛士的要价太高，并限令迦太基人全部撤离西西里岛，以致和谈最终破裂。后来，他又老毛病复发，由于辉煌胜利而骄横无比，粗暴地干涉叙拉古等城邦的内政，并公然杀害了邀请他来西西里的叙拉古首领塞浓，从而激起公愤，失去了当地城邦的支持，被人们唾骂为"忘恩负义"和"背信弃义"的人。"失道寡助"，后来许多人转而支持迦太基人。于是迦太基军乘机反攻，皮洛士孤立无援，后勤不济，最后遭到失败。真是无独有偶，就在这时，塔兰托城邦又因抵挡不住罗马的进攻，再次请他去援助。皮洛士也就顺着梯子下楼，以此为由放弃了同迦太基人的作战，率军东还，第二次前往意大利南部。

公元前275年春，皮洛士率领110艘战舰和许多运输船只离开西西里。途中遭到海上强手迦太基人的袭击，损失战舰70艘，剩下的除12艘完整外，其余都有损伤，兵力大大削弱。当年夏天，伊庇鲁斯军队到达塔兰托，不久就在贝尼温敦附近与罗马军队进行了会战。这次作战中，由于兵力和条件的转化，罗马人竟"第一次"把皮洛士打败了。从此，他已"无可奈何花落去"，在损兵折将的情势下，只好于当年秋天，带着残存的8 000步兵和500骑兵返回伊庇鲁斯。

两年以后，即公元前273年，皮洛士又应斯巴达王室一位争权者的邀请，率军前往伯罗奔尼撒半岛。由于骄傲轻敌，行动迟缓，这回他又遭到了失败。次年，皮洛士再次被邀请进军阿尔戈斯，在谈判退兵问题时，被迫同人决斗，不幸飞来横祸，遭到决斗者母亲的偷袭，受伤坠马，被刺身亡。

皮洛士戎马一生，骁勇善战，是古代一位著名的军事家。他所写的战争艺术史，深受古人称赞。罗马的政治家西塞罗多次引用他的著作；迦太基统帅汉尼拔称他为仅次于亚历山大的战略家，自称是他的学生。皮洛士历经多次战争，打过很多胜仗。他善于指挥，长于布阵，巧于利用地形，能够发挥士兵的作用，确实可以称之为卓越的战术家。但是，他缺乏政治头脑和战略眼光，运用谋略不能始终如一，所行政策缺乏稳定性；他骄横跋扈，往往失信于联盟者；他治军不严，放纵部属，容易遭人反对。因此，他虽然经常取得轰轰烈烈的战绩，但从未赢得一个持久性的胜利，最终还是以悲剧了却了自己的一生。

7. 以少胜多——迦太基和罗马的坎尼会战

"奴隶主贵族纷纷走,汉尼拔已到城门口。"这是流行于欧洲的一个古老传说。它反映了迦太基统帅汉尼拔当年在意大利境内纵横驰骋、所向无敌的显赫威风。在西方军事史上,汉尼拔是与亚历山大、恺撒和拿破仑齐名的四大名将之一,曾被称为杰出的军事天才,被尊之为"战略之父"。他在远征罗马的作战中,于小城坎尼打了一场非常漂亮的歼灭战,仅以5万人马,围歼了8万罗马大军,使这次会战成为合围歼敌的一个范例。

迦太基位于今天北非突尼斯的东北部。公元前5至前2世纪,这里是由中东地区腓尼基移民建立的一个奴隶制国家,商业非常发达,曾在相当长的时期里垄断着地中海的航运和贸易。罗马统一意大利以后,开始向海外扩张。于是,迦太基和罗马这两个当时地中海沿岸的强国,为了争夺地中海霸权,先后进行了三次布匿战争。所谓布匿战争,是罗马人的称呼,因为迦太基是古代腓尼基人建立的城邦,而罗马人称腓尼基人为"布匿",所以把他们同迦太基进行的战争叫布匿战争。坎尼歼灭战发生在第二次布匿战争前期,是古罗马军队失败最惨的一次会战。

公元前218年,28岁的汉尼拔率领一支大约10万人的多民族军队,开始实行对罗马帝国的远征,从而爆发了罗马和迦太基为争夺南欧与地中海的第二次布匿战争。那年春末,汉尼拔率领军队从西班牙出发,在5个月的长途跋涉中,历经千难万险,遭受了巨大损失,原来的10万兵员和几十头战象,只剩下2万步兵、6 000骑兵和1头战象。但他终于成功地越过了欧洲最高的阿尔卑斯山,征服了当时视作禁区的天险,突然地出现在罗马帝国的后院北意大利,在战略上开创了远距离奇袭的先例。

当年冬天,汉尼拔率军进入意大利北部,与山南高卢人结盟,获得了人马装备的补充,并在提契诺河与特雷比亚河地区首挫前来堵截的罗马军队,站稳了脚跟。次年,他挥师南下,向意大利中部进军,并于6月在特拉西梅诺湖之战中以伏击战大败罗马军,进而威胁罗马首都,给罗马公民带来了极大的惊恐。

公元前216年春,即战争爆发后的第三年,汉尼拔放弃了对罗马首都的进攻,率军进到意大利南部,到处横行,不断抢掠,最后留驻在亚得里亚海岸边地带,占领了坎尼城。这一带是罗马最重要的粮食产地。坎尼如果长期落入敌手,将使罗马面临极为艰难的困境。因此,罗马在这一年当选为执政官的两位统帅,即包路斯和瓦罗,上任伊始便谋划征战之策。他们在国人强烈的呼声之下,同时也在汉尼拔的引诱之下,率领步兵8万和骑兵6 000余人,向正在被迦太基军队骚扰的阿普利亚进发。坎尼城位于阿普利亚境内奥凡托河的下游，罗马人决心用全力夺回这个粮仓。这时，汉尼拔已在坎尼城外的平原上安营扎寨。他手里虽然只有4万步兵和1万骑兵，但心中早已筹划了彻底打垮敌人的策略。

这年8月2日，一场巨大规模的血腥屠杀在坎尼战场上展开了。清晨，罗马的值班统帅瓦罗，不顾另一位统帅包路斯的反对，下令全军出击。他将所有军队开到奥凡托河北面的平原上，面对敌军排列阵势，把8万名步兵排成纵深达48列的战斗队形，以密集的步兵对迦太基军战斗队形的中央实施强攻，而在两翼只配备了力量薄弱的骑兵。而汉尼拔则针对敌军惯常部署的特点，预先摆好了一个特别的阵势。他把军队排成半月形，凸出的一面对着敌人，正中摆的只是战斗力弱的步兵，但前弱后强，两翼摆的则是战斗力很强的骑兵。这是汉尼拔的有意安排。

汉尼拔为了使自己的劣势兵力发挥最大效用，早就作了充分调查和精心谋算。他深知眼下的战场离海不过5公里，在这个季节，海面上每到正午便会刮起猛烈的东风，于是选择了一个背向东风的阵地。根据地形特点，他又在阵地左侧选好一片树林，在那里预先埋伏一支部队，命令他们在东风起时袭击敌人的后卫。他还选出500名强悍的步兵，命令他们每人多带一把短剑，藏在贴身衣内，在作战中假装败状，先向敌军诈降，只交出手中的武器，而后按照信号行动，抽出短剑杀敌。

上午8点多钟，广阔的战场上响起了刺耳的军号声。紧接着，十几万人同时发出了震撼大地的呐喊。两军很快交锋，弓箭手开始齐射，标枪手和投石手随之抛出武器。罗马步兵以密集方阵向迦太基步兵的中心部位猛攻。正如汉尼拔所料，他的阵势中央的2万名步兵，抵挡不住进攻而逐渐向后退却。这样，半月形的阵势弯了进去，原来凸向罗马人的部分，渐渐变成凹进的态势。罗马军越是猛攻进来，迦太基军的队列就越是从两侧向内收缩，形成一个大“口袋”。

双方的步兵和骑兵展开了激烈的厮杀，但罗马骑兵很快便出现混乱。汉尼拔敏锐地观察着，当罗马军大部分钻到“口袋”的一定深度时，便发出预定信号：一方面命精锐的步兵和骑兵开始挤压敌军的两翼，作包围之势；另一方面，通知准备诈降的500名步兵按计行事。这批步兵装出混乱不堪的败逃架势，不再继续后退，反而直向罗马人奔去。罗马人以为他们是来投降的，收缴了他们的长剑和盾牌，当做俘虏安置在自己的后卫地域。

中午时分，海面上刮来了强劲的东风，扬起漫天尘土。正一个劲地往“口袋”里钻的罗马士兵，顿时被迷住了眼睛。由于睁眼困难，视物不清，罗马人彼此碰撞，自伤很多，因而阵势大乱。此时，迦太基人则因背对东风而占尽地利，趁势大量砍杀敌人。就在罗马军大乱之时，诈降的500名迦太基步兵立即抽出怀中短剑，突然向就近的罗马人砍杀。埋伏在左侧树林中的迦太基部队，也乘机冲杀出来。

与此同时，迦太基骑兵已飞快地迂回到了敌阵后面，配合从树林中突然出现的部队封住了敌人的退路，最后完成了对整个罗马军的全面包围。罗马方面虽然兵力众多，但因前锋遇风受阻，无法再向前冲击，以致中间大队人马挤成一团，失去了行动的自由。这时，他们连挥动武器都发生了困难，更谈不上进行有效的抵抗。罗马人彻底失去了战斗力，只能充当敌军标枪和投石器的靶子，而在受伤倒下以后就被自己人踩死。整个战斗最后变成一场可怕的大屠杀。

战斗一直进行到黄昏以后，真正是杀得天昏地暗，尸横遍野，血流成河。罗马的8万多大军，有5.4万人战死，1.8万人被俘；前执政官塞维利阿和现执政官包路斯，元老院的80名元老，以及许多知名将校统统弃尸沙场。只有当日负责指挥的统帅瓦罗，因为指挥位置稍靠后边，而且见机较快，得以率领少量残兵突围逃脱。而迦太基军方面，总共损失仅6 000人。

坎尼会战给了罗马人又一次沉重的打击。惨败的消息传到首都后，再次引起罗马人的巨大震惊和恐惧，以致罗马元老院不得不采取紧急措施：为了稳住公众情绪，禁止妇女在公共场所哭泣，禁止公开悼念阵亡将士；城内禁止使用"和平"字样，以追悼亡灵30天；为了加强军事力量，宣布17岁以上的男性公民一律应征入伍；为了弥补兵源不足，由国家出钱从私人手中购买8 000名奴隶组建2个军团；为了解决武器缺乏，把保存在神殿中的战利品也拿出来武装士兵。通过这次惨败的教训，罗马人终于接受了前独裁官费边提出的迁延战略，决心积蓄实力，避免重大牺牲，长期与敌周旋。这样，在尔后持续10多年的作战中，汉尼拔就再也没有得到过痛歼敌人的机会。

这次会战中，汉尼拔充分发挥聪明才智，成功地采取了诱敌就范、两翼包抄的战术。他以少击多，出奇制胜，使敌人全军覆灭，使罗马一度陷于极端严重的困境。从此，坎尼战便成了歼灭战的代名词。创造这一奇迹的汉尼拔，尽管没有最后打赢第二次布匿战争，但始终都是军人心中的英雄，成为军事家们效法的榜样。

8. 怯战而逃——罗马两巨头的亚克兴海上会战

公元前31年1月，整个罗马上空，重又笼罩着厚厚的内战乌云。"后三头"执政的期限刚过，恺撒的继承人屋大维利用自己的权柄，迫令供奉灶神的贞女交出了"后三头"中安东尼的遗嘱，并将其公布于众。人们谁也没有想到，安东尼竟然要求死后葬在埃及的亚历山大里亚，并要把罗马帝国东方的大片领土，赠送给埃及女王克里奥帕特拉七世及其子女。公民们大为不满，掀起了愤怒的浪潮。屋大维怂恿罗马元老院和公民大会开会，以侵吞罗马人民财产的罪名剥夺安东尼的一切权力，宣布他为"祖国之敌"，并向埃及女王宣战。

原来，自公元前36年屋大维借机剥夺了李必达的军权以后，"后三头"中就只剩下他与安东尼，原来的三足鼎立变成了两雄对峙。坐镇意大利的屋大维，积极准备当新的恺撒；雄踞东方的安东尼，则梦想成为亚历山大第二。安东尼与埃及女王克里奥帕特拉七世结婚，自认为增加了与屋大维对抗的帮手和基地，因而加速了夺权斗争，以致在公元前34年远征亚美尼亚获胜时，竟不回罗马而在亚历山大里亚举行完全埃及式的凯旋式。他的所作所为，引起了罗马公众的不满和非议。屋大维正好利用这一机会，寻找出剪除安东尼的借口。在元老院和公民大会宣布安东尼为"祖国之敌"的情况下，他现在可以名正言顺地下手了。

屋大维迅速征调兵力，很快就把8万步兵、1.2万骑兵和400艘战舰，集结到了意大利南部的塔兰托港，同时委任罗马最优秀的海军将领阿格里帕统领军务，加紧修船练兵，准备在适当的时候起航出击。

可是，久经沙场的老将安东尼对于元老院和公民大会的指控，对于屋大维咄咄逼人的征讨架势，并不怎么介意。当时，他手中实力雄厚，拥有步兵6万，水兵15万，战舰480艘。这些兵力虽然散处东方各地，但很快就可以调集拢来，而且，他的一些舰船有3~6层桨座，每支巨桨的划手多达8~9人，其舰舷高达3米有余，两侧系着用铁索拴扎的方木，可防敌舰冲角撞击，舰上还装有可以旋转的巨大投石器。所以，不管是陆、海军的总人数还是装备的优劣程度，与屋大维相比，安东尼都有过之而无不及。他的不利条件就是政治上处于劣势。也正因为如此，他不敢主动出击，更不敢直接进军罗马本土，害怕那样会遭到举国一致的反击。他与女王克里奥帕特拉仔细商议，共同率军10万，战舰500余艘，直航希腊西海岸，将海军停泊于安布拉基亚湾，陆军驻扎在海湾以南地区，准备在罗马本土之外与屋大维一决雌雄。

公元前31年春，屋大维准备就绪，得知安东尼偕同埃及女王已航抵希腊西海岸，便立即下令出征。他在海军名将阿格里帕的协助下，率军横渡爱奥尼亚海，进占克拉基岛（今科孚岛）和南面的莱夫卡斯岛，并以陆军在距离阿克兴海角不远的北岸米齐里特齐登陆。由于双方旗鼓相当，实力不相上下，谁也没有贸然出击，而是隔海对峙，互相监视，寻找战机。

但是，阿格里帕很快就发现了安东尼的致命弱点，即后勤补给线太长，防卫无力，其全军的粮食供应等全都要从埃及经海路运来。安东尼也很快意识到了海运线路漫长所造成的困难，并开始采取措施。他沿希腊西海岸建立起一些中继补给站，以保障后勤运输的畅通和安全。阿格里帕当然不会对此坐视，抓紧有利时机予以破坏。他派出半数战舰巡行海上，不断袭击安东尼的运输船队和中继站，并最终切断了对方的海上补给线，使安东尼陷入了不利的战略环境。

由于补给困难，安东尼的军队开始缺粮。尽管加紧了陆上运输线的建设，但运力有限，杯水车薪，粮食根本无法满足全军需要，而且情况日益恶劣，混乱的军营中已有疫病流行，厌战的士兵成批逃走。这时，两位资深的将领向安东尼建议：一是请克里奥帕特拉国王率领埃及舰队返回埃及，以振奋日益衰颓的士气；二是放弃舰队，离开眼前驻地，把部队带入马其顿平原，依靠久经战阵的老兵，同屋大维在陆上进行决战。然而，这一建议遭到了埃及女王的严词拒绝。

克里奥帕特拉极力主张同罗马人在海上进行决战。认为海战最有把握，万一不济，也可暂时退兵，仍率舰队从海路退返埃及。这一想法与主帅"不谋而合"。安东尼强调：海上决战对自己有利，打得赢就打，打不赢就撤；从海上回师埃及，可以避免全军覆灭；回到埃及后可以立即重整旗鼓，召集还在北非、中东地区的其他部队卷土重来。

安东尼决心马上行动，下令全军进行海上决战准备，并作出了具体部署：整个舰队分成四个编队，即左、右两翼，中央和预备队。左翼由马尔卡斯指挥，中央由索苏斯指挥。右翼由他亲自统率，包括实力最强的战舰180艘，作为主要突击力量。预备队由克里奥帕特拉指挥，系由60艘埃及军舰编成，随右翼后面开进。他还命令舰队将随军金库装船，并打破进行海战时只划桨不带帆的惯例，命舰船全部携带风帆以便在作战不利时能够扬帆疾驶，迅速撤走。这种在交战前就考虑逃走的指导思想，自然不会对战斗和士气带来积极影响。因此，安东尼给留在岸上的陆军的命令，也是事先考虑到逃，叫他们在海战失利时赶快撤往马其顿。

9月2日清晨，在安布拉基亚湾的出口处，阿克兴海角的海面上，风平浪静。这时，安东尼率领着载有4万多步兵的400多艘战舰，匆匆驶出了港湾。他出航不久，很快就发现了远处林立的一片樯帆。原来，屋大维早已获得对方叛逃者的报告，知道了安东尼的作战部署，正严阵以待。就在这当儿，突然间，鼓号齐鸣，杀声如雷，阿克兴海上大战的炮声打响了。

战斗一开始就打得非常激烈。阿格里帕率领主力舰队，朝着安东尼指挥的右翼直扑过来。巨石、弩箭、火把、投枪等等，如同雨点一样飞向对方。军舰互相撞击，发出了令人震颤的撕裂声。屋大维方面的战舰，船体要比安东尼的战舰小一些，但显得灵活，机动能力也要强一些。阿格里帕战前作了明确部署，采取集中兵力各个击破的战术，以几艘战舰同时攻击一艘敌舰，使其难以逃避撞击，并用轮番撞击的办法，使敌舰尽快沉没。

面对敌舰的围攻战法，安东尼舰队仍采取习惯的作战方式，即充分利用己舰舷高、能远距离抛石的长处，尽量与敌舰保持较远距离，避免接舷战。每当敌舰抵近来不及实施撞击时，就用投石器迅速抛出巨石，打击对手。对于这种战法，阿格里帕事先早有了对策。他专门设计制造了一种新武器"钳子"。这是一根长达数米的包铁木块，一头布满锋利的铁钩，另一头以绳索相连。抵近敌舰时，不待敌舰的巨石抛到，就先用巨弩将"钳子"抛射出去。"钳子"落在敌舰上，就会将舰钩住，这时再拉紧绳索，就可使两舰迅速靠拢，进行接舷战。由于"钳子"较长而又包铁，敌人一时难以将它和相连的绳索砍断。所以突然用来十分有效。一当"钳子"将敌舰拖了过来，预先作好准备的重装步兵，立即跳上对方甲板，用长矛、短剑和战斧猛刺猛砍，很快就使敌人血肉飞溅，鬼哭狼嚎。就这样，双方800多艘战舰在海上相互厮杀，一时难解难分。

战斗激烈地进行着。突然，安东尼发现局势有了变化。他急忙爬上瞭望台，环眺周围，不禁大惊失色，差一点儿从台上栽了下来。原来他已看到，中央和左翼编队中的一些舰只阵前脱逃，已掉转船头驶向港湾。克里奥帕特拉正指挥预备队进行堵截，不准后退战舰回港。许多转舵返身的逃舰被堵回来后，非但没有重新加入战斗，反而驶向敌阵，举桨向屋大维投降了。

形势如此急转直下，令安东尼伤心长叹，他曾经担心的事情终于发生了。一阵犹豫之后，他下令挂出信号旗，通知克里奥帕特拉，按事先的约定撤出战斗。埃及女王原本无心恋战，一见撤退信号，立刻命令她的旗舰挂起紫帆，不顾一切地向大海深处驶去。埃军其他各舰，也都纷纷升起风帆，紧随女王之后迅速逃离战场。

安东尼舰队的余下战舰，眼见旗舰发出了信号，也都匆忙设法脱身。有些船挂起了风帆，有些船还为减轻重量提高航速而扔掉了投石器。面对这种情况，屋大维和阿格里帕似乎早有准备。他们任凭埃及舰队逃之夭夭，却指挥整个舰队把安东尼的主力舰群死死缠住，使之无法脱逃。由于埃及舰队已逃脱，部分舰只已投降，安东尼舰队在数量上已经处于劣势。阿格里帕抓住战机，指挥舰队猛烈围攻。

在脱逃无路的情况下，安东尼的战舰被逼得只好作困兽之斗，抵抗反而更加顽强了。它们发挥己舰体大舷高的优势，利用投石器向冲撞而来的敌舰抛射巨石，同踏上甲板的步兵进行肉搏拼杀，使屋大维的舰队遭到了相当大的损失。

围歼战斗一直打到黄昏，安东尼舰队几次突围都没有成功。突然间，阿格里帕指挥舰队往后撤退。安东尼莫名其妙，似乎松下一口气来。可是，在他还没有搞清楚是怎么一回事时，敌方战舰又重新围拢过来。就在这当儿，海面上突然爆发亮光，千万支火箭一齐射到。原来，阿格里帕刚才的后撤，正是为了实行火攻而作准备，以免殃及自身。安东尼舰队对此毫无戒备，许多战舰躲闪不及，中箭燃烧，变成了一只只浮游海上的大火堆。烈焰映红了海水，海面变成了灯市，喊杀之声震天，着火的战舰完全陷入了绝望境地。面对这种形势，安东尼无可奈何，决心孤注一掷。他下令冒死突围，并以旗舰当先开路。最后，借着夜幕的掩护，他终于杀开了一条血路，领着残存的战舰冲出了重围，急匆匆地驶向埃及，追赶那早已逃离战场的克里奥帕特拉女王。

作为恺撒手下的名将，安东尼一生征战，功绩斐然，以前从未遭到过像今天在亚克兴海面上这样的惨败。他站在瞭望台上，回望着天边的火光，一向高昂的头颅终于低了下来，痛苦地进行思索：一支庞大的舰队，400多艘装备优良的战舰，许多跟随他东征西讨的英勇战士、水兵……现在只剩下100多艘破船了，一些得力的战将牺牲了……

屋大维当然不会给安东尼以东山再起的机会。公元前30年夏天，他率领着罗马大军在埃及登陆。比一年前更加强大的罗马军团，逼得敌人接连败退。已经无力振作的安东尼，眼见大势已去，走投无路，伏剑自刎。埃及女王克里奥帕特拉七世，这位曾经迷住恺撒又哄骗了安东尼的艳妇，被屋大维生擒。她又打算故技重演，但屋大维不再上当，决定把她带回罗马，作为战利品参加凯旋式。女王得知后，羞于受辱，终于绝望自尽。埃及从此并入了罗马版图。安东尼之死，标志着罗马内战的结束，也宣告了古老罗马共和国的终止。此后，屋大维集所有大权于一身，成为终生执政的独裁者。一个强大的、幅员辽阔的罗马帝国，便在古老共和国的废墟上诞生了。

9. 后发制人——法兰克王国和阿拉伯人的波亚迭之战

公元731年，在法国西南部的波亚迭地区，法兰克王国境内阿奎丹公爵领地上，高举弯刀的阿拉伯人和崇奉十字架的基督徒之间，发生了一场世界历史上非常著名的会战，史称都尔会战或波亚迭之战。这场会战，对于捍卫法兰克王国的独立发展，阻止阿拉伯人向西欧的继续扩张，起了重大作用。

7~8世纪之间，阿拉伯人的扩张势头锐不可挡。公元610年，穆罕默德在麦加城创建伊斯兰教，随后缔造了麦地那国家。这个世界上第一个伊斯兰教国家，在穆罕默德及其继承者的努力下，用"前面就是天堂，后面就是地狱"作口号，带领"服从者"穆斯林东征西伐，很快地统一了四分五裂的阿拉伯地区。

公元 711 年，阿拉伯人在征服了整个西亚和北非地区以后，挥师渡过地中海，灭掉了西哥特王国，进占西班牙地区，从而建立起横跨欧、亚、非三大洲的封建大帝国。但他们并不以此为满足，征服整个基督教世界，消灭拜占庭，打垮法兰克，把整个地中海变成自己的内湖，才是阿拉伯帝国的战略目标。720 年，以西班牙为基地的阿拉伯人，进而越过比利牛斯山，夺取了纳尔榜地区，随后又继续向北窥视，准备进军阿奎丹，逐步征服法兰克和日耳曼民族。他们与法兰克王国之间的战争，成了迟早必不可免的趋势。

法兰克王国是当时西方基督教世界中最强大的一个国家。公元 715 年，查理·马特继任宫相，开始集大权于一身，不仅总管宫廷事务，掌理财务和宫廷地产，还代替国王主持王室法庭，统率军队，经管官员任免和土地封赏等工作，完全成了实际上的王国统治者。他为了长治久安，在国内政策上进行重大改革，特别是推行采邑制，重点解决土地占有关系和兵源问题，建立起一支职业性的重装骑兵，为骑士制度的发展奠立了基础，也为击败阿拉伯人的侵略准备了条件。

公元 731 年，阿拉伯帝国的西班牙总督阿布德，发兵数万入侵法兰克王国。阿拉伯军队从纳尔榜出发，很快进入阿奎丹，一路烧杀掳掠，长驱直入地推进到了波亚迭。阿奎丹公爵欧多无力阻挡敌军推进，被迫节节后退。阿奎丹陷入了沦亡险境。阿拉伯人入侵的消息，惊动了法兰克王国宫廷。就在阿拉伯人大举北上之时，宫相查理已率军南下，准备迎击敌人。

查理所率的军队，是在他推行采邑制、进行军事改革的基础上新建起来的，兼有骑兵和步兵，已成为王国的劲旅。他的骑兵是贵族化的重装骑士部队，身穿甲胄，行动虽然不如阿拉伯轻骑兵那样灵活，却能攻善防，具有很强的战斗力；步兵也身着盔甲，不易受到标枪刀剑的伤害，且每个步兵都手持防盾，当他们面对骑兵进攻时，可用防盾组成铜墙铁壁似的盾墙，其武器有刀剑、匕首、标枪和两种不同用途的战斧，一种是舞动的，一种是投掷的，具有很大的杀伤力，特别是能对轻骑兵构成极大的威胁。查理率领着这支军队，并不急速开进，而是缓缓前行。他已下定决心，采取先防御后进攻的战术，用后发制人的手段，一举击败能征善战而又骄横无比的阿拉伯侵略军。

为了统一各军行动，更有效地打击敌人，查理在南下途中特意给阿奎丹的欧多公爵写了一封详细的指示信。他指出：现在最好不要阻止阿拉伯人前进，不宜过早地发动进攻。因为阿拉伯人正处于狂热之中，他们那无限的贪欲和对自己胜利的信心，使他们鼓足了勇气，而勇气要比兵器和人数更为厉害。因此，要暂时忍耐，要等他们满载而归的时候再行进攻。那时他们发了财，就会丧失斗志，等他们不愿意作战时去打击他们，肯定能够取得胜利。他还分析说：阿拉伯军队的主力是轻骑兵，非常强悍勇猛，惯于使用枪和剑，很少使用弓箭，也基本不穿甲胄，机动性很强，来如天坠，行如疾风，实行一套旋风式的战略战术，是一支纯攻击性的部队。因此，抓住他们不善于防御的弱点，才是克敌致胜之道。

阿奎丹公爵欧多，本来对法兰克王国宫廷闹着独立性，但面对阿拉伯人的大举进攻，深感处境险恶，只好放弃独立，表示投到查理麾下，协同抵御共同敌人。他因军力有限而根本不能单独取胜，所以也听从指挥，绝不过早行动。

当年10月，查理率军开到都尔地区，不再继续前进了。果然不出查理所料，法兰克军队的突然出现，竟使阿拉伯人大为震惊。他们已经掠夺了大量财物，再也不想作战拼命；满载战利品的骡马，已经累得不堪重负，哪里还能快速机动。为了迎击法兰克军队，阿布德曾打算放弃掠夺的战利品，但部下不干。于是，在罗亚尔河之南、从都尔到波亚迭之间的原野上，双方都展开了军事行动。在最初对峙的7天中，只进行了几次小规模战斗。这时的查理，还在待机，选择战场，而阿布德则仍想向潘提尔斯退走。当阿布德发觉掠夺的财物不可能运出作战区时，便又停止下来接受会战。

查理把战场选在都尔附近。他将军队排成一个坚强的方阵，步兵在前，骑兵在后，其核心是法兰克的亲信部队，即来自奥斯特拉西亚中小地主的重装骑兵。他恪守后发制人策略，一心等待敌人来攻。会战开始了。阿布德这位阿拉伯名将，照例是抢先发动进攻。他驱使勇猛快速的轻骑兵，向法兰克方阵发起猛烈冲击。这些阿拉伯骑兵有如惊涛骇浪，一波又一波地压向对方阵地。然而，法兰克的阵势却稳如磐石，阵容丝毫未动。那些身材魁梧的法兰克士兵，手臂粗壮，手掌如铁，不仅用盾墙挡住了阿拉伯人冲击的洪涛巨浪，而且每一次都用刀剑和战斧砍杀了许多来犯的阿拉伯人。

战斗进行得难解难分，阿拉伯人牺牲惨重。黄昏临近的时候，欧多公爵率领的阿奎丹部队加入了战斗。按照查理的约定，欧多部队没有实行正面进攻，而是绕过阿拉伯军的侧翼，突然袭击阿布德的营地。营地里堆放着抢劫来的无数财宝，阿拉伯人一听营地被劫，立即退出战斗，朝营地奔去。但是已经晚了，营地早被欧多部队占领。查理在敌人撤退之时，立即组织法兰克军跟踪追击。阿拉伯人前后受压，队伍大乱。阿布德在混战中受伤，倒地后身亡。统帅既死，败局已定。夜幕降落后，阿拉伯军再也没有进行有组织的抵抗，他们大都纵马奔逃，脱离战场。这是阿拉伯人进占西班牙以来所遭到的最重大的失败。

会战次日，查理又在战场上排好阵势，准备抗击阿拉伯军队新的进攻。可是侦察部队回来报告，敌人已于昨夜快速南逃。查理没有组织追击。他深知敌军的轻骑兵行动迅速，自己的重装骑兵不可能追到，就让阿拉伯人留在南边的纳尔榜。在查理看来，这对牵制不大听话的欧多公爵还有好处。

这次会战结果，法兰克只损失 1 500 多人，而阿拉伯军的死亡人数高达几万。查理以极小的代价赢得了辉煌的胜利。它使整个欧洲特别是西欧，终于避免了当时来势汹汹的伊斯兰化，从而使西方文化得以在基督教的外壳下保存和发展；同时，这一胜利也为查理曼帝国的诞生准备了条件。这两件大事，对于欧洲历史的发展有着巨大影响。

公元 735 年，欧多公爵去世。查理进军阿奎丹，强迫欧多的两个儿子完全臣服于他。在以后的 4 年中，又多次与阿拉伯人交战，迫使阿拉伯人最后撤出纳尔榜，退回到比利牛斯山以南地区。从此，伊斯兰教徒征服欧洲，并把地中海变成阿拉伯帝国内湖的图谋，终于化为泡影。

10. 长驱直入——阿尤布王朝和耶路撒冷王国的海廷会战

萨拉丁·优素福·伊本·阿尤布，原是出身于库尔德族的一位叙利亚军官，曾随叔父多次远征埃及，1169 年成为驻埃及的军事长官和行政大臣；1171 年，在近卫军的支持下发动政变，推翻了阿拉伯法蒂玛王朝的哈里发阿迪德，自立为苏丹，在埃及建立了阿尤布王朝。他笃信伊斯兰教，为了宗教事业，对十字军进行了长期的圣战。在 1187 年的海廷会战中，他采取围困和分割歼灭战法，一举歼灭十字军约 2 万人，随后进占耶路撒冷，灭亡了十字军东侵后建立的耶路撒冷王国，彻底挫败了十字军想长期奴役近中东人民的企图，为阿拉伯反抗外来侵略作出了重大贡献。

十字军东侵，是指西欧封建主、大商人和罗马天主教会对地中海东岸诸国，主要是对伊斯兰教国家发动的军事远征。他们在反对异教、维护基督教的宗教旗帜掩护下，进行着劫掠财富和侵夺领土的勾当。由于参加出征的人都在衣服上缝有红十字作标记，故称十字军。从 1096 年到 1270 年，十字军先后东侵 8 次。

十字军的第一次东侵，开始于 1096 年，经过 3 年征战，于 1099 年 7 月攻占耶路撒冷。接着，他们按欧洲封建国家的模式，在地中海沿岸所占地区，建立起几个封建国家，其中主要是耶路撒冷王国，还有附属于它的安条克公国、的黎波里伯国和埃德萨伯国。这些国家一经建立，十字军就肆无忌惮，更加横征暴敛，使得当地人民深受压迫和剥削，被迫起来反抗。

萨拉丁登上埃及苏丹宝座时，十字军国家的政局早已开始动荡。1147—1149 年的第二次十字军东侵，没有达到目的而以失败告终。尽管罗马教皇又批准组建了各种骑士团，不断将他们派来东方 4 国，以加强军事控制，但历经几十年动乱后，伊斯兰国家也已开始联合，逐步夺回被十字军侵占的领土。因此，基督教徒和伊斯兰教徒之间的矛盾和斗争，也随之日益发展。1187 年的海廷会战，正是在这样的历史背景下发生的。

1186 年末，耶路撒冷王国的一个军事首领理纳德，又一次劫掠了从开罗到大马士革的埃及商队。萨拉丁向耶路撒冷国王提出强烈抗议，要求立即释放埃及商人和归还所劫货物。但理纳德置之不理，并狂妄地宣称："在我的堡垒里，我理纳德是主人，可以为所欲为。萨拉丁要东西嘛，到穆罕默德那里去取吧！"萨拉丁听了这些狂言，怒不可遏，发誓要把理纳德这个无赖亲手杀掉，并宣布要同基督教徒们再进行一次圣战。

1187 年 6 月，萨拉丁宣告发兵。他亲率轻骑兵数万人，于下旬从埃及出发，很快便包围了隶属于耶路撒冷王国的提比莱斯城。萨拉丁把目标选在此地，用意在于围城打援，他想把十字军的主力部队诱出耶路撒冷，以便在其进军途中予以歼灭。当时，提比莱斯的驻军首领是的黎波里伯爵夫人艾希发，而她的丈夫伯爵本人雷蒙德，正好留在耶路撒冷城中。艾希发自知不是萨拉丁的对手，火速派人向国王求救。国王乔弗利立即召开大臣会议，商讨对策。会上出现了两种意见：以雷蒙德为首的一部分大臣认为，应当按兵不动，以免中了萨拉丁的圈套；以理纳德为首的另一部分大臣，极力主张发兵赴援，并痛斥雷蒙德为奸贼，连自己的家室也不顾。国王倾向理纳德等人的意见，立即调兵遣将，下令各军向希弗里亚集中。久未作战的十字军，仍然骑士精神十足，听到出发打仗的消息，以为又有发财机会，无不欢欣鼓舞，个个喊着"快救伯爵夫人"的口号，迅速奔向集结地点。

王国的军队很快集中起来了，总计约有骑士 1 200 名，本地轻骑兵 2 000 名，步兵约 1 万名。就在即将出发的前夜，雷蒙德再一次向国王建议，不要涉险行军，不要匆忙赴救，而应坐待战事发展，以求应付良策。他深恐大军行进于茫茫沙海之中会有意想不到的危险。国王听了雷蒙德的分析，决定暂停进军。可是，第二天中午，理纳德的同伙吉纳德又乘机再进谗言，国王随即又改变主意，决定按原计划行动，并令雷蒙德率领前卫部队先行开路。

7 月 3 日拂晓，十字军从希弗里亚出发，向东南开进。他们很快进入了杰贝尔屠南山区，开始感到供应不便。这个地方离提比莱斯城还有很长的路程，前面又多是杂乱的石砾和干旱的沙漠，基本上没有草木，没有鸟兽，更没有可供大批人畜饮用的水源，几乎就是死亡之地。就在这种地形上行军，一贯骄纵的十字军，仍然大摇大摆，慢吞吞地推进，俨然是凯旋之师，还不时地为饮水不足发脾气，埋怨先行部队没有为他们准备好宿营的条件，这些人根本不知道自己正在向死亡逼近。

萨拉丁得到十字军出征的消息，高兴得大声欢呼，一再"感谢万能的真主"，认为是"天从人愿"。他立即派出一支轻骑兵，利用地形熟悉的条件，间道前去骚扰十字军，使其惊魂不定。同时，命令主力部队绕开敌人的前卫，突然靠近和攻击敌人国王统率的主力。他安排部队携带充分的给养，特别是足够的饮水，采取先围后打战法，力争在沙漠之中困死敌人。

十字军开路先锋雷蒙德，已感到无法正常行进，因为部队不时遭到回教徒的袭击，而干渴的折磨更使人心神不宁。他回马飞奔到国王面前，催促国王指挥主力部队快速前进，并警告说："如果不尽快抵达前面河谷，就会得不到饮水，将有全军覆灭的危险。"但是，他的警告没有作用，因为开始意识到前途艰险的国王，这时已经做不到这一点了。

由于埃及军队的骚扰，十字军的行军速度更加迟缓了，而且后卫部队被埃军弓箭手挡住了进路，已经跟不上来了。为了等待后卫靠拢，国王被迫停留下来，在一个村落的废墟上暂过一夜。第二天，十字军走走停停，艰难地向前移动，最后到达了海廷村。海廷村是坐落在海廷山脚下的一个小小农村。爬上了山坡斜面的主力部队，大多数人一整天滴水未进，个个喉干舌燥，筋疲力竭，无法继续前进。眼看天色快黑，国王只好下令在此露营。然而，疲劳加干渴，苦苦地折磨着人们，士兵们哪里能够入睡。更何况敌军还不时地前来袭扰。

而萨拉丁这时已经做好圈套，准备下手了。第二天上午，他的70匹骆驼运来大量箭矢，补充了骑马弓箭手的作战物资。但他仍然围而不攻，挡而不冲，避免迎战，只是充分发挥弓箭手的远距离杀伤作用，力求消耗敌人的战斗力量。十字军的勇将雷蒙德为了摆脱困境，率领着前卫继续前进，可国王却无法开动了。为了减少伤亡，对付埃及人的袭击，国王把步兵调到中央，命令骑士向萨拉丁的弓箭手冲杀。但效果却适得其反，因为队伍一动，立即发生混乱，步兵在一片恐怖声中纷纷向海廷山上爬去。国王立即把随身携带的护身符——"真十字架"高高树起，希望给慌乱的士兵一个精神支柱。这一手果然起了暂时的作用，对基督教十分虔诚的步兵、骑士和弓箭手们，立即围在"真十字架"周围，局面趋于好转。可是好景不长，后卫部队这时又如惊弓之鸟，慌慌张张地拥挤上来，秩序比刚才更加混乱了。没过多久，雷蒙德的前卫部队也被埃及人赶了回来。这样，乔弗利国王统率的十字军近2万人，便完全猬集到了海廷山岗及斜坡边上，被伊斯兰教徒们紧紧包围着。

一场空前的大血战开幕了。回教徒们身强力壮，经过充分休息，更加精神振奋。他们先用箭射，而后举起弯刀，奔上山来砍杀。十字军骑士虽然进行了英勇的抵抗，无奈饥渴过度，体力不支，哪里是埃及士兵的对手！更何况许多人早已魂飞魄散，斗志全消，只是呆呆地举着手中武器，向"真十字架"祈祷，渴望出现奇迹，把他们从死亡中拯救出来。奇迹始终没有出现。国王在走投无路的时候，又命雷蒙德率领一支骑士部队去拼杀，希望杀开一条血路使十字军突出重围。

雷蒙德果是骁将，他的骑士也个个如狼似虎，凶猛异常，跟着他拼命向外冲杀。也许出于怜惜，也许知道其余部队根本无力突围，萨拉丁的侄子阿马尔，下令士兵放开一条生路，放走了雷蒙德一行人。然而，回教徒遍地都是，这些冲杀出去的十字军，没有多久又被包围起来，只有雷蒙德本人，终于率领着少数骑士突围而去。

被困在海廷山上的十字军，一个个苟延残喘，绝望地坐以待毙。萨拉丁只令士兵围而不攻，同时在四周点起火来。干渴的折磨和只能等死的处境，终于迫使十字军选择了投降之路。最后，"真十字架"倒下来了！国王的帐幕也倒下来了！国王乔弗利、他的弟弟阿奈特亲王、神庙骑士团和医院骑士团的首领，以及包括所有将领在内的残存十字军，统统成了萨拉丁的俘虏。

会战结束了。萨拉丁在自己的帐幕里接见了几个特殊的高级俘虏，除了对罪魁祸首理纳德宣布严惩而当场处死之外，对其他人一律予以宽容，并声言绝不杀害一个国家的国王。随后不久，提比莱斯守军开城投降。萨拉丁很钦佩固守城池的伯爵夫人，对她格外施恩，准她自由地返回的黎波里，去同丈夫雷蒙德伯爵团聚。不过，由于忧愤过度，雷蒙德伯爵不久便死了。

海廷山惨败和国王被俘的消息，震撼了整个耶路撒冷王国。萨拉丁乘胜进军，于9月20日兵临耶路撒冷城下。为使圣城免遭破坏，他希望不动干戈，争取城里的十字军和平投降。因此，仍然采取围而不打的政策。起初，守城的十字军不肯就范，但终于抗不过大势已去的危局，熬不过饥饿的威胁，最后还是主动请降。

萨拉丁没有按照传统的做法把投降者一律当做奴隶，然后拿去拍卖，而是提出了用金钱赎回自由的条件：每个男子只要交纳10块金子即可获得自由，两个妇女和10个儿童折作一个男子计算；没有黄金的穷人（估计可能约7 000人），只要凑足3万拜占庭铜币，就可获得自由。十字军欣然接受了这个和平条件，并于10月2日签订了降约。当天，萨拉丁率军入城。

萨拉丁进城后，严禁埃及军队扰乱秩序，命令开放耶路撒冷市场，以便让市民出售物品，筹钱赎买自由。但是几天过后，仍有几千穷人交不出赎身钱。于是，萨拉丁的弟弟赛弗，第一个请求萨拉丁让他从穷人中挑选1 000人做他的奴隶，萨拉丁允许了他的请求。赛弗挑足人选之后，马上就把他们释放了。接着，大主教也以同样的方式释放了另外 1 000 人。最后，萨拉丁对大家说："现在该轮到我了。"

他派人分赴耶路撒冷的各条街道，向过路人通报：埃及苏丹宣布，所有交不起赎金的人，从现在开始，都可以自由地离开圣城！消息迅速传开，一批又一批穷人很快上路。他们通过圣拉查鲁斯门，愉快地走出了圣城。直到太阳落山，人流方才终止。萨拉丁这个壮举，如果与 1099 年十字军攻占耶路撒冷时屠杀 7 万平民的事实相比较，真正是一个在天之上，一个在地之下了！正因为如此，萨拉丁打败十字军的战争，灭亡耶路撒冷王国，不仅为阿拉伯人民所赞扬，也为世界人民所称颂。

11. 国破人亡

——东罗马帝国和奥斯曼帝国的君士坦丁堡围攻战

公元 1453 年 4 月 6 日至 5 月 29 日，在欧亚两个大陆交界的博斯普鲁斯海峡地区，奥斯曼帝国和东罗马帝国之间，进行了一次典型的要塞攻防战，这就是土耳其军队对东罗马帝国首都君士坦丁堡的围攻战。对这次围攻战，军事家和历史家们历来都很重视，因为它不仅标志着一个千年古国的灭亡，而且鲜明地反映了中世纪要塞攻防作战的若干特色。

君士坦丁堡，即今天土耳其的伊斯坦布尔。它本来是古希腊的一个移民城市，叫拜占庭，始建于公元前 658 年。公元 330 年，罗马皇帝君士坦丁一世为避免北方蛮族的侵扰，把首都从罗马迁到拜占庭，并将它改名为君士坦丁堡。罗马帝国于 395 年正式分裂为西罗马和东罗马两个国家。东罗马帝国继续以君士坦丁堡为首都。因为它原名拜占庭，所以人们又把东罗马帝国称之为拜占庭帝国。

东罗马帝国在人类发展史上存在了一千余年，经历了由盛到衰、由侵略别国到自身防卫的漫长岁月。它创造过璀璨的拜占庭文化，对东西方经济和文化交流发挥过"金桥"作用。帝国首都君士坦丁堡，从古代到中世纪，一直是举世瞩目的政治、经济、文化和军事名城。它扼黑海出入门户，是欧亚水陆交通要冲，是国际贸易的集散都会，还是古代著名"丝绸之路"的终点。因此，工商业非常发达，城池设防也极为坚固，以致成为国家繁荣和实力的象征。这样一座名城自然也会成为侵略者觊觎的对象，因而多次遭受外族人的入侵。

从 14 世纪开始，由于土耳其境内奥斯曼帝国的日益兴盛和发展，东罗马这个延续了上千年的老大帝国，不断受到挤压和侵犯；到 15 世纪初，它已衰败不堪了。多次被侵的结果，其领土只剩下首都君士坦丁堡及其附近若干城市，以及被土耳其军队切断了联系的巴尔干半岛南端一隅，即伯罗奔尼撒地区。当时的君士坦丁堡，实际上成了一座孤城。谁能攻占这座孤城，就等于灭亡了东罗马帝国。不过，这座孤城却是一块相当难啃的硬骨头。它的坚固城池和组织严密的防御，曾经挫败过不少强悍的入侵者。这也正是古老帝国得以长期生存下来的重要因素。

灭亡近在咫尺的东罗马，是奥斯曼帝国历代统治者的夙愿。他们为此作过多次尝试，但都没有成功。一直等到15世纪50年代，在21岁的苏丹穆罕默德二世继位以后，才把这项用武力吞并邻邦的国策，又一次付诸行动。穆罕默德二世经过两年多的充分准备，于1453年发动了对自己邻邦的大举进攻，而四面围攻君士坦丁堡，则成了这次战争的唯一形式。

君士坦丁堡位于博斯普鲁斯海峡西岸南口。从军事上说，其地理形势极为良好，战略地位十分重要。它屹立在突入海中的岬角之上，经过历代长期修建和不断改造，成了非常独特的要塞式城堡。整个城堡呈三角形，北面是金角湾，南面为马尔马拉海。沿海地区全都筑有护卫的城墙，海墙为单层建筑，长约15公里；金角湾的入口处，还有铁链封锁，这使城堡的南北两面都易守难攻。城堡的西面为陆地，是三角形海岬的底部，自古以来修有城墙和深沟加以卫护。陆上城墙长约6~7公里，共分三层：一是内层墙，高约12米，设有112个碉堡；二是外层墙，高约7~8米，配备一些碉楼；三是矮胸墙，实为护城河的内壁；护城河宽约20公尺，水深约5公尺。内外两层城墙之间，隔着约18米宽的空地。整个城堡就是一个大要塞，有着严密的防御体系，可谓"固若金汤"。然而，土耳其军队只用54天就把这座大城堡攻克了。这样的战例在中世纪是不多见的。

当时，东罗马帝国的皇帝为君士坦丁十一世帕莱奥洛古斯。他深知土耳其人的入侵不可免，在1448年继位后，即开始备战工作，而在侦知土耳其新苏丹将举兵进犯时，更是抢时间、争速度地修补工事，加固城防，并尽力增加作战物资储备。但是，国政民风的腐败和人力物力的匮乏，使他心愿难酬。帝国虽然还有近100万的城镇居民，不下25万适合服兵役年龄的男子，但应召服现役的士兵竟不足5 000人，加上外籍军人，也只能组成一支约9 000人的守城部队；能够用来进行海上防卫的舰队，只有20多艘大帆船，没有真正的战舰。不过，这位皇帝奋发图强，还是竭尽全力做了许多应战工作。敌人进攻时，他没有听从臣属们弃城外逃的劝告，而是认真选将点兵，组织了顽强的城市防御战斗。

1453年4月初，土耳其苏丹穆罕默德二世率领着拥有步兵7万、骑兵2万、战舰320艘的大军，浩浩荡荡地开抵君士坦丁堡城下，从陆海两面完成了对古城的包围。4 月 6 日，土耳其军队从城西陆地发起猛攻。他们使用火炮、撞城锤和投石器等破击城墙，并随之填平壕沟，架设云梯，实行强攻。君士坦丁堡的军民，在皇帝亲临战地的鼓舞下，依靠城防总司令吉斯提尼果断灵活的指挥，顺利地打退了敌军的第一次大攻击。4 月 15～18 日，土耳其舰队把所有的火炮推到君士坦丁堡的护城河边，持续进行 4 天轰击，但没有奏效。城墙上被打破的缺口，很快就被守城军民修补好了。此后，土耳其方面不断地展开猛烈炮击，并在 5 月 7 日和 12 日分别以 3 万人和 5 万人的兵力，猛烈攻击圣罗马拉斯门附近的城墙，但又被吉斯提尼率兵击退，土军死伤无数。

穆罕默德二世眼看硬攻不成，便试用新的手段，同时采取坑道爆破战法。他选择了两个比较有利的地段，派出大量军队在城墙下面挖掘坑道，企图炸开城墙。可是，这个方法同样归于失败。吉斯提尼识破了敌人的企图，采取了有效的对付手段，使土军作业士兵不是被炸死、杀死，就是被闷死或淹死。这时，土耳其军的后备部队继续源源开到，但后勤补给却成了严重问题。

苏丹估量了新的形势，决心改变进攻策略。他收买了贪得无厌的热那亚商人，在他们控制的加拉太地区，借用一条通道潜入君士坦丁堡北面的金角湾内，以便进行水陆夹攻。为此，苏丹紧急调集一支达 5 万人的部队，在博斯普鲁斯海峡和金角湾之间，铺设起一条长约 1.5 公里的圆木滑行道，并在木轨上涂上黄油。然后，用一个夜晚时间，将 70 多艘轻便帆船拖上海峡岸边，由人力、畜力和滑车拉过山头，再从斜坡上滑进金角湾的浅水之中。同时，又在金角湾的最狭窄处架起一座浮桥，把火炮配置在桥头上。一切完成之后，苏丹于 5 月 26 日召开作战会议，决定 5 月 29 日从陆海两个方面同时发起总攻击。

这是一次陆海军的联合作战行动。按计划，要采取不分昼夜的连续进攻，适时投入后备力量，不准以任何理由中断或暂停战斗，目的在于不断消耗和牵制罗马守军，使其不能相互支援，待他们筋疲力竭之后，发动最后的强大突击，一举拿下敌城。为此，土耳其军队立即加紧准备，筹集充足的作战物资。据说，云梯就有 2 000 架，铁钩难以数计，填充壕沟的束薪等堆积如山。

29 日凌晨一点半钟，号声、鼓声和呐喊声突然爆发，土耳其军队对君士坦丁堡的总进攻再一次打响了。在金角湾里，海军发挥火炮威力，轰击港内敌船，破坏城墙防御工事；在城西陆地，陆军发起猛烈攻击，不停地填壕攻城。双方展开了殊死拼搏。但是，兵力的众寡早已预示了战斗的结局。土耳其的数万军队愈战愈勇，尽管伤亡惨重，但在穆罕默德二世亲自督战下，各部都不甘示弱，终于在多处打开了缺口，突进了城堡。随后，土军便源源不断地冲入城中。君士坦丁堡的守城部队，这时由于连续作战已减员到不足 4 000 人。城破之后，守城部队虽明知寡不敌众，却仍浴血苦战。他们在城防总司令吉斯提尼和皇帝本人相继阵亡的情况下，仍继续各自为战；直到弹尽剑折时，也宁肯前仆而死，绝不后退投降。

蜂拥而入的土耳其军队，在君士坦丁堡城中展开了大屠杀，一连洗劫三天三夜。教堂被夷为平地，房屋被抢掠一空，居民约有4万余人被杀，约有6万多人被卖为奴。在历史上延续了上千年的东罗马帝国，从此不复存在。不过，君士坦丁堡的守军和人民在这场防御作战中表现出的艰苦卓绝的斗争精神、不屈不挠的坚强意志，却永远载入了史册。拜占庭的古老文化，也并不因国家的灭亡而消失，对世界历史和各国人民的生活仍然产生着强烈的影响。

穆罕默德二世付出极大的牺牲，耗费大量的财力物力，终于实现了自己的志愿，把千古名城君士坦丁堡夺取到手。他随后颁布命令，将君士坦丁堡更名为伊斯坦布尔，并以它作为奥斯曼帝国的新首都。

12. 千里驰援——索别斯基阻遏土耳其人的扩张

1683年9月，雄踞土耳其的奥斯曼帝国，虽然盛极而衰，开始走下坡路，但它余威犹在，仍然是东欧和中欧各国最强大的敌人。穆罕默德四世嗣位以后，在位日久，国内比较稳定，为了挽救衰颓，又开始不断地实行侵略，连年对欧洲发动战争。奥斯曼帝国的土耳其军队，继承着强悍勇猛的传统，仍然有着蔑视群邦的虎虎雄风。穆罕默德四世的多次入侵，严重地蹂躏着中欧和东欧广大地区，给各国人民带来了巨大灾难，迫使欧洲各国不得不联合起来，共同抗击土耳其人的入侵。

当时，中欧的神圣罗马帝国和东欧的波兰王国，都有着比较雄厚的实力，成了奥斯曼帝国进一步扩张的主要障碍。为了扫清障碍，穆罕默德四世首先选定的目标是紧邻国家奥地利。1683年，他再次挑起战争，发兵17.5万，气势汹汹地向维也纳进攻，企图一举夺取神圣罗马帝国的都城。奥地利的哈布斯堡王朝，顿时慌了手脚，匆忙派出皇家军队予以迎击，希望能够阻住奥斯曼土耳其军队的进犯，以等待周围邻国的援救，但结果却是屡战屡败，根本无力遏止土耳其人的强大攻势。前线战败的消息每日传到，首都维也纳全城震动，臣民上下万分惊恐，皇帝利奥波德一世束手无策，终日忧心忡忡。

当年7月上旬，奥斯曼大军已经逼近了维也纳，首都局势万分严重。利奥波德一世根本没有组织抵抗的胆略和决心，"三十六计走为上"，在敌军离城还有相当距离的时候，他便匆匆忙忙地带着宫廷眷属和达官显贵逃离首都，把一个经营了几百年的都城留给了冯·施塔海姆贝格伯爵去防守。

　　7月14日，奥斯曼军队分路开进，最后合围维也纳城。土耳其人多达17万有余；而施塔海姆贝格的守城部队只有1.3万人，加上由市民、学生和奴隶组成的准军事人员5 000人，也达不到2万。围城者兵强马壮，粮丰草足，大有铁锤击卵之势；守城者装备极差，武器不足，仓促上阵，力量对比形成了极大的反差。幸好维也纳的城墙极为坚固，使守卫者仍有最后一个可靠的依托。

　　不可一世的奥斯曼军队，眼看利奥波德一世放弃维也纳并仓促逃命，以为微不足道的守城部队一定会在土耳其的铁蹄声中不攻自破，甚至开门投降；即使抵抗，也是不堪一击，所以兵临城下之后并不急于攻打，而是在四周安营扎寨，安然进行休整。10天过后，到7月25日，奥斯曼军队才开始正式进攻。但他们的攻城战斗，很快就被严阵以待的维也纳军民击退了。维也纳的守城军民，为了祖国的荣誉，为了自己的生存，在守城战斗中表现得非常顽强和英勇。土耳其人尽管接连不断地发动进攻，但都未能得逞，一次又一次遭受了挫折。在相继一个多月的时间里，战事出现了胶着状态。

　　但是，随着时间的推移，维也纳城中出现了危机，军民的食品供应遇到了严重困难。虽然，在奥斯曼大军围城之前，维也纳当局已经预料到战事不会在短时间内结束，尽量储备了食品，甚至将城外的大批牲畜都赶进城里来了。但这种临时进行的应急储备毕竟数量有限，到了8月下旬，城内的给养和各种供应开始枯竭，以后就终于断绝了。9月开始，饥饿已严重地威胁着维也纳城里的军民，有些人已经靠捕捉老鼠充饥。最后，城内饮水也开始发生困难。军民艰苦奋战的信心开始动摇，谁也不知四面受敌的危城还能保持多久。

　　与此同时，奥斯曼军队的进攻却越来越凶猛。土耳其人不仅调来了大炮轰城，而且在几处城墙底下挖洞，企图进行火药爆破。饥饿不堪、武器不足的守城军民仍在顽强抵抗，使用仅有的步枪和手榴弹，一次次打退爬上城墙的敌人，但抵抗力终归越来越弱了。他们眼看着很快就会弹尽粮绝，战死的时刻随时可能降临。

　　就在这千钧一发之际，已经绝望的维也纳军民，突然发现城外远处的高地上飘扬着一面醒目的大旗。原来，波兰国王扬·索别斯基统率大军，赶到了维也纳城下。维也纳人立即欢呼起来，真正是久旱逢甘雨，绝处又逢生。守城指挥官施塔海姆贝格伯爵立即派人突出重围，向索别斯基报告城里的艰难境况，信中请求他加速解围："刻不容缓！"

　　扬·索别斯基为什么会在这个时候率军来到维也纳呢？原来，早在奥斯曼帝国准备进攻神圣罗马帝国之前，索别斯基就意识到，如果奥地利被土耳其人占领，那么唇亡齿寒，波兰随后就要受到直接威胁。于是，他决定与利奥波德一世和中欧一些小国联合起来，共同抗击土耳其人。

1683年年初，波兰和奥地利签订了同盟条约。条约规定：不管是维也纳还是克拉科夫（当时的波兰首都），只要受到敌人的直接威胁，缔约的一方有义务采取适当行动，帮助另一方抗击侵略。因此，索别斯基在得到维也纳被围困的消息后，立即率领波兰和乌克兰哥萨克所组成的2.5万大军，迅速驰援维也纳。9月初，索别斯基的队伍抵近维也纳。在这里，他汇合了由皇家陆军中将洛林率领的奥地利军队，以及来自德意志各诸侯国的军队，组成联军，并由他统一指挥。

1683年9月12日，太阳即将升起的时刻，联军发起的维也纳解围战打响了。他们的统帅扬·索别斯基，是一位久经沙场的卓越指挥官。早在10年以前的1673年，他就率领波兰军队打败过奥斯曼军队，对土耳其人的战法非常熟悉。这一次，他将联军布置成弧形阵线，以奥方陆军中将洛林和萨克森选帝侯扬·乔治统率各自的军队组成右翼，索别斯基亲率波兰军队组成左翼，其余联军置于中央。波兰国王首先命令联军左翼发起进攻，奥斯曼军队马上应战。由于联军的进攻非常猛烈，奥斯曼军统帅卡拉·穆斯塔法害怕阵地被突破，便将其大量兵力调至联军左翼，展开硬对硬的肉搏战。双方拼死厮杀，一时胜负难分。

战斗延续到中午，索别斯基敏锐地发现土耳其人的左翼兵力在不断减弱。机会已到了，他立即命令联军的中央和右翼全部投入战斗，向奥斯曼军队展开强有力的冲击。对于这个突然出现的大举进攻，土耳其人招架不住，防线很快就被联军攻破。当时，年近花甲的索别斯基，跃马挥剑，身先士卒，率领着波兰的重装骑兵，直接向奥斯曼军的大本营猛扑过去。在统帅亲犯矢石的表率作用下，联军士兵个个奋勇，接连闯过了土耳其人的几道防线，一贯耀武扬威的奥斯曼军队，终于渐渐不支而节节败退。

战斗进行到日落时分，土耳其人的战斗力急剧下降，有些人开始脱逃，继续拖延下去，奥斯曼军队有被包围聚歼的危险。眼见失败已成定局，卡拉·穆斯塔法只好发出"全军撤退"的命令。千载难逢的杀敌战机，又被索别斯基及时地抓住了。他也立即下令：联军全线出击。在联军乘胜穷追猛打之下，土军很快溃不成军，一个个丢盔弃甲，狼狈逃窜，以致败势愈演愈烈，根本无法收拾。

维也纳解围战中，联军大获全胜，奥斯曼军队遭到了毁灭性的打击。他们总计死亡2 000余人，损失火炮300余门，十几万大军从战场溃散而去。据当时宣布，联军的损失甚微。9月13日，索别斯基在土耳其统帅遗弃的大本营帐幕中给王妃写信，通报他的作战结果，说："所有的大炮，所有的营帐，数不清的财富，都已落到我的手里。土耳其人遗尸遍野，狼狈溃逃。丢弃下来的骆驼、驴子、绵羊和其他牲口，正等待我们的士兵去收拾。"

扬·索别斯基率联军取得的这一伟大胜利，狠狠地打击了土耳其人几个世纪以来横行欧洲战场的赫赫威风，有力地阻遏了穆罕默德四世的扩张侵略势头，使他从此不敢再对中欧和东欧各国轻举妄动。正是这一辉煌胜利，使长期笼罩在奥斯曼帝国侵略战争阴影之下的欧洲陡然振奋起来，极大地鼓舞了欧洲人民联合起来共同抗击土耳其人侵略的决心和信心；同时，也有力地促进了东欧人民起来反抗奥斯曼土耳其统治、摆脱其奴役的解放斗争。扬·索别斯基不仅是波兰历史上的英雄，也是欧洲社会发展的伟人，理所当然地受到了欧洲人民的怀念和崇敬。

13. 所向披靡——亚历山大东征

正当伯罗奔尼撒战争使希腊诸城邦大伤元气的时候，北方近邻马其顿逐渐强大起来，其国王腓力二世凭借其强大的军事力量，乘希腊各城邦混乱不堪、无力外御之机，先后夺取了一个个衰落的希腊城邦。

腓力二世把政权和军权集中到自己手中；军队变原来的民军性质为常备军和雇佣军相结合的体制，规定所有壮年男子都要到步兵或骑兵中服役；以方阵为基础，创造了著名的马其顿方阵；大力发展攻城技术装备，使马其顿军拥有优势的弯炮、破城槌、攻城塔等。

公元前338年，马其顿军队大败希腊联军于喀罗尼亚城下，确立了在全希腊的霸主地位，下一步侵略目标，便是东方的波斯及其他文明世界。然而，公元前336年，腓力二世在自己的王宫里为女儿主持婚礼时遇刺身亡，他的儿子亚历山大受军队的拥戴登上王位，时年20岁。

亚历山大曾拜希腊著名哲学家亚里士多德为师，自幼接受希腊文化教育，拥有丰富的政治和军事知识。他酷爱希腊文化，梦想不仅要征服世界，而且要使世界希腊化。

公元前338年8月，年仅18岁的亚历山大被任命为马其顿军队副统帅。当马其顿军队到达希腊中部喀罗尼亚城附近时，遇上了希腊各城邦的联军。在这里，双方展开了一场大决战。

马其顿军队在黎明前排好了方阵：士兵们列成长达16徘的纵队，每个士兵都被遮住全身的巨盾和长达5米的长矛武装起来。后排的士兵把他们的长矛放在前排士兵的肩上，这样，前排的士兵就得到好几排向前伸出的长矛的保护，整个方阵行动起来像一个整体。方阵分左右两翼，腓力二肚亲自指挥右翼，左翼由亚历山大指挥。

决战中，双方相持很久难分胜负，但是不久，亚历山大指挥的左翼军队，给当时认为无敌于天下的底比斯人的"神圣部队"以致命打击。他父亲腓力二世那一边，却遭到了失败。联军突破了马其顿的队伍，对其进行紧压，但是一阵冲锋，却搞乱了自己的队伍。

在高处观战的亚历山大当机立断，迅速帮助父亲改变方阵队形，向联军反扑过去。结果联军溃败，腓力二世大获全胜。

这一仗，决定了希腊人的命运。第二年，腓力二世在科林斯村召开全希腊会议，宣布自己是希腊军最高统帅，从而确定了马其顿在希腊各城邦中的领导地位。

亚历山大即位后，大胆实行政治、军事改革，削弱氏族贵族的势力，加强君主的权力，奖励发展工商业。他创立了包括步兵、骑兵和海军在内的马其顿常备军，将步军组成密集、纵深的作战队形，发展了其父的马其顿方阵，中间是重装步兵，两侧为轻装步兵，每个方阵还配有由贵族子弟组成的重装骑兵，作为方阵的前锋和护翼。亚历山大通过这些改革，使马其顿迅速成为军事强国。他在平定国内叛乱和希腊反马其顿起义之后，即调兵遣将开始了对东方的远征。

公元前334年年初，亚历山大授权安提帕特将军摄政，亲率远征军渡过赫勒斯滂海峡，向波斯进军。这支远征军以马其顿军为主，雇佣兵和各邦盟军为辅，约3万步兵、5 000骑兵、160艘舰船。

当时的波斯帝国是个没落的军事奴隶制国家，在大流士三世统治下，内政腐败，政局不稳，国势日衰，在小亚细亚仅部署有骑兵2万、希腊雇佣兵2万、舰船400余艘。

公元前334年5月，亚历山大远征军渡过赫勒斯滂海峡后，在马尔马拉海南岸格拉尼库斯河遭到波斯军阻击。波斯军沿河东岸展开，以骑兵为第一线，步兵为第二线，凭岸固守，阻敌渡河。远征军则置步兵方阵于中央，两翼为骑兵，亚历山大命令先头部队佯动，诱使敌军向左移动，待其队形出现间隙，乘机率右翼主力渡河，猛扑敌阵中央。激战中，波斯军的标枪如滂沦大雨，铺天盖地；马其顿人的长矛似万道金蛇，左刺右扎，但是，远征军第一回合的冲击未能奏效，波斯军居高临下，顽强拼杀，阻住了马其顿先锋部队的强攻。

正当鏖战关头，亚历山大亲率部分骑兵赶到，他的盔甲光辉夺目，头顶耀动着白色羽毛，正是敌人注目的中心，一些波斯兵一时看得发呆，来不及放箭和投掷标枪，只见亚历山大头一个冲进敌阵，整个骑兵一涌而上，霎时冲乱了波斯兵的阵势。

此战波斯骑兵亡千余人，其步兵遭马其顿军四面打击，迅即溃败，2 000余人被俘。希腊远征军仅亡百余人。

初战告捷，亚历山大乘胜率远征军沿小亚细亚西海岸南下，先后占领吕底亚、卡里亚、吕基亚等地，随后北上安哥拉（今安卡拉），东进卡帕多细亚，再南下奇里乞亚。

公元前333年10月，希腊远征军在西利西亚东部的伊苏斯击败大流士三世所率12～13万大军，波斯国王大流世三世落荒而逃。此役后，希腊远征军获得战争主动权，打开了通往叙利亚、腓尼基的门户。

公元前332年，亚历山大挥军南下，沿地中海东岸前进，攻占叙利亚，顺利进入埃及，被埃及祭司宣布为"阿蒙神之子"（国王），他自封为法老。希腊远征军在尼罗河口兴建亚历山大城，作为继续东征的后方基地。

公元前331年春，亚历山大又率步兵4万、骑兵7 000从埃及回师亚洲，借道腓尼基向波斯腹地巴比伦尼亚与伊朗高原推进，寻找波斯军主力决战。10月初，在底格里斯河东岸的高加米拉以西与波斯军主力对阵。

大流士三世此时已组织了较强的新军，集结的军队来自24个部族，号称百万，有刀轮战车200辆，战象15只。双方展开了激烈的骑兵战和肉搏战。希腊远征军骑兵主力纵队利用缺口迅速楔入敌阵，直逼大流士三世的大营。大流士三世逃遁，波斯军惨败。

远征军乘胜南下轻取巴比伦，占领波斯都城苏萨，随后进入伊朗高原，洗劫波斯古都波斯波利斯以及米底古都埃克巴坦那，摧毁了大流士三世政权。

公元前330年春，亚历山大引兵北上追击大流士三世，获悉大流士三世被其部将谋杀，古波斯帝国及阿契美尼德王朝至此灭亡，亚历山大成为波斯统治者。

公元前327年，亚历山大率军由里海以南地区继续东进，经安息（帕提亚）、阿里亚、德兰古亚那，北上翻越兴都库什山脉，到达巴克特里亚（大夏）和粟特。公元前325年，远征军侵入印度，占领印度河流域。他还企图征服恒河流域，但是经过多年远途苦战，士兵疲惫不堪。再加上印度人民的顽强抵抗，还有疟疾的流传、毒蛇的伤害，士兵拒绝继续前进，要求回家。亚历山大不得不放弃东进计划，于公元前325年7月从印度撤兵，公元前324年，其陆军回到波斯波利斯和苏萨，舰队在底格里斯河口靠岸，随后返抵巴比伦，东征即告结束。

亚历山大率远征军十年血战万里行，进行了上百次强渡江河、围城攻坚作战，彻底摧毁了古波斯帝国，降服了大量的土著部族，从而建立起了一个北到多瑙河，南达尼罗河，东跨印度河，西连亚得里亚海，横跨欧、亚、非三洲的亚历山大帝国。

亚历山大退到巴比伦以后，就把巴比伦城作为马其顿帝国的新都。他很想再远征西方，征服北非和意大利。公元前323年夏，他的远征计划已经准备妥当，但万万没有想到他的末日已经临近。

一天，亚历山大像往常一样向诸神献祭，对神明赐给他的好运气谢恩。当晚，他同一个好友一起饮酒作乐，然后又去洗澡。突然，他开始发烧，从此一病不起，但他还是每天召见军官，指示他们如何准备远征。过了几天，他已经不能说话了，可是他还用眼神示意军官们要继续西征。

临死时，他留下话来：在他的丧礼期间，要举行盛大的军事竞赛。这一年，亚历山大才33岁。

亚历山大作为古代西方的伟大统帅和著名战略家，只活了33岁，但他军事远征的辉煌战绩，他的建军、作战思想和战略战术原则，他的指挥艺术，把古代军事学术提高到了新的水平。作战中，亚历山大正确选择战略方向，合理运用马其顿方阵战术，善于组织步军与骑兵、陆军与海军协同作战，军事手段和政治手段并用等都很成功。

亚历山大东征给当地人民造成了深重灾难，但客观上也促进了东西方经济和文化的交流，刺激了社会生产的发展。一些学者指出：亚历山大曾为西方人打开了东方的大门，也为东方人敞开了西方的大门，因此亚历山大是深刻改变了他自己那个时代的人物，在一定程度上影响了西方历史的进程。

亚历山大一死，他的部将便展开了激烈的争权斗争。经长期混战，在亚历山大所征服的土地上，形成了几个独立的王国：安提柯王朝统治下的马其顿王国、托勒密王朝统治下的埃及王国和塞琉古王朝统治下的塞琉西王国。

14. 揭竿而起——斯巴达克起义

"宁为争取自由而战死，绝不为富人的娱乐而丧身！"

这是2 000多年前奴隶起义领袖斯巴达克发出的英勇誓，在世界战争史上，反对阶级统治和压迫的战争占有相当的比重。在这些战争中涌现出来的英雄人物无不英勇悲壮，可歌可泣。在古罗马奴隶制时期，伴随着连年的对外战争，大批战俘和被征服地区的居民沦为奴隶。一直处于社会最底层的奴隶大众，遭受着比过去更加深重的苦难。

在古罗马，到处都有大规模使用奴隶劳动的大庄园，奴隶被称之为"会说话的工具"。奴隶主为了取乐，大量建造巨大的角斗场，强迫奴隶成对角斗，并让角斗士手握利剑、匕首，相互拼杀。一场角斗戏下来，场上留下一具具奴隶尸体。奴隶主的残暴统治，迫使奴隶一再发动大规模武装起义。

公元前73年夏，在罗马中部卡普阿城的一所角斗士训练学校里，发生了一次暴动。角斗奴们手拿菜刀、肉叉和各种尖刺的木棒，杀死卫兵，冲出了戒备森严的训练学校，向城南的维苏威山奔去。组织这次暴动的，就是古罗马史上的著名英雄——斯巴达克。

斯巴达克出生于巴尔干半岛东南部的色雷斯，被称为"色雷斯人"。公元前82年，在第二次米特拉达悌战争期间，他在与罗马人的一次战斗中被俘，被罗马人编入"辅助部队"（以被征服地区部落的人编成的部队），但是有强烈民族意识和自由精神的斯巴达克不甘心为罗马人卖命。他暗中联络一些东方士兵，伺机逃回家乡。事情败露后又被罗马人卖到意大利本土沦为奴隶。因他身体强壮，臂力过人，被选购进卡普阿的角斗士学校。斯巴达克几次设法逃脱，都没有成功。于是，他利用一切机会在角斗奴中进行鼓动和串联。正当他串联了200多个角斗奴准备暴动的时候，一个叛徒突然向敌人告密。斯巴达克当机立断，立即率领角斗奴采取行动，结果有78人冲出虎口。

斯巴达克带领这批角斗奴登上维苏威山以后，发现山势险峻，除了一条崎岖小路可通山顶外，到处是悬崖峭壁。于是，他决定在山上安营扎寨，不断袭击附近的奴隶主庄园。这时意大利连续发生饥荒，奴隶们纷纷前来投奔，起义队伍由70余名角斗士很快发展为约1万人。斯巴达克按照罗马军队的形式将自己的部队进行改编，除有数个军团组成的步兵又建立了骑兵，此外还有侦察兵、通信兵和小型辎重队。

罗马元老院起初对这几十个角斗奴闹事并未放在心上，后来发现他们人多势众，便派遣行政长官克罗狄乌斯率领3 000名官兵前往镇压。克罗狄乌斯封锁了通往维苏威山顶的唯一山道，企图困死起义军。斯巴达克临危不惧，对战士们说："宁可战死，不甘饿毙！"食物没有了，他们就用野草充饥，以保持体力，随时准备战斗。

一天，斯巴达克看到战士正在用野葡萄藤编织盾牌，忽然想到，能否用这种藤编织下山的软梯呢？他征求战士们的意见，立即得到大家的赞同。很快，无数条软梯编好了。

深夜，雾气朦胧，山下的罗马官兵都进入梦乡。斯巴达克率领战士，悄悄顺着软梯，从峭壁上爬到山下，又很快地迂回到敌人背后。

斯巴达克一声令下，起义军向敌克罗丢营地猛扑过去，杀得敌军丢盔弃甲，溃不成军。克罗狄乌斯急忙跳上一匹来不及装上鞍子的马，溜走了。

初战告捷，起义军士气大振，但是，斯巴达克和起义将领们十分清楚，在敌强我弱十分悬殊的情况下，要想在罗马国家的心脏地区建立政权，那是很困难的。于是，他们开始向意大利北部进军，准备翻过阿尔卑斯山，离开意大利本土。

起义军在行军途中，来到一座山冈。斯巴达克朝后一望，只见黑压压的一大队兵马正向他们追来。原来克罗狄乌斯溃败以后，罗马元老院又派遣一个名叫瓦利尼乌斯的行政长官，率领两个军团约 1.2 万人，前来围剿起义军。

起义军在半山腰和官兵交战。他们在一天之内，就歼灭了数千官兵，但是由于起义军长途行军，过于疲劳，在一个山坳里被包围了。瓦利尼乌斯兴高采烈，已经准备向元老院报告胜利的消息了，然而，斯巴达克又想出了一条脱险的妙计：当天夜晚，起义军把敌人丢下的一具具尸体绑在木桩上，旁边点起篝火，远远看去像是一个个哨兵在放哨；同时派少数人吹起了军号，似乎起义军还被围困在山上。然后，起义军摸着黑下山了。

这一切布置得都很逼真，行动也非常轻捷，没有一点声息，以致敌军丝毫未曾察觉到起义军已经撤离。就这样，起义军在敌人鼻子下，悄悄地沿着山路，突出了包围圈。

天亮了，瓦利尼乌斯发现中了计，急忙率军尾追。在中途遭到起义军的伏击，损失惨重，连他的卫队和坐骑都被起义军俘获了。

公元前 72 年年初，斯巴达克军队已增到 6 万人。他将部队转移到意大利半岛南部，队伍越来越大。被起义的巨大规模震惊的罗马元老院，于公元前 72 年年派遣以执政官楞图鲁斯和盖利乌斯为首的两支军队讨伐斯巴达克。

这时，起义军内部产生了分歧。大部分奴隶，其中包括斯巴达克，根据敌我双方力量对比，认为在意大利本土建立政权比较困难，主张离开意大利，冲过阿尔卑斯山，进入罗马势力尚未到达的高卢地区，摆脱罗马统治，获得自由，或者返回家乡。参加奴隶起义的当地牧人和贫农则不愿离开意大利，希望继续与罗马军作战，以夺取失去的土地。由于这种意见分歧，导致了起义队伍的分裂。有一支起义军在分裂出去以后，被罗马军队击溃。其他起义军在斯巴达克率领下继续北上，但因阿尔卑斯山山顶终年积雪，气候恶劣，大队人马要翻过山去非常困难；加上在北方富裕农民中难以找到支持者，因此斯巴达克决定改变计划。他下令毁掉一切多余物资，杀掉不需要的马匹，挥戈南下。

罗马元老院得到起义军南下的消息，乱成一团，谁也不愿就任这一年的执政官，推来推去，最后总算选出了大奴隶主克拉苏就任执政官。元老院任命他为镇压起义军的军事统帅，令他率 6 个军团会同上次派出的那两个军团，继续截击起义军。

克拉苏为了挽回危局，提高部队战斗力，宣布恢复残酷军法。他把临阵脱逃的 500 名士兵抓来示众，10 人一组，分成 50 组，每组抽签处死一人。凡抽到该处死签的人，当着广大士兵的面被活活砸死。

克拉苏整顿部队后，便向斯巴达克猛扑过来。起义军与克拉苏周旋了一年多，取得许多胜利，但由于力量悬殊和内部分裂，最后被敌人围困在意大利南部的布鲁提乌姆半岛附近。克拉苏在该半岛地狭处构筑了一道横贯半岛的大壕沟，长约55公里，深宽各4.5米，以围困起义军。

在一个风雪交加的夜晚，斯巴达克利用敌人疏于戒备之机，指挥起义军在一段不长的壕沟中填满树枝、泥土和木桩，而后以骑兵为先导突破封锁线，直奔布伦迪休姆，企图在此渡海去希腊。

为尽快消灭起义军，罗马当局从马其顿调回鲁库鲁斯的军队，从西班牙调回庞培大军，协同克拉苏从东、北、南三面包围起义军。起义军接近布伦迪休姆时，鲁库鲁斯的军队已在该处登陆，庞培率军从北面压来，克拉苏也从后面追来。面对强敌，斯巴达克决定在几股敌人会合前，与距离最近的克拉苏军队决战。

公元前71年春的一天，斯巴达克与敌军在阿普利亚境内进行生死决战。起义军奋勇杀敌，到黄昏，有6万多起义奴隶壮烈牺牲。斯巴达克和上万名起义者也被包围了，战斗越来越残酷。许多起义战士身负重伤，但他们仍紧握长矛、短剑和斧头，发出怒吼，一次又一次地想冲出重围。

这时，罗马士兵排成密集的队形，向起义军紧逼过来，并投掷密集的石块，发射雨点般的乱箭。斯巴达克骑着黑色骏马，手持长矛，奋不顾身地刺死了无数罗马官兵。他一直在寻找克拉苏，想亲手杀掉这个大刽子手。突然，一个罗马军官偷偷在他后面猛刺一刀。斯巴达克腿部被刺中，跌下马来，起义战士们立即围上去将他救起。

这时，克拉苏又一次指挥罗马士兵发动进攻，大军像乌云般压了过来。斯巴达克忍着伤痛，一手举着盾牌，一手紧握短剑，继续奋战。最后终因体力不支，被刺中数十处，倒在地上英勇牺牲。

嗜血成性的克拉苏，把俘获的6 000名起义奴隶，钉在从卡普阿到罗马大道两边的十字架上，但是，一些分散的起义队伍在意大利许多地区仍坚持战斗十年之久。

历时3年的斯巴达克起义之所以仍然没有逃脱奴隶起义的失败命运，一是由于整个奴隶制社会正处在繁盛时期，要摧毁它绝非一两次奴隶起义就能做到的；二是奴隶解放运动无法摆脱其时代和阶级的局限性，这种局限性造成了起义军内部矛盾重重，没有领导核心和正确纲领，最后归于失败。然而，它沉重地打击了奴隶主阶级，加剧了罗马奴隶制的经济危机，促使罗马政权由共和制向帝制过渡，并且对奴隶解放与自由运动有巨大推动作用，在人民群众争取社会解放的斗争史上留下了不可磨灭的功迹。

斯巴达克在起义中表现出英勇的斗争精神和卓越的军事才能，马克思称他是"古代无产阶级的真正代表"。列宁也说："斯巴达克是大约 2 000 年前最大一次奴隶起义中的一位最杰出的英雄。"

斯巴达克作为一名奴隶起义领袖，在军事上的许多成功之处也为历代战略家所重视。他在同强大的罗马军团周旋过程中，运筹帷幄，神出鬼没，屡出奇计，如三次设伏连败大法官瓦利尼乌斯，两度挥师闪击执政官楞图鲁斯和盖利乌斯，智缒悬岩夜袭克罗丢，飞越"陷饼"，冲出布鲁拉乌姆半岛等，堪称古代军事史上的惊人奇迹。无怪乎古代罗马作家弗隆陀赞叹道："斯巴达克的才略比我所知道的一切古代将军都要高出一筹。"

15. 分崩离析——罗马共和制的解体

公元前 1 世纪，罗马共和制面临危机，为争夺政权，以苏拉为首的元老派同以马略和秦纳为首的民主派展开了殊死的搏斗，最后苏拉派勉强维持了元老派的统治，推行民主改革的马略派死伤甚众，一蹶不振。这时，罗马政坛上活跃着三个风云人物，他们是克拉苏、恺撒和庞培。克拉苏因经营高利贷和投机商业，成为罗马首富，并以残酷镇压斯巴达克起义而名噪一时。庞培是苏拉的部将，公元前 77 年夏，奉元老院之命讨伐西班牙的塞尔托里乌斯，很快取胜，受到元老院的重视。尽管克拉苏和庞培相互嫉妒，明争暗斗，但由于政治上的需要，两人于公元前 70 年联合当选为执政官。

与克拉苏、庞培相比，恺撒要逊色一些。他出身于罗马的名门贵族，是马略的外甥。他年轻时就渴望取得最高权力，然而在政治上并不得势。恺撒与秦纳的女儿结婚后不久，即逢苏拉独裁。而秦纳偏偏是苏拉的政敌，苏拉一再要求恺撒与他妻子离婚，而恺撒宁可逃离罗马，也不服从苏拉的命令。直到苏拉死后，恺撒才当选为大祭司，接着又任西班牙行省的总督。公元前 60 年，恺撒回到罗马时野心更大，遂与克拉苏、庞培正式秘密结盟，这就是罗马历史上有名的第一次"前三头同盟"。据此协议，三方促成恺撒于公元前 59 年当选为执政官，恺撒在任期内推行庞培在东方所实行的各项政策，并通过一些有利于骑士的法案。

又过了一年，他在庞培的支持下就任高卢行省总督。恺撒深知，他要超过另外"两头"，必须掌握强大的军队和拥有雄厚的资财，因此他想以高卢行省为基地，开疆拓土，招兵买马，增加实力，提高威信，为夺取更大权力而准备条件。

　　当时的高卢，大体上以阿尔卑斯山为界，分为山北的外高卢和山南的内高卢。外高卢大体在现今法国、比利时等地；内高卢大体在现今意大利北部。恺撒到任时，高卢行省的管辖范围仅仅是内高卢。恺撒到达内高卢后，立即将势力渗入外高卢。他一方面大举武力讨伐，一方面唆使高卢各部落自相残杀。高卢战争包括8次军事远征，他向高卢进军时只率领4个军团的兵力，而当他凯旋回罗马时，已拥有一支由10个军团组成的忠顺于他的大军。高卢战争的胜利，给恺撒带来了极高的荣誉，为他在罗马政治舞台上叱咤风云、独揽大权奠定了基础，其结果加速了罗马共和国的解体和走向帝制的步伐。

　　恺撒在军事上的胜利，引起了庞培的嫉妒。在公元前49年1月1日的元老院会议上，敌视恺撒的势力在庞培的支持下占了上风，决定要恺撒立即卸任总督职务。

　　恺撒的亲信、保民官安东尼和克文杜斯·卡西乌斯对这一决定行使了否决权，但元老院不予理睬。1月7日，他俩化装成奴隶逃到恺撒所在的山南高卢，报告了罗马城内的情况。面对当时形势，元老院宣布：国家进入紧急状态，责令恺撒交出高卢行省的军权，否则便宣布他为"祖国之敌"，同时授权庞培立即招募军队，以应付事变。

　　当时，作出什么样的决策对于恺撒来说具有生死攸关的意义。恺撒的军队绝大部分驻扎在阿尔卑斯山山北高卢，身边只有1个第13军团（步兵5 000，骑兵300）和一些辅助部队。如果他要等山北大军汇集好后再行动，可能贻误战机。在元老院1月8日和9日举行的会议上，庞培夸下海口：他手里有9个军团，随时都能应敌。恺撒则相信兵贵神速，出敌不意。他一方面调遣山北大军向山南进发，另一方面在1月10日率领身边仅有的第13军团跨过了意大利和高卢诸行省之间的卢比孔河，以迅雷不及掩耳之势直扑罗马。

　　庞培对恺撒越过卢孔比河的闪电行动毫无戒备，因而显得措手不及，无力抵抗，仓皇逃往希腊。恺撒迅速占领罗马和整个意大利，随后率兵赴西班牙，消灭了那里的庞培势力，解除了后顾之忧，继而进军巴尔干。公元前48年8月，庞培兵败，逃至埃及被杀。此后三年，恺撒在北非、西班牙等地消灭了庞培势力。

　　罗马内战的第一阶段以恺撒击败庞培和元老贵族军队而告结束，恺撒建立了个人的军事独裁政权。罗马人民大会和元老院赠予恺撒无比荣誉的称号："国家之父"。恺撒被宣布为终身独裁官、终身保民官以及为期10年的执政官，他还拥有统帅、大教长等尊号，集一切大权尊荣于一身，可说是罗马历史上第一个皇帝。此后，西方历史即以恺撒作为帝王的同义词，俄国沙皇之"沙"字即源于此。然而，他的独裁未能完全消除共和传统的习惯势力，并遭到部分元老贵族的反对。公元前44年3月15日，恺撒到元老院开会时，以布鲁图斯和卡西乌斯为首的密谋者向恺撒连刺23剑，一代天骄就这样倒下了。

布鲁图斯等共和派人物原以为刺死独裁者会得到欢呼，结果却大失所望。看到恺撒倒在血泊中，元老院竟鸦雀无声。消息传开后，群众也无喝采之声。元老院之所以沉寂，是因为他们知道兵权仍掌握在恺撒派将领手中，布鲁图斯毫无实力。罗马百姓虽然对恺撒的某些做法不满，但更憎恨元老贵族。后来，共和派提出由元老院宣布恺撒为暴君，宣布他的全部命令无效，从而证明刺杀属于壮举。对此，元老院争执不下，最后由西塞罗提出折衷方案：既不宣布恺撒为暴君，也不惩治刺杀凶手，双方相安无事。

恺撒死后，安东尼成为恺撒派主要头目，他出兵镇压了因恺撒葬礼而引发的平民和奴隶暴动，此举获得元老贵族的感激，但双方的矛盾依然存在。当安东尼打算步恺撒后尘，在执政官任满后出任高卢总督，进一步扩展实力时，元老院不予批准，形成两派冲突之局面。

元老院领袖西塞罗发表14篇反安东尼的著名演说，安东尼及恺撒派将领对其恨之入骨，但缺乏对夺权斗争的统一筹划，从而使元老院地位有所增强。此时，恺撒的养子（实为恺撒其姊之孙，被恺撒收为义子），一位仅18岁的青年人屋大维突然步入罗马政坛，给元老院以可乘之机。

恺撒在遗嘱中将屋大维定为继承人，分得其遗产的四分之三。安东尼和恺撒派将领一开始对这个从外地闻讯赶来奔丧的青年人相当轻视，然而屋大维却非同凡响，勇气胆略兼备，善揽人才，拉拢群众，居然能顶住安东尼的排挤打击而自立门户，因而西塞罗和元老院对他另眼相看，利用他对抗安东尼。

公元前43年春，安东尼不顾元老院的反对，派兵抢印夺权，将原高卢总督围于穆提那城。元老院即和屋大维一起出兵解围，安东尼兵败退往山北高卢，和恺撒派的另一重要将领李必达联合起来。

屋大维得胜后又受到元老院的排挤，多次要求担任执政官均遭拒绝，后来带兵进入罗马才强行当上执政官。

公元前43年10月，安东尼、屋大维和李必达在北意大利的波诺尼亚城附近会晤，缔结了共治天下的协定，史称"后三头同盟"。三方协议：在五年内三头共掌最高政权，安东尼统治高卢，屋大维控制非洲、西西里和撒丁尼亚，李必达得西班牙，意大利和罗马则由三人共治。至于东方疆土，由于尚处在共和派布鲁图斯和卡西乌斯手中，归安东尼与屋大维处置。

三头率军抵达罗马后，万般无奈的元老院只好同意这种瓜分统治范围的秘密协议，让他们获得"建设国家的三头"之衔，共和制已名存实亡。

三头当权后，立即对共和派展开大屠杀和清洗，以西塞罗为首的元老贵族几乎被斩尽杀绝。公元前42年，安东尼和屋大维进军希腊，与布鲁图斯和卡西乌斯在菲利皮决战，打败贵族共和派军队。此后，三人开始争权夺利，公元前40年再次划分势力范围：安东尼统治东部，屋大维统治意大利和高卢，李必达统治北非。屋大维因坐镇罗马，有近水楼台之便，逐渐与元老、骑士等上层统治分子取得妥协，并以公民领袖自居，实力地位日益增强。

公元前36年，屋大维肃清了庞培之子在西西里和撒丁尼亚的势力，解除了李必达的军权，只让他保留大教长的虚衔，于是三头共治变成两雄对峙。其后，屋大维与安东尼之间的争斗日益突出。正当屋大维处心积虑要除掉安东尼而师出无名之际，安东尼与埃及女王克里奥帕特拉七世的风流韵事提供了很好的借口。

原来，埃及女王克里奥帕特拉七世为了依附地中海强权，确保其在埃及的宫廷斗争中反败为胜，早在公元前48年就成功地施展美人计，勾引了恺撒，并生有一子。要不是恺撒突然被刺，她早已成为罗马的第一夫人。

恺撒被刺后，埃及女王正为找不到新的政治靠山而惆怅时，她了解到罗马政局动荡不定和安东尼好色，于是这位年方28岁，艳冠地中海世界的少妇满怀信心地作了夜访安东尼的巧妙安排，终于使安东尼完全成了她的俘虏。

元老院和人民大会宣布剥夺安东尼的权力，决定讨伐他和埃及女王，而这支讨伐军由屋大维来统率。

公元前31年，安东尼和埃及女王率军10万、战船500艘进抵希腊西海岸。屋大维率军8万、战船400艘渡海东征。安东尼派步骑兵袭击屋大维受挫后，面临供应困难、士气不振、兵员逃亡的不利局面，遂决心在海上决战。安东尼将舰队分左、中、右三个编队成一线展开，亲率右翼编队迂回到对方左翼，埃及女王率预备队尾随接应。屋大维获悉其部署后，也将舰队分成左、中、右三个编队成一线展开，由海军将领阿格里帕指挥左翼编队迎战安东尼。

9月2日，屋大维和安东尼大战于希腊的亚克兴海角。安东尼的舰队拥有重型大船，而屋大维的舰队都是轻型小船。战前，屋大维还担心小船不好战胜大船，一旦开战，安东尼的战船就显得笨重，机动不便，主要靠乌鸦嘴式的扣钩钩住敌船并以矢石杀伤敌人。屋大维的战船体轻，便于机动，主要靠撞击、火攻、接舷跳帮等战术毁伤敌船。战至中午时分，安东尼的舰队呈现败势，此时埃及的60舰战舰突然接到女王命令：立即返回埃及。接着，安东尼也指挥自己的战舰向埃及方向逃去。兵无主帅，不战自败。第二年夏天，屋大维进军埃及京城，安东尼的残军相继投降。安东尼在绝望之中拔剑自杀，埃及女王也在宫内用毒蛇把自己咬死。

亚克兴海战的结束意味着罗马世界只剩下一个统治者——屋大维。公元前29年秋，屋大维从东方返回罗马，元老院为他举行了盛大的凯旋式。长期陷于内战和分裂的罗马又重新实现了统一。

在屋大维回到罗马的第二天黎明，罗马人从四面八方涌向雅努斯神庙。当太阳出来的时候，屋大维在侍卫的簇拥下，来到了庙前。顿时，欢呼声、掌声雷动。

屋大维被当时的场面所感染，显得特别激动。在隆重的祭祀仪式后，雅努斯神庙沉重的大门缓慢地关上了。

元老院给恺撒的荣誉现在都授给了屋大维。屋大维成为执政官、大祭司和保民官，享有"祖国之父"的称号。公元前27年，屋大维获得元老院赠予的"奥古斯都"尊号。"奥古斯都"在拉丁文是"神圣的"、"至尊的"意思，后来它成为西方帝王的一种头衔。屋大维还被授予"元老院首席公民"（即"元首"）和元帅的荣誉称号，独揽了罗马的行政、军事、司法和宗教大权。"元首"这个词，从此就正式在世界各国使用了，当时屋大维才36岁。

屋大维统治罗马43年，这是古罗马经济上最富庶的时代。他开创的元首政治，实际上是罗马帝制的开始。虽然他没有称帝，但实际上是罗马帝国的第一个皇帝。这种披着共和制外衣的独裁，一直延续到公元3世纪后半叶戴克里先当政时，才公开地变为君主专制。

罗马内战揭开了罗马历史新的一页，对于推动军事学术的发展起了很大的作用。恺撒和他的继承者屋大维在战略上有一个共同特点，就是具有敏锐的政治头脑，能从政治的全局高度把握军事问题，实现了政治目标同军事手段的完善结合。在战略战术方面，恺撒善于选择主要突击方向，各个击破敌军，特别在掌握强大预备队以加强部队在主要方向的突击力量、实施决战和扩张战果等方面，富有创造性。

16. 两败俱伤——拜占庭与波斯战争

公元476年，西罗马帝国由于奴隶起义和外族入侵，终于覆灭。从此，欧洲历史进入了封建制的中古时代，也即是中世纪时代。此时，东罗马帝国由于一方面继承了罗马的政治体制和古典文化；另一方面也吸收了希腊化诸王国的政治、经济、文化方面的传统，并以基督教作为帝国精神支柱，保持了经济上的繁荣和政治上的稳定，加上控制了东西方贸易的通道，使其成为当时实力强大的奴隶制大帝国。

　　东罗马帝国的版图包括欧洲的巴尔干半岛、亚洲的小亚细亚、亚美尼亚、叙利亚、巴勒斯坦、上美索不达米亚和非洲的埃及、利比亚的一部分，是一个横跨三大洲的大帝国。首都设在拜占庭（后改名君士坦丁堡），所以历史上又称东罗马帝国为"拜占庭帝国"。

　　公元527年8月，拜占庭皇帝查士丁一世去世，其外甥查士丁尼即位。查士丁尼483年出生于马其顿陶里西尼姆的一个农民家庭。青少年时受罗马传统文化影响很深。他精力旺盛，很有组织能力，又是个狂热的基督教信徒，残酷冷漠。他登上帝位后，为恢复昔日罗马帝国的版图，力图收复西部领土，恢复基督教的罗马帝国。他任命22岁的贝利萨留为东征大元帅，向波斯宣战。在此后的100多年里，拜占庭与波斯之间先后进行了五次大规模的争霸战争。

　　波斯国王科巴德一世得到贝利萨留担任东征大元帅并致力于征战准备的消息，在528年先向拜占庭宣战。他派大将扎基西斯率领3万大军向贝利萨留指挥的拜占庭军发动猛烈进攻。当时，贝利萨留麾下共有2.5万人，是一支由拜占庭和蛮族人混合编成的队伍，无论在数量和质量上与波斯军相比都处于劣势。波斯军勇猛冲杀，很快在战场上占据了主动地位，并在529年的尼西比斯战役中击败拜占庭军队。

　　首战失利后，贝利萨留下令拜占庭军全线后撤，集中在德拉城，以便待机决战。波斯军新任统帅贝利则斯却认为拜占庭军无计无谋，胆小如鼠，不堪一击，于530年率4万精兵直扑德拉城。未料到贝利萨留发挥其指挥才能，在平坦开阔的德拉城外挖掘出一条"丁"字形战壕，将骑兵隐蔽其中。当拜占庭军队的阵地受到强大压力而处于不利地位时，埋伏的骑兵突然冲出战壕，一举挫败波斯军队的进攻，扭转了战局。后来，波斯大军从叙利亚沙漠方向发动的多次进攻也在贝利萨留的巧妙反击下失败。531年，双方在卡尔基斯会战，波斯打退了贝利萨留的进攻。532年，查士丁尼为从日耳曼人国家手中夺回原属西罗马帝国的西欧、北非疆土，想暂时缓和与波斯的矛盾，避免两线作战，遂以重金与波斯签订了和约，随后挥师西进，占领了原属西罗马的大片领土。

　　拜占庭在西方的进军，引起波斯人的极大不安。

　　540年，波斯撕毁"永久和平"协议，在叙利亚重开战端，攻取了拜占庭的东方重镇安条克，进抵地中海东岸；又向北侵入亚美尼亚和伊比利亚，并企图攻占黑海沿岸的拉济卡，遭拉济人沉重打击。查丁一世被迫将贝利萨留调回东方战场。

　　541年，贝利萨留风尘仆仆地从意大利战场上赶回东方战场，戎装未卸，就奔向叙利亚战场。这时的贝利萨留经过十几年战争的锻炼，已成为一个杰出的骑兵指挥官和战术家。他建立了一支由拜占庭人和一部分蛮族人组成的7 000人的亲随骑兵。他们身披锁子甲，装备有日耳曼人的长矛和波斯人的弓箭，在战斗中行动迅速，勇猛异常，成为拜占庭军的主力，被称为"铁甲士"。作为一名将军，贝利萨留深知士兵的重要，他非常爱护士兵，珍惜士兵的生命。在战斗中，他总是身先士卒，带领亲随骑兵驰骋拼杀，因而深得士兵的崇敬和爱戴。

他重返东方前线后，立即着手建立新的防线，很快在希拉波利斯城与幼发拉底河之间建立起新的防线。然而此时，流行欧洲大陆的鼠疫在拜占庭肆虐，君士坦丁堡居民大量死亡，最多时一天有近万人死于瘟疫。同时，鼠疫也威胁着交战双方军队的战斗力，两军因此不得不休战。

545 年，双方议定休战条约，拜占庭又采取了以金钱买和平的息事宁人政策，使战争暂时停止了，但导致战争的因素并未消除，因此，公元 549 年，围绕南高加索拉济卡地区的归属问题，战事又起。

562 年，双方签订 50 年和约。拜占庭为确保其经黑海沿岸前往东方的商路，忍辱向波斯交纳年贡 3 万金币，拉济卡仍归拜占庭所有。

查士丁尼死后，继承者奉行的政策与其大体相同：在西方取守势，把进攻矛头转向东方。直到 627 年，波斯王室被迫缔结城下之盟，交还小亚细亚的全部领地和"圣十字架"，长达一个世纪的拜占庭—波斯战争才告结束。

从这场战争最后签订的和约看，表面上似乎是拜占庭帝国取得了最后的胜利，因为和约的所有条款都是拜占庭对波斯提出要求和约束，但是，只要认真分析一下和约的内容，就可以看出，和约的条文对波斯来说是很温和的，拜占庭帝国通过和约所得到的，都是波斯在历次战争中从拜占庭帝国夺去的，充其量不过是物归原主而已。所以，从严格的意义上说，这是两败俱伤、没有胜负的战争，它为中近东新兴的阿拉伯人的扩张造成了有利条件。

17. 拯救"圣地"——"十字军东侵"

1095 年秋，位于法国南部的克勒芒城热闹非凡，数以千计的人们来到这里，参加一次规模很大的宗教会议。参加者有来自法国、意大利、德意志等地的大主教 14 人，主教 200 多位，修道院长 400 多人，在场外还聚集着成千的教士、封建主、商人和无数的平民。罗马教皇乌尔班二世亲自从意大利赶到这里，表明这次会议的特殊意义。

在宗教会议结束那天，教皇特地到城外的田野里，向聚集在那里的成千上万的人们发表演说称：

"上帝的孩子们！耶路撒冷是主的圣地，耶稣基督就降生在那里，他的陵墓也在那里。可是现在，那些信奉伊斯兰教的异教徒已经占领了圣地，并且还在继续前进，占领更多的基督教徒的土地，他们屠杀和俘虏了许多人，毁坏了许多教堂，正在上帝的国度中大肆蹂躏。我现在恳求你们，不，不是我，而是主在恳求你们，把圣地从异教徒那里拯救出来，把那些邪恶的种族消灭干净！"

"拯救圣地！拯救圣地！"人们狂热地呼喊着。

教皇高高举起胸前的十字架："这是主的召唤：一切等级的人，包括骑士和步兵，穷人和富人，要迅速到东方去拯救圣地！耶路撒冷并不遥远，到达圣地并不困难。凡是走上主的道路的人，假如在旅途中或者在反异教徒的战争中丧生，他们的罪过将在那一瞬间获得赦免……凡是要去的人都不要等待了，赶快回去料理好事务，筹集足旅费和置办好行装，到冬末春初的时候，在上帝的引导下，奋勇地踏上向东的征途吧！"

教皇的话刚讲完，如痴如狂的骑士、封建主和平民们都争先恐后地拥上前去，向教皇的随从人员领取一块红布做的十字，戴在自己的胸前或肩上。凡是戴上这块十字红布的，就算走上了"主的道路"，成为十字军的一员。

第二年春天，由法国北部、中部和德意志西部穷苦农民组成的农民十字军在法国隐修士彼得和德意志小骑士穷汉华尔特的率领下渡过莱茵河，沿多瑙河向东进发，通过匈牙利进入拜占庭帝国。

这支农民十字军衣衫褴褛，拿着棍棒、镰刀、斧头和铁耙，有的步行，有的乘着双轮牛车，拖儿带女，怀着摆脱奴役、压迫和饥饿，到东方"天堂"世界去过好日子的美好幻想，背井离乡，踏上了连自己也不知目的的遥远征程。由于他们既没有必需的给养和装备，又没有起码的组织和训练，一路上不得不靠抢劫维生，因而不断受到当地人民的袭击。当到达指定的集合地点——拜占庭帝国的首都君士但丁堡时已经有 3 万人丧生。

1096 年 8 月，由骑士组成的十字军，分别从诺曼底、洛林、南法等地出发。当时，西欧各大国君主忙于各自的内部事务，所以这次十字军东征都是由二流封建君主担任领导。十字军号称 20 万甚至 30 万，但实际上到达小亚细亚的不过 3 万人。他们与农民十字军相比，有较好的装备，有相当的组织和较丰富的作战经验，但其装备也非常笨重：每人一把剑和一支长矛；一个能把头套进去以保护脑壳和鼻子的盔；一副由铁网制成、把从头颈到脚踝都盖住的铠甲；一个长尖形的盾。这些装备行军时由骑士的仆人背负，作战时才穿起来。每个骑士需要两匹马，一匹骑着走路，一匹打仗时用。加上很多封建主都带着自己的家产和家属，一路上有仆役侍候，所以随从出征的人很多。

1097 年春天，所有的十字军队伍在君士坦丁堡会合，接着开始了历时两年多的"拯救"圣地的侵略战争。当时，十字军东侵的地区，属于突厥（土耳其）人的势力范围。十字军渡海进入小亚细亚，攻城夺地，6月占领塞尔柱突厥人的都城尼西亚等城，7月在多里列会战中大败突厥人。多山的小亚细亚夏日酷热，突厥人坚壁清野，十字军缺水缺粮，并时常遭到伏击，然而被黄金、白银迷住了心窍的封建主、骑士不顾一切地向圣地耶路撒冷进军。

1097年10月21日，十字军抵达地中海东岸的大城市安条克近郊。安条克是小亚细亚通往叙利亚的门户，在政治、经济上有重要的战略地位。它原属拜占庭，1085年为塞尔柱人所占。该城方圆12英里，有60英尺高的城墙，城墙极厚，可以四马并行。城上有450座瞭望楼和5座城门，西南部有崇山峻岭为天然屏障，东北部布满沼泽，且有阿朗提斯河为掩护，河上架有9拱的铁桥，铁桥两端设有塔楼。该城守将为总督巴吉塞扬，他拥有6 000名骑兵和1.5万名步兵。由于守军顽强抗击，十字军又不熟悉攻城战术，因此几个月过去了，还是没有将城攻下。

一天，各国统领们正在会商攻城的事，突然接到报告：将有几万大军开抵安条克援助被围的突厥人。统领们听了大惊失色，面面相觑。他们纷纷议论："要是援军从外部围攻我们，我们将受到内外夹击，如何是好？"

"我们已经弹尽粮绝了，现在只有两条路，要么迅速把安条克拿下来，要么撤围。"

"我倒是有一个办法。"正当人们一时拿不出好对策时，统率南部意大利骑士的首领包蒙公爵的话吸引了会场的注意力，"我有办法迅速占领安条克，解决目前的危机，但我有一个条件：攻下安条克后，该城归我管。"

原来，包蒙已经买通了一个守卫安条克外城的军官，他答应在十字军进城时把他所管辖的城门打开。各个统领虽然都眼馋安条克这个诱人的战利品，无奈自己无招，且面临危险处境，只得答应了包蒙提出的条件。

1098年6月30日深夜，十字军利用突厥军官的叛变，长驱直入，城内守军措手不及，安条克落入十字军手中。十字军入城后，大肆抢劫、杀戮。他们连日盛宴狂欢，几天就把城内仅存的食物吃得精光。

正当十字军庆祝胜利狂欢的时候，灾难如晴天霹雳般地降临了。安条克陷落第三天，突厥人的援军包围了安条克。昨日还是围攻胜利者的十字军，不得不以树皮、草根充饥，甚至吃起死人肉来。为了活命，大批十字军逃亡，其中包括许多将领。陷于绝望的十字军，日夜祈祷，幻想上帝创造"奇迹"，能使他们转危为安。

不久，果然出现了"奇迹"。有一天，一个士兵报告，他在梦中得到了"神谕"，昔时罗马碟杀救世主耶稣的神矛，就埋在该城圣彼得教堂，若能得到这支神矛，就能克敌制胜。于是十字军统领命令搜查这支神矛，果然找到了。这本来是十字军统领和僧侣为鼓舞士气而搞的诡计，但陷于绝望的十字军却因此振奋起来，在宗教狂热的鼓舞下，冲出城门，与突厥人展开殊死搏斗，终于将突厥人的援军击溃。历时 8 个多月的安条克围攻战，就这样神话般地结束了。

1099 年 6 月，十字军进抵耶路撒冷并将该城团团围住。围城的骑士等有 4 万人，而守军只有 1 000 人。十字军为了攻城，建造了很多攀登城墙的木梯。由于守军飞矢如雨地射击，十字军伤亡过重，只得决定建造攻城机，用巨大的木槌来撞破城垣。

攻城机造好后，十字军利用一个昏黑的夜色，把攻城机拆散搬到城垣一个突出隐蔽的部位，然后迅速组装好，猛力摆动木槌，撞击城墙。这一行动很快被守军发现，立刻在城头生起火来，把一勺勺沸滚的油脂、一个个燃烧的火炬投向攻城机和十字军，十字军又一次失利。

7 月 15 日，天刚蒙蒙亮，十字军改变战术，集中攻城机向城垣的一个地方猛攻，同时向城垣上投掷燃烧着的木头，致使一座塔楼起火，浓烟和火焰使守军不得不退缩或逃生，十字军乘机攻入城内。一面面绣着十字的旗帜在城垣上升起，"圣城"耶路撒冷终于落入了十字军之手。

半个月后，埃及派兵增援，但为时已晚。十字军入城后大肆烧杀劫掠，3 日间杀死穆斯林 7 万之众，妇孺老幼都不能幸免；他们甚至把尸体堆成山，烧成灰烬，以搜寻死者生前吞下的黄金。

这就是所谓的"拯救圣地"！

由罗马教皇煽动起来的对东方的侵略，前后共进行了 8 次，历时 200 年，大小战役为数甚多，胜败参半，影响深远，堪称中世纪的世界战争。以侵占耶路撒冷告终的远征是第一次，所以又称为第一次十字军东征。

1147—1149 年，法国国王路易七世和"神圣罗马帝国"皇帝、德意志国王康拉德三世率十字军远征，但未达任何目的。

1189—1192 年，"神圣罗马帝国"皇帝红胡子腓特烈一世、法国国王奥古斯都腓力二世和英国国王理查五世再次率军东征。由于全军没有确立统一指挥，英、法、德三军各自行动，互相猜疑、妒视甚至反目，导致十字军分裂，力量减半。腓特烈一世溺死，腓力二世中途回国，剩下理查五世虽然勇敢善战，但兵力单薄，力不从心，最后不得不放弃"解放"圣地的使命，不光彩地返回欧洲。

1202—1204 年，教皇英诺森三世策划进行了第四次十字军东征。最初目标是东征埃及，但威尼斯商人为了自己的商业利益，采取威胁利诱手段促使十字军改变作战方向，进攻信奉同一宗教的商业劲敌拜占庭。十字军开进拜占庭帝国，先后攻陷两座基督教城，并在其领土上建立起了几个国家。

第五次（1217—1221 年）、第六次（1228—1229 年）、第七次（1248—1254 年）东征，进攻目标均为埃及，第八次东征（1270 年）进攻北非突尼斯，无不以失败告终。此后，十字军在东方的领地先后被埃及攻占。

1291 年，十字军丧失最后一个据点阿卡。

十字军东征是打着宗教旗帜进行的侵略战争。十字军远征最后失败，主要原因是参加者的成分复杂，意图各异，装备极不统一，军纪松弛，指挥不一，且劳师远征，不适应东方的自然环境。十字军多为重骑兵，人员、马匹均着甲胄，虽有较强突出能力，但装备笨重，不便机动，因此常遭挫败。而与十字军作战的突厥人和阿拉伯人主要是装备有弓弩、马刀的轻骑兵，虽挡不住重装骑兵的正面冲击，但作战能力优于十字军的重骑兵，熟悉地形，机动灵活，善于运用避实击虚、诱敌深入或攻敌侧后等战术，故常操胜券。

十字军远征实际上只打了 25 年，但持续了将近 200 年，它使西亚诸国生灵涂炭，社会生产遭到严重破坏，同时也使西欧人民蒙受巨大损失，断送了无数人的生命，但它密切了东西方之间的交流，促进了西欧手工业与商品经济的进一步发展，在一定程度上刺激了西方的文艺复兴，阿拉伯数字、代数、航海罗盘、火药和棉纸，都是在十字军东征时期内传到西欧的。

十字军东征促进了西方军事学术与军事技术的发展。西方人学会了使用中国人发明的火药和指南针，开始制造火器；海军战术有了新的发展，帆船取代了挠桨战船；重装骑兵的使用走向衰落，轻装骑兵和步兵的作用受到重视。

18．"诺曼底征服"——弓箭大战与贞德抗英

在中世纪的历史上，英、法两国关系非常密切，但也时常发生冲突。自 11 世纪下半期诺曼底公爵威廉趁英吉利王国内讧渡海进攻打败英国，完成诺曼底征服后，历代英王通过婚姻和继承关系在法国拥有大量领地。到 12 世纪中期，威廉的后裔不仅占领了英吉利海峡，而且以法王封臣的身份，在法国占有了比法兰西王室多六倍的领土。法王为了取得法兰西的统一，时常同英国发生武装冲突。

1328 年，法国卡佩王朝绝嗣，支裔华洛瓦家族的腓力继位，称腓力六世。这时，英吉利的国王爱德华三世说自己是卡佩王朝前国王腓力四世的外孙，开始与腓力六世争夺法国国王的继承权。

1337 年，爱德华三世称王法兰西，腓力六世于 5 月 24 日宣布把英属领地基恩收归法国，引起战争爆发。这场战争除了王位继承原因外，还为了争夺法境内

富饶的佛兰德和阿基坦地区。

战争开始阶段，双方主要争夺佛兰德和基恩，军事进程都很缓慢，到 1340 年，英国海军在斯勒伊斯海战中重创法海军，获得了海上优势。六年后，英国陆军又出现在法兰西土地上，法王腓力六世发誓要一雪前耻，打败英国！

1346 年 8 月 26 日，爱德华三世率军北渡塞纳河和索姆河后在阿布维尔以北的克雷西村附近与腓力六世率领的大军相遇了。

当天傍晚，腓力六世得到前哨部队已发现英军的报告，立即传令各部队马上停止行军，原地待命，但不知什么原因，最前面的部队停下了，后面的部队还在继续前进，这样，前面的部队也不知道是自己听错了命令，还是又有了新的命令，只得又前进。于是，队伍完全乱了，国王和将军们尽管很着急，一个劲地组织协调，但还是没能控制住。结果，法军完全暴露在英军面前。

指挥英军的英王太子见法军接近，从容不迫地排好了阵势：约 1 万人分 3 个作战集团成两线配置：一线 2 个集团，二线 1 个集团。弓箭手排成方阵，重骑兵列在战线底层；第二线的兵力整齐地展开翼形，随时准备应战。

腓力六世求战心切，不顾自己队伍混乱，对他的将军们说：

"命令弓箭手们向上冲，立即开始战斗！"

法王统率的部队有 3 万多人，其中有弓箭手 1 万多名，这些弓箭手都是从热那亚招募来的雇佣兵，每人每分钟能发射 4 支飞箭。这些弓箭手经过长途行军，已经非常劳累，但在腓力六世的严令威逼下，他们集中起来开始进攻了！

一开始，法军弓箭手们又跳又叫，肆意辱骂英军，企图挑逗英军出战，但英军丝毫不为所动，继续保持原有阵势。法军以为英军怯战，在大声叫喊的同时向英军缓步前进。当接近英军时，法军弓箭手拉起弓猛烈地发射，但是，由于阳光正对着法军，所以大都未能命中目标。

就在这时，英王太子一声号令，英军的弓箭手们前进几步，开始射箭。这些箭连珠似地射到法军弓箭手的头上和胸部，吓得法军狼狈后退。原来，英军的弓箭手虽然也是雇佣兵，但都是从本国招募来的，他们能用很重的弓，把箭准确射中 350 步远的目标，而且发射速度远比热那亚人的快，每分钟能射出 15 支，加上英军所处位置好，阳光正好从英军的背后照到法军身上，因而在这场弓箭大战中占了上风。

法王见状，立即命令重骑兵向英军发起冲击，但均被英军长弓箭兵击退。英军见法军阵势大乱，继续不停地把利箭发射到法军的重骑兵中去。接着，英军的骑兵和步兵又冲进法军队伍，大肆砍杀法军。

腓力六世见势不妙，带领残兵仓皇逃走。

在这场战斗中，法王盟友波希米亚国王和10余名公爵、伯爵及1 500余名骑士被杀，士兵死伤近万人，而英军伤亡轻微。这就是英法百年战争初期著名的战役——克雷西之战。

1347年8月，英军占领战略重镇加来。不久，黑死病（流行性鼠疫）横扫欧洲，双方休战了近10年。

1355年爱德华三世复入法国，击败法军。对英战争的失败引起法国阶级矛盾激化，导致了巴黎市民起义和扎克起义。1360年10月24日，英法签订《布勒丁尼条约》，法国承认英国对加来和西南地区大片领土的占领，并同意交纳300万金克郎以赎回在普瓦捷之战中被英军俘获的法王，爱德华三世则放弃对法国王位和诺曼底的要求。

但是，法国并不甘心自己的失败。法王查理五世继位后，为了夺回英占领区，改编军队，重建海军，加强陆军，招募大量步兵，训练弓箭手和炮手，加强城防设施。然后法国采取突袭和游击战术，在英法百年战争的第二阶段（1368—1396年），差不多收复了全部失地。可是好景不长，法王查理五世死后，继承王位的查理六世患有精神病，不能治理国家。于是，以奥尔良公爵和勃艮第公爵为首的两个封建主集团争夺政权，相互混战，失败的勃艮第派竟公开与英国勾结。英王亨利五世乘机于1415年8月率领6万大军进攻法国。

10月25日，英军在阿让库尔与法军交战。法军在狭小的战场上不能发挥兵力优势，又遭英军弓箭大量杀伤。1420年，英军征服诺曼底，进逼巴黎。5月21日，法国被迫接受《特鲁瓦条约》，失去北部半壁河山，承认亨利五世为法国王位继承人。法国王子查理率领一部分军队退守南方，从此形成了南北对峙的局面。

1422年，亨利五世和查理六世先后猝死，英王室宣布未满周岁的亨利六世兼领法国国王。争夺王位斗争的加剧，英占区居民被迫忍受着沉重的捐税，处境十分困难，于是，以农民和城市贫民为主的游击队在英占区不断打击英军。从此，对法国来说，争夺王位的战争已转变为民族解放战争。

1428年，英军向法国南部进军，围攻通往南方的要地奥尔良城。这里一旦失守，法国南方就有全部沦陷的危险。法国人民纷纷行动起来，用各种方式打击英国侵略者，连妇女也参加了抗英斗争的行列。

此时，法国年轻的王子查理听到奥尔良被围，惊慌失措，带领一批大臣逃到了一个偏僻的乡村。1429年4月的一天，卫士向查理王子报告说，有一位姑娘求见，说是为解救奥尔良之围献计献策。

查理心情烦躁，根本不相信一位柔弱女子能有何良策。他冷笑说："这真是笑话！不过，让她进来，看看她有什么馊主意！"

不一会儿，一身农妇打扮的妇女进来了。查理漫不经心地问：

"你叫什么名字？"

"我叫贞德。"

"听说你能解救奥尔良，说说看，有什么高招？"

"是的，我们完全能够解奥尔良之围。"

查理问："那凭什么呢？"

"凭我们的游击队和广大人民。只要王子授权于我，让我统领大军，与游击队和广大人民一道，就一定能解奥尔良之围。"

这位毛遂自荐、主动请战的贞德出生在法国北部香槟与洛林交界处的一个农民家庭。早在她的童年时代，法国半壁河山已沦于英军铁蹄之下，她亲眼看见了英国侵略者踩躏自己家乡的暴行。

15岁那年，她参加了游击队，在战斗中逐步锻炼成为一名出色的指挥员。她听说奥尔良被围，出于一种强烈的爱国心，连夜赶来求见王子，要求让她带兵解围。

查理王子听她一席话，才想到人民的爱国力量可以利用，便同意了贞德的作战计划，并交给她一支部队。就这样，不满20岁的贞德当上了解救奥尔良的前敌军队指挥官。

为了作战方便，贞德扮成男装，身披盔甲，腰悬宝剑，跨上战马，率领6 000人的军队，向奥尔良进军。一路上，许多农民和城市贫民拿着大刀、长矛，参加了她的队伍。不久，部队接近了奥尔良城。

贞德先从英军围城的薄弱环节发起猛烈进攻，英军难以抵挡，四散逃窜。4月29日晚8时，贞德骑着一匹白马，在锦旗的引导下冲进奥尔良城。在贞德的带领下，法军英勇顽强地浴血奋战，终于打败英军，夺回了奥尔良。当贞德带领部队雄纠纠地开进城内时，人们欢声雷动，整个奥尔良城都沸腾起来了。

从此，贞德的名字传遍法国各地，大家都称赞她为"奥尔良女儿"。奥尔良战役，扭转了法国在整个英法战争中的危难局面，从此战争朝着有利于法国的方向发展。

这次战役后，贞德积极支持查理王子正式继承法国王位，以便进一步团结抗英力量。查理王子7月继位（称查理七世）后，贞德建议他立即向巴黎进军，迅速完成统一祖国的大业。

此时，查理一方面希望收复国土，另一方面又害怕以贞德为代表的人民斗争会危及自己的统治，因而试图收买贞德。

贞德态度坚决，执意要向巴黎进军。在这种情况下，查理七世表面上同意贞德的建议，实际上不予支持。

就是在这种情况下，贞德于当年 8 月向巴黎进军。几天后，相继收复失地，进抵巴黎城下，但由于孤军作战，久攻不克，贞德又在战斗中负伤，因而不得不退居离巴黎不远的康边城。

1430 年春，贞德的军队在康边城附近与英军展开激战，当她及其部队被英军所逼，撤退回城时，早就不满意这位"农民丫头"影响扩大的封建主们把她关在城外。贞德和护卫她的士兵奋力抗击，终因寡不敌众，不幸被英军的帮凶——法国封建主集团勃艮第派的军队俘虏。

6 个月后，英国以 4 万法郎的高价，将贞德从勃艮第手中买来，贞德被俘后，始终坚贞不屈，她说："为了法兰西，我视死如归！"

1431 年 5 月 30 日，贞德备受酷刑之后在法国卢昂城的广场上被活活烧死。年轻的女英雄贞德，为祖国献出了自己的生命。

贞德大义凛然的英雄行为，激励了法国人民的爱国热情。各地人民纷纷自动武装起来，投入抗英斗争。1436 年，法军收复巴黎，接着不断收复失地。

1453 年，除了加来一个城市外，英军被全部逐出法兰西，英法百年战争终于以法国胜利而告终。从此，法国开始出现统一和稳定的局面。

英法百年战争，从 1337 年至 1453 年，持续了 116 年，给法国人民带来了深重的灾难，但同时也促进了法兰西民族意识的觉醒，为此后民族国家的建立创造了条件。战争中，英国使用的雇佣军是以自耕农为主体的新型步兵，作战能力强于法国的封建骑士民团，表明新型步兵的崛起和骑士重骑兵的进一步衰落，这促使法国第一次建立了常备雇佣军。步兵的作用，特别是那些能够成功地与骑兵一同作战的弓箭手的作用得到了提高。战争后期，法军常备军代表着军队训练和装备的进步，其火器的发展和运用预示着作战方法的重大变化。火器在当时虽还抵不上弓和弩，但却被越来越广泛地运用到各种作战中去。

第二节　烈焰冲天——火器战争

1. 灰飞烟灭——西班牙"无敌舰队"的覆灭

15 世纪以后，资本主义萌芽在英国迅速发展。从此，英国海外贸易不断增加，出现了许多外贸公司，如几内亚公司、东印度公司等。英国新兴资产阶级通过这些公司疯狂地掠夺殖民地，积累资本。在殖民扩张的道路上，英国遇到了劲敌西班牙，从而导致了争夺海上霸权的战争。

16世纪初，英国的海上势力与西班牙相比实在是太单薄了，当时，封建的军事殖民帝国西班牙在西半球不可一世，其殖民范围遍及欧、美、非、亚四大洲。为了保障其海上交通线和其在海外的利益，西班牙建立了一支拥有100多艘战舰、3 000余门大炮，数以万计士兵的强大海上舰队。

最初，英国向海外扩张，尝试寻找一条从西欧到达远东的西北路线或由西欧到达美洲的东北路线，但均以失败告终。无奈中的英国认识到：要实现向海外扩张的目的，必须击败西班牙，摧毁它的强大舰队。

英国女王伊丽莎白决心发展一支强大的海军，但她知道，要在短时间内建立一支足以抗衡西班牙舰队的力量是不可能的。于是，她竭力纵容霍金斯、德雷克等江洋大盗劫持西班牙的运宝船，从侧面打击西班牙的海上霸权。

霍金斯曾多次率领船队扬帆出海，他在几内亚等地掳掠黑奴，然后运到南美北部沿岸一带西属殖民地的各个港口贩卖。霍金斯的贩奴活动，直接威胁到西班牙对海上贸易的垄断，引起西班牙王室的极大关注，而英国政府却高度赞赏霍金斯的行为，英国女王还专门授予他一个绘有盾形纹章的黑奴作为奖赏。

在1567年10月的一次贩卖黑奴行动中，霍金斯的船队突然遭到西班牙武装舰队的袭击，整个船队蒙受巨大损失。英国女王入股的"卢卑克的耶稣"号也被损毁，300多人死亡或失踪。霍金斯侥幸逃脱，几经辗转，于1569年回到英国。霍金斯不甘受此屈辱，决心大力加强英国皇家海军，以夺取西班牙的海上霸权。他利用其与女王的私人关系及多年积累的海战和航海经验，全面推行海军舰船的改建和战术改进工作。他还亲自设计了一种新型战舰，即快速舰，在上面装有更多的新型火炮。

与霍金斯齐名的还有一位海盗，是被称为"海上魔王"的德雷克。他15岁便当上水手，18岁成为船长，经常抢劫西班牙船只，并因远征太平洋沿岸的西班牙殖民地有功被英国女王授予爵士称号，后来又被授予海军中将军衔。

西班牙国王腓力二世对英国的海盗行径特别恼火，但最初并不想诉诸武力。他勾结英国天主教势力和英国的分裂势力，企图密谋暗杀伊丽莎白女王，而把女王的同父异母妹妹、信奉天主教的苏格兰女王玛丽扶上英国王位。玛丽早在1568年就因苏格兰政变而逃到英国，被伊丽莎白囚禁。不久，腓力二世的阴谋败露，伊丽莎白乘机处死了玛丽。

1587年3月，腓力二世闻知玛丽女王被杀，他愤怒到了极点，把自己关在宫里整整1个星期，发誓定要报这不共戴天之仇。他命令勒班陀宿将克鲁兹侯爵再度出山，加紧修造战船，进行战争准备。

1588年1月30日，就在各项准备工作将要完成时，克鲁兹突然去世，这对急于复仇的腓力二世来说是个沉重的打击。因为当时西班牙军队还没有人能够替代这位战功赫赫的海军将领。

腓力二世只好任命西多尼亚公爵继任舰队司令，统率西班牙"无敌舰队"远征英国。这支庞大的"无敌舰队"共有各型战舰和运输船130余艘，水兵8 000余人，步兵1.9万人。

5月末，西班牙"无敌舰队"从里斯本扬帆出航，企图与集结在属地尼德兰（相当于今比利时、荷兰、卢森堡和法国东北部地区）港口的陆军运兵船会合，尔后掩护陆军横渡多佛尔海峡在英国登陆。未料到舰队出发不久，遭到风暴袭击，被迫在拉科鲁尼亚避风。

7月22日，舰队再度起航。当西班牙舰队进入英吉利海峡时，西班牙战船上的水手发现海峡西北岸的英国陆地上燃着无数处烟火信号，而且这些烟火信号是随着"无敌舰队"的航行顺序点燃的。显然，这是英国人在通报西班牙舰队的航行情况。

的确，英国人早就作了准备。当获悉西班牙试图入侵英伦三岛时，伊丽莎白女王马上下令召开军事会议，由德高望重的霍华德勋爵担任舰队司令，德雷克和霍金斯任舰队副司令。英国舰队共有197艘舰船、水兵1.45万人，还有步兵1 500人和2 000门火炮，早就在普利茅斯附近海域待机歼敌。

西班牙"无敌舰队"与长蛇般的英国舰队对阵了，西多尼亚公爵根据西班牙传统的近战战术，命令"无敌舰队"排列成几路纵队，全速向英国战舰紧逼。西多尼亚的意图很清楚，西班牙的步兵在世界上是较强的，只要靠近并钩住英国战舰，步兵就能充分发挥作用，因此，短兵相接是否成功，是"无敌舰从"能否取得胜利的关键。

然而，有丰富海上作战经验的霍华德和德雷克并没有轻易上当，他们把英国战舰分为两列，尽量不靠近西班牙舰队。而是利用强有力的远距离火炮攻击对方。奇怪的是英国战舰横过来也能发炮，而且速度快，火力猛而准，"无敌舰队"一下子就有好多舰只中炮起火。

原来，西班牙的战船体大笨重，船身像楼宇一样高耸，航行极不灵活，战船上装备的火炮不多，而且比较重。英军的战舰比较长，没有船楼结构，除甲板上装有大炮外，舷窗上也装了炮，因此快速轻便，炮火猛烈。

激烈的炮战持续了一整天，到黄昏时，"无敌舰队"有两支分舰队的旗舰中炮损毁，整个舰队混乱不堪，惨不忍睹。

8月6日，西班牙舰队进入多佛尔海峡，锚泊在加来水域。舰队司令急切地等待着敦刻尔克方面的援军，却早被英国一支分舰队封锁了尼德兰海面，根本无法会合。

8月7日深夜，海面上刮起了强劲的西风。"无敌舰队"的士兵经过几天苦战，早已进入梦乡。

大约午夜时分，突然有人叫醒了舰队司令："海面上出现6条火龙，正向我舰队冲来！"

舰队司令来不及穿上外衣，一下子奔到甲板上，只见那6条火龙乘着西风，飞似地冲进了西班牙舰队。撞到舰船后，就火舌飞舞，浓烟滚滚。只一会儿工夫，好几艘战船起火燃烧。

原来，这是英国舰队施展的一条火攻妙计。他们挑选了6条旧商船，船身上涂满柏油，船舱里装满易燃物，点火后乘风驶进西班牙舰队中。

西多尼亚公爵本不熟悉水战，眼看火烧战船，慌乱之中下达了"砍断锚索"的命令。他原意是想使舰队中的各船拉开距离，躲过火船，然后再集结起来，谁料想这个错误的命令使西班牙舰队一片混乱，有的举斧砍缆，有的抽水救火，有的跳海逃生。舰船相互撞击，到处都是惨叫声。

好不容易躲过火船，扑灭了大火，残存的西班牙战船只好随风逐波，向东北方向漂去。

8月8日黎明，英舰队乘势追击，展开猛烈炮击。双方在格拉沃利呐海域进行决战。西舰队仍墨守过时战术，坚持接舷战，未能毁伤英舰。英舰队司令指挥有方，舰船机动灵活，舰炮射程远，始终处于主动地位。

"无敌舰队"抵挡不住英舰的攻击，损失惨重，慌不择路地逃窜。英国舰队越战越勇，本想全歼西班牙"无敌舰队"，可是风向突然改变，向着英舰吹来，"无敌舰队"乘机逃脱了。尽管如此，西班牙舰队中的16艘战船还是成了英舰队的战利品。

西多尼亚见大势已去，登陆无望，只得命令舰队绕道返航西班牙。在返航途中，"无敌舰队"又遇到大风暴，损失了很多舰船。进入大西洋的时候，又有许多舰只触礁沉没，被英国俘虏5 000多人。经过两个月奔逃，西多尼亚才率领这支残存舰队回到西班牙。在这次海战中，"无敌舰队"几乎全军覆灭，而英国舰队损失甚微。

"无敌舰队"的覆灭，使西班牙从此一蹶不振，日落西山。英国在这次海战中击败了当时海上最强大的敌手，一个仅有数百万人口的弧岛小国一跃成为世界上头号殖民帝国，夺取了海上霸权，并在以后好几个世纪中始终保持着世界"第一强国"和"海上霸主"的地位。

英西战争给人的启示是深刻的，它向世人昭示了一个真理：海权兴，则国家兴；海权衰，则国家衰。西班牙从 14 世纪起成为海上强国，但当其"无敌舰队"覆灭后，便迅速从世界强国的顶峰跌落下来。英国海军开始仅是一支不起眼的力量，后经扩充成为世界上首屈一指的强大海军，16 世纪末击毁西班牙"无敌舰队"，17 世纪大败荷兰舰队，18 世纪战胜法国海军，从而一时称雄于天下。

2. 规模空前——欧洲历史上"三十年战争"

公元前 962 年，德意志国王在罗马由教皇加冕称帝，创建了德意志民族的神圣罗马帝国。帝国极盛时期，其疆域包括德意志、奥地利、捷克、意大利北部和瑞士等地。可是，到了 13 世纪末，德意志已经分裂为许多独立的诸侯国，皇帝也失去控制整个帝国的权力。到 16 世纪后期和 17 世纪初，这个号称"神圣罗马帝国"的大帝国已今非昔比，穷途末路。奥地利哈布斯堡王朝皇帝长期担任帝国的皇帝，名义上是最高统治者，实际上已成了摆设，毫无实权。

这个皇帝对失去权力很不甘心，拼命想恢复往日的威风，这样与诸侯之间的矛盾和斗争愈演愈烈。这时，各邦诸侯因信仰不同而产生矛盾，分别组成新教联盟和天主教联盟。为了与对方抗衡，双方均寻求外国势力的支持。这样，已形成统一集权国家的英、法、西班牙等欧洲大国正在谋求对外扩张，遂把地处欧洲中心，具有重要战略地位但又四分五裂、日趋衰落的德意志作为角逐目标。

当时，欧洲各国形成两大对立集团：哈布斯堡集团由奥地利、西班牙、德意志天主教联盟组成，得到罗马教皇和波兰的支持；反哈布斯堡集团由法国、丹麦、瑞典、荷兰、德意志新教联盟组成，得到英国、俄国的支持。战争的导火线是波希米亚（捷克）爆发民族起义，反对神圣罗马帝国皇帝任命天主教教徒斐迪南为捷克国王。

捷克是 1526 年并入神圣罗马帝国版图的。当时，德意志皇帝兼为捷克国王，此时捷克人享有宗教自决、政治自治等权利。但到德意志三世皇帝马提亚时，他派遣那稣会教士深入捷克，企图恢复天主教，并指定斐迪南为捷克国王。德意志皇帝指定的捷克国王斐迪南是一个狂热的那稣会分子。他一上台，便残酷地迫害捷克的新教徒。新教的教堂被拆毁，作新教礼拜的人被投入监狱，这些措施，激起捷克人民的强烈反抗。

1618 年 5 月 23 日，一群武装的群众和新教教徒手拿铁棍长矛，冲进捷克王宫，抓到了国王的两个钦差。

"把他们扔出去！""扔到窗子外面去！"

在一阵怒吼声中，按照捷克的古老习惯，两名走狗被人们从 20 多米高的窗口扔了出去，落在御城河沟的垃圾堆上，两个人痛得哇哇乱叫。

这就是震动欧洲所有国家宫廷的"掷出窗外事件"，它是捷克民族起义的信号，也是三十年战争的开端。

奥地利决心发动一场残酷的侵略战争，企图一举征服捷克。捷克人民也纷纷武装起来，他们选出 30 名保护人（其中大部分是新教贵族）组成临时政府，宣布捷克独立。广大武装群众占领政府各部门，取消一切赋税，并把压迫新教徒最凶的那稣分子全部驱逐出境。

开始阶段，捷克起义军进展顺利，很快突入奥地利境内，逼近首都维也纳。此时奥地利的新教徒也不满皇帝统治，纷纷起来响应。

此时，德意志老皇帝死了，斐迪南接任皇位，仍兼任捷克国王，他得到捷克起义军兵临维也纳城下的报告时，正同十几位贵族在宫中开会商讨对策。一名贵族见皇帝已吓得浑身发抖，忙抓住他的肩章说："皇上，现在还来得及，你快派代表谈判签字呀！"

捷克的起义眼看快要胜利了，可惜由于起义军的领导权掌握在捷克贵族手里，他们为了保护自己的利益，幻想通过谈判让皇帝作出让步。于是，他们下令停止攻城，派出代表进宫与皇帝谈判，结果坐失良机，使皇帝赢得了喘息的时间。

斐迪南缓过神来，向天主教联盟求救，宣布剥夺捷克议会选出的新教联盟首领、捷王普法尔茨选侯的爵位，授予天主教联盟主力巴伐利亚选侯巴克米利安以公爵爵位。巴克米利安立即派出自己的精锐部队 2.5 万人"救驾"，由名将蒂利统帅。天主教同盟还向斐迪南提供了大量金钱援助。西班牙也派兵参战。

1620 年 11 月 8 日，在捷克首府布拉格附近的白山，蒂利统帅的精兵与新教军 2 万人展开决战，虽然新教军占有位于白山和沼泽之间良好的防御阵地，但士兵缺乏训练，纪律松弛，步兵一遭敌长矛兵的首次猛烈冲击便四散溃逃。这样，天主教军只用不到两个小时便取得了会战的胜利。从此，捷克成为哈布斯堡奥地利的一个省，处于哈布斯堡王朝统治下长达几百年之久，捷克人民陷入奥地利的残酷统治之下。

捷克起义被镇压后，德意志皇帝的权力大大加强了，不仅占有捷克，而且和西班牙保持联盟，把势力伸向德意志西部和北部。西班牙则想统治荷兰，这又引起德意志新教诸侯的恐慌和英、法、荷等国的不安。于是，哈布斯堡集团与反哈布斯堡集团展开了激烈的战争，从此，这场战争转变为广泛的国际战争。

1625年2月，丹麦在英、荷、法支持下，以援助德意志新教联盟为名出兵德意志，占领卢特城。与此同时，曼斯菲尔德率英军进占捷克西部。神圣罗马帝国皇帝起用瓦伦斯担任武装部队总司令，与丹麦军队作战。

瓦伦斯坦是杰出的军事家和政治家，原为捷克贵族，但因长期在德皇军中服役，已经德国化了，连他自己也自认为是德国人，他采用以战养战的政策，靠掠夺驻地居民的粮食和财富来维持军队的供应。每攻克一地，他的军队就像蝗虫一样将居驻地抢劫一空，人称他的军队为"瓦伦斯坦蝗群"。

1626年，瓦伦斯坦和天主教同盟的军队打败丹麦和新教诸侯的联军。丹麦国王被迫于1629年5月在吕贝克签订和约，保证不再干涉德意志事务。德皇规定新教诸侯将1552年以后所占教产全部归还原主，同时根据瓦伦斯坦的计划，德国在波罗的海建立一支强大的舰队。

瑞典害怕德意志的计划影响它在波罗的海的优势地位，遂在法国大量金钱援助下，于1630年7月从法国北方打了进来，揭开了"三十年战争欧洲阶段"的序幕。

7月6日，瑞典国王古斯塔夫二世统率1.3万军队在德国东北部奥德河口登陆，不久，瑞典又派来了2.6万人援军，使古斯塔夫的总兵力达到近4万人。而此时，天主教阵营发生了内讧，瓦伦斯坦被免职，瑞军势如破竹，迅速占领德意志北部和中部许多地区。

德皇闻讯后令蒂利率军阻击。9月17日双方主力集中于莱比锡附近的布赖滕费尔德展开决战。蒂利军3.5万人，装备火炮26门；瑞典军2.4万人，拥有火炮100门。

瑞典军排成新型的线式阵形，而蒂利军则按传统战法排成一个个密集的方阵。双方先是互相炮击，因瑞典炮兵火力占优势而给敌造成巨大损失。蒂利军在炮轰后发起攻击，但骑兵7次冲锋都被瑞军滑膛枪齐射的火力击退。

这一仗，古斯塔夫沉着冷静地调动兵力，发挥炮兵和滑膛枪的密集火力，彻底打败了以长矛为主的蒂利方阵，蒂利军伤亡达8 000人，蒂利本人负伤，而瑞典和萨克森联军共伤亡2 700人，其中瑞典仅伤亡700人。这是古斯塔夫军事艺术的杰作，以机动加火力为基础的新战术第一次战胜以数量加长矛为基础的旧战术，显示了改革后的瑞典军队对旧式欧洲军队所具有的优势。

后来，德皇再次起用瓦伦斯坦重新组建军队，收复了布拉格，出师巴伐利亚，迫使瑞典军撤向萨克森。

1634年，德皇在西班牙军队支持下，在讷德林根大败瑞典军。瑞典军被迫北撤。

瑞典战败，促使法国直接出兵。主战场仍在德国境内，但同时也在西班牙、西属尼德兰、意大利等地进行。法国和瑞典军队的胜利，使哈布斯堡工朝集团无力再战，被迫求和。

1648 年 10 月，参战各方签订《威斯特伐利亚和约》，战争结束。

"三十年战争"是欧洲历史上第一次大规模国际战争，以反哈布斯堡集团的胜利告终。根据和约，欧洲领土被重新分割。法国夺得欧洲霸权；瑞典巩固了在波罗的海的地位；德意志的经济遭到严重破坏，分裂局面加剧；西班牙遭到严重削弱，葡萄牙脱离西班牙独立；荷兰和瑞士的独立得到确认。它结束了自中世纪以来"一个教皇，一个皇帝"统治欧洲的局面，神圣罗马帝国在事实上不复存在。

这次战争对军事学术和技术发展起了积极的推动作用。如滑膛枪得以进一步改进，开始大量投入使用；火炮开始实行标准化，炮兵成为一个独立兵种，在战斗中发挥重大作用；旧的方阵战术已经过时，新的线式战术开始形成；欧洲一些国家开始实行征兵制，建立常备军，军队编制趋向精干等。

3. 以弱胜强——英荷战争

英国爆发资产阶级革命后，迫切需要向海外扩张，开辟海上殖民地和市场。这时，荷兰对海上贸易的垄断权是英国海外扩张最大的障碍和直接威胁，英国已无法容忍荷兰的海上霸权了。

荷兰是小国，面积仅 2.9 万平方公里，自然资源贫乏，但它却在历史上有过一段耀眼的辉煌。荷兰人自古善于航海，他们建立了世界上首屈一指的商船队，17 世纪上半叶共拥有商船 1.6 万艘，是法国、英国、西班牙和葡萄牙四国商船的总和，占全世界商船总吨位的四分之三。荷兰人垄断了世界的贸易，荷兰商人的足迹遍及五大洲各个角落，因而荷兰人被人们称为"海上马车夫"。

克伦威尔当政时制定的战略就是控制海洋。为达到这一目的，英国从 1649 年至 1651 年大力加强海军建设。克伦威尔对海军格外关注。他成立了专门的"海军委员会"，负责建造专门为海战设计的新型战舰，革除了以往打仗征召武装商船和海盗船的习惯做法，而让武装商船和海盗船作为预备役用。他还加强对海军的训练和管理，专门从陆军中选出精壮士兵担任职业海军军人。这期间，英国海军从 1649 年的 39 艘战舰增至 1651 年的 80 艘，其中大部分是二层甲板、拥有 60 至 80 门炮的巨型战舰，排水量达 1 000 吨。最大的是"海上主权"号，排水量 1 500 吨，有四层甲板 104 门重炮，水兵 800 人。最大的炮弹重 60 磅，一次齐射的炮弹重 1 吨。

1651 年，英国颁布旨在禁止荷兰参与英国海上贸易的《航海条例》，损害了荷兰的商业利益，荷兰拒不承认。双方剑拔弩张，扩军备战。英国海军在原有基础上，又紧急动员了 125 艘商船。荷兰海军仅有 60 艘战舰，1652 年紧急征用商船后达到 226 艘。

一场大战一触即发！

1652 年 5 月 29 日，英舰队司令布莱克率领有 20 艘舰船的英国舰队在多佛尔海峡巡逻，遇到荷兰舰队。荷兰舰队由海军名将特龙普指挥，有 42 艘军舰。布莱克坚持要荷兰人下降军旗向英国国旗致敬，特龙普不予理睬，引起布莱克的不满。英舰开炮轰击，击沉荷舰 2 艘，英荷战争爆发。7 月 8 日，英国正式向荷兰宣战。

布莱克针对荷兰的对外咽喉多佛尔海峡制订了战略：控制多佛尔海峡和北海，切断荷兰与外界的一切联系，迫使荷兰人投降。为此，他采取了集中强大舰队，拦截通过海峡的一切荷兰船只的战术，以给荷兰经济致命打击。

荷兰舰队由海军上将德·赖特指挥，他制定的战略是以强大的舰队为商船护航，强行通过海峡，确保与外界的联系。

双方在多佛尔、英吉利海峡的北海战区多次交战，互有胜负。后来，装备有先进火炮的英舰队逐渐战了上风。1653 年春，布莱克指挥英舰队在波特兰海战中击败荷兰舰队。

此后，英国取得战略优势，重新获得了对海峡和北海水域的控制权。

1653 年 6 月和 8 月，英舰队重创荷兰舰队，使荷兰舰队元气大伤。英国接着对荷兰实行绞杀式封锁，迫使荷兰于 1654 年 4 月 14 日与英国签订了《威斯敏斯特和约》，荷兰被迫承认英国的《航海条例》。

荷兰战败后，英荷矛盾并没有解决。荷兰对于《航海条例》如芒在背，一直在卧薪尝胆，忍辱负重，寻找时机，报仇雪耻。1660 年，英王查理二世狂妄地颁布新的《航海条例》，条件更为苛刻，1663 年，英国得寸进尺，开始进攻荷兰在非洲西岸的殖民地，1664 年，英国攻占了荷兰在北美的殖民地新阿姆斯特丹（今纽约）。

荷兰开始采取行动。1664 年 8 月，赖特海军上将率 8 艘战舰扬帆驶向西非，很快收复了被英国占领的西非的据点。1665 年 2 月 22 日，荷兰正式向英国宣战，第二次英荷战争爆发了。

第二次英荷战争主要是以双方海军主力决战的形式来夺取制海权，海战的规模扩大，由于火炮的改进和射程及杀伤力的提高，使海战中的损失大大提高。结果荷兰获胜，特别是赖特直闯英国腹地，奇袭伦敦，创造了战争史上的奇迹，也是以海军立国的英国的奇耻大辱。

1667 年，双方签订了《布雷达和约》，英国对《航海条例》作了有利于荷兰的修改，在海上贸易权方面作了让步，把南美的苏里南归还给荷兰，荷兰则承认英对新阿姆斯特丹的占领。

英国不甘心第二次英荷战争的失败，企图卷土重来。此时，法国国王路易十四早就想乘机瓜分荷兰领土，把现今比利时的荷兰领土作为法国的"天然边界"，以巩固法国在欧洲大陆的霸权地位。于是，英法两国不谋而合地勾结起来。

1670 年 6 月，路易十四与查理二世经过秘密谈判，签订《多佛密约》，规定查理二世有义务在英恢复天主教，与法国共同对荷作战；法国则有义务出兵镇压英国可能发生的骚乱。于是，1671 年法国对荷兰宣战，英国也退出了原与荷兰、瑞典组成的三国同盟，援助法国对荷作战。

第三次英荷战争实际上并不仅仅是英荷两国间的战争，而是一场扩大的国际战争，参战的还有欧洲一些主要国家，如法国、丹麦、瑞典、西班牙等。

1673 年，廖特尔指挥的荷兰舰队在泰瑟尔岛海域击溃英法联合舰队。英国因海战失利并担心法国这个主要竞争者势力增强，遂主动退出战争，于 1674 年同荷兰单独签订了第二个《威斯敏斯特和约》，重申《布雷达和约》有效。在后来的战争中，法国取得了海战的胜利，1679 年与交战各方签订《奈梅亨和约》，法国侵占了德意志和荷兰的许多领土，巩固了它在欧洲大陆上的霸权地位。

前后达 20 多年的三次英荷海上争霸战争，大大削弱了荷兰的实力，"海上马车夫"把海上霸权让给了英国，沦为欧洲二流国家。英国充当海上霸主长达两个世纪。

这次战争主要是在海上进行的，是争夺制海权的典型战例，并对海军学术、技术、装备的发展起了推动作用。英国海军在世界上第一次颁布《舰队队列条令》和《舰队战斗条令》，在海军战术上发明了海上封锁和拦截战术。海战由单舰格斗（炮击和接舷战）发展为以炮击为主的纵队攻击。这些战术后来为欧洲各国所仿效，风行了 100 多年，直到特拉法加战役后才为新的战术所取代。

英荷战争是世界海军发展史上的一个里程碑，海军的战略价值已逐渐超过陆军，夺取了制海权，获得了在海上自由行动的权利。英国自此以后，依靠强大的海军在长达两个多世纪里成为世界超级殖民、商业和军事大国。

4. 横扫千军——波得大帝的扩张战争

1700—1721 年的北方战争，是彼得一世统治下的俄国同查理十二世及其继承者的瑞典争夺波罗的海霸权的战争。沙皇彼得一世既是战争的主角之一，也是最大的胜利者，因此这场战争曾被马克思称之为"彼得大帝的战争"。

彼得一世是罗曼诺夫王朝第四代沙皇。他少年时代受侨居俄国的外国朋友和老师的影响甚大，从小就是西方文化的狂热崇拜者。

1697—1698 年间，他曾化名出国游历，先后到过德国、荷兰、英国和奥地利等国，从事秘密外交活动，招聘外国专家，同时以很大精力学习西方先进的科学技术，特别是军事技术。回国后，他决心改变俄国的落后面貌，对俄国的经济、政治、军事、文化以至生活方式等各方面进行了广泛的改革。

彼得一世所进行的各项改革都带有浓厚的军事色彩，是在准备和进行战争的背景下实施的，同时也是为了满足战争的需要。一句话，他把整个俄国纳入了战争轨道，进一步加强了沙皇俄国固有的军事封建主义的性质。

彼得一世有一句名言："俄国需要的是水域。"他深知，夺取水域对于夺取世界霸权是多么必要。彼得一世为了夺取水域和世界霸权，打了一辈子的仗。

彼得一世亲政后，为了打通进入黑海之路，继续对土耳其和克里木采取攻势，与奥地利、波兰和威尼斯结成反土同盟。

1695 年春，他发动对亚速夫要塞的远征，这是他发动的第一次战争。他指挥的两次进攻都遭到土耳其和克里木汗国军队的沉重打击，彼得一世被迫撤退。

1696 年春，彼得一世改变打法，从陆海两面攻取亚速夫，终于夺取了该要塞及其附近地区，从而获得了向黑海扩张的立足点。

夺取亚速夫要塞后，俄国急欲进一步夺取刻赤海峡，打通进入黑海之路。此时，国际形势发生了重大变化，一方面，俄国参加的反土同盟开始瓦解，特别是举足轻重的奥地利，不仅拒绝帮助俄国对土作战，而且急于和土耳其缔结和约；另一方面，占领波罗的海沿岸达 100 年之久的瑞典与邻国关系紧张：波兰一萨克森企图夺取利夫兰，普鲁士希望夺取瑞典在欧洲大陆上的一些地盘，而俄国早就想夺取因格里亚和卡累利阿，打通进入波罗的海之路。这样，一个反瑞同盟逐渐形成。彼得一世当机立新，把对土战争转变为对瑞典的战争，即北方战争。

1699 年，彼得一世正式签署了与丹麦、波兰一萨克森达成的反瑞典条约，参加了所谓"北方同盟"。俄国参加反瑞同盟，标志着把战略主攻方向从黑海转移到了波罗的海。

1700 年 8 月 30 日，即签订和约的消息传到莫斯科的次日，彼得一世就正式对瑞典宣战了。

战争初期，彼得一世的战略方针是夺取通往波罗的海的海口，预定攻击的第一个目标是瑞典要塞纳尔瓦，但打了个大败仗，3 万多人的俄军损失了 7 000 多人。初战失利后，彼得一世并不气馁，而是汲取经验教训，加紧建立正规陆海军，发展军事工业。他甚至下令把教堂的钟也搬来铸炮。当时的大炮是铜铸的，教堂的大钟有好几吨重，拿来铸炮确是一种简便的做法。一年以后，彼得一世铸成了 300 门大炮。

彼得一世还改革了传统的职业兵和雇佣兵制度，用服兵役的形式组织新军。无论是贵族还是平民的子弟，都要当兵，很快就组成了一支正规陆军。

1701 年，彼得一世乘瑞军转战波兰之机，再次对波罗的海沿岸发动进攻，占领了沿海的大片土地。

"波罗的海打通了！"彼得一世为夺得出海口而欢呼，但是他并不满足。从 1703 年起，他决定在沿波罗的海的涅瓦河口建成一座城市——彼得堡（今列宁格勒），准备把首都迁到强敌瑞典鼻子底下。

夺取了出海口，彼得一世更迫切需要一支强大的海军。他曾说："只有陆军的君主是只有一只手的人，同时拥有海军才能成为两手俱全的人。"

他命令，一般农奴每 10 000 户要缴纳一艘战舰，种教堂土地的农奴 8 000 户缴纳一艘战舰。同时，又增加对城乡人民的税收，如每个人要缴的"人丁税"、每户人家要缴的"烟囱税"、留胡子要缴的"胡子税"等。在彼得看来，钱就是战争的动脉！

经过一番努力，俄国终于建立起一支强大的海军。

1709 年 5 月 11 日，瑞军开始转攻俄国防守的战略要地波尔塔瓦，瑞军先后发动十余次强攻，均未得逞。彼得一世根据当时情况，认为决战时机已成熟，决心在波尔塔瓦地区进行会战。

7 月 6 日，彼得一世率俄军主力进至距波尔塔瓦 5 公里之雅可夫策村以北，占领阵地，决定与瑞军一决雌雄。

7 月 8 日凌晨 2 时，3.2 万瑞军与 4.2 万俄军展开激战，瑞军摆开战斗队形，开始出击，俄军首先以骑兵迎击。3 时许双方在前沿阵地上展开激战，俄军依托工事，大量杀伤敌人，为俄军主力出击争取了时间。

4 时许，俄军主力准备完毕。波得一世为鼓舞士气，临战前宣称"决定祖国命运的时刻到了"，号召"士兵为祖国而战"！

经过几小时的白刃格斗，瑞军伤亡近万，数千被俘。7 月 11 日，瑞军残部约 1.6 万人在佩列沃洛奇纳不战而降，查理十二世带少数随从逃往土耳其。

波尔塔瓦会战是北方战争的转折点。此后，丹麦、萨克森恢复了同沙俄的结盟，普鲁士和汉诺威也相继加入北方同盟。俄国乘胜在波罗的海攻占了里加、雷瓦尔等要地。

1720 年，俄海军在格伦加姆岛附近大胜瑞典舰队，并在瑞典沿海登陆，直逼首都斯德哥尔摩。1721 年夏，俄海军再败瑞典舰队，9 月，瑞典无力再战，俄瑞双方在芬兰尼施塔特签订和约，结束了历时 21 年的北方战争。

通过北方战争，俄国获得了大片土地，并取得波罗的海出海口，为进一步西进和南下造成了有利形势。从此，俄国踏上了争夺世界霸权的道路。战后，俄国枢密院奉彼得一世以"大帝"尊号，沙皇俄国正式称为"俄罗斯帝国"，一跃而成欧洲列强之一。

彼得一世把战争作为侵略扩张的主要手段，并为此进行以建立正规陆、海军为主的军事改革，对取得战争胜利起了重要作用。彼得一世在战争谋略上，十分重视外交斗争和军事斗争的密切配合，力争最大限度地孤立敌人；能洞察形势，灵活地进行战略指导；崇尚进攻性战略，强调主动打到敌人国土上去，而在强敌入侵时，他也能大踏步地后撤，发挥战略防御的有利条件，但最终还是为了打出去；在作战指挥上，不拘泥于线式战术，善于使用骑兵实施两翼包围，重视陆海军和步、骑兵的协同，积小胜为大胜。他在建国和作战上的一整套思想和实践，对俄国军事的发展产生了深远的影响。苏联军事史家们普遍认为彼得一世是俄国军事思想中所谓"民族学派"的奠基人。

沙皇俄国打败瑞典成为欧洲强国后，继续推行西进和南下的扩张政策。在俄国的几十个沙皇中，叶卡特琳娜二世继彼得一世后第二个获得"大帝"尊号。叶卡特琳娜二世野心勃勃，1762 年登基后，利用欧洲列强在七年战争中遭到削弱和无力干预巴尔干问题的大好时机，决心为实现传统的对外政策目标而行动。

奇怪的是，她并不是俄国人，而是一个德国人。原来，彼得一世在占领波罗的海沿岸广大地区后，企图获得整个海域控制权。当时波罗的海沿岸最大的国家是德国，彼得为了向德国讨好，就把自己的大女儿嫁给了德国的一个亲王。彼得一世死后，许多人争夺皇位，最后由他的小女儿做了沙皇。

可是，这个女沙皇没有儿子，就到德国去把姐姐的儿子领来做自己的儿子，取名彼得三世。彼得三世到俄国做皇太子时，还带来了他的未婚妻——一个德国贵族的公主索菲亚。由于彼得大帝的姐姐也叫这个名字，就给这位德国公主另取了一个俄国名字——叶卡特琳娜。

1761 年，女沙皇死了，彼得三世即位。叶卡特琳娜于 6 月 28 日发动宫廷政变，不久让人处死了彼得三世。自己当上了女沙皇，史称"叶卡特琳娜二世"。

她一生共当了 34 年沙皇，先后六次发动对外侵略战争。她打败土耳其，占领了黑海沿岸的大片土地，又打败了波兰，同普鲁士、奥地利一起瓜分了波兰的全部领土，使俄国的领土大大扩展。

就是她临死的时候，也念念不忘领土的扩大。她说："我要建立一个包括六个都城的大帝国，它包括彼得堡、莫斯科、柏林、维也纳、君士坦丁堡……要是我能活到 200 岁，整个欧洲就一定是俄国的……把我的孙子取名为亚历山大吧，让他像古希腊马其顿的亚历山大一样，建立一个横跨欧亚的大帝国——大俄罗斯帝国。"

5. 风起云涌——美国独立与"解放黑奴"战争

1775 年 4 月 19 日清晨，800 名身穿赫红色军装的英国轻步兵，在一名少校的率领下，经过一夜行军，进入了列克星敦时，遭到早已严阵以待的"一分钟人"的突然袭击。

"一分钟人"是北美大陆人民对其民兵的亲切称呼。由于他们有着强烈的爱国热情，只要一听到警报，在一分钟内就能立即出动，所以大家都称他们"一分钟人"。

"一分钟人"从岩石、树林、灌木丛后面对准英军发出雨点般的射击。英军伤亡 286 人，北美民兵伤亡 93 人。列克星敦的战斗揭开了美国独立战争的序幕，反对英国殖民统治的第一枪打响了！从此，美洲历史翻开了新的一页。

北美大陆本来是土著居民印第安人世代生息繁衍之地。17 世纪初，欧洲开始向北美移民。从 1607 年第一批英移民踏上弗吉尼亚至 1733 年最后一个殖民地佐治亚的建立，英国移民先后在北美东海岸建立了 13 个殖民地，这就是后来美国最初的 13 个州。

欧洲移民来到北美洲，同时也把欧洲的资本主义生产方式移植到北美洲来了。资本主义生产关系首先在种植场迅速萌发。殖民地农业、工商业尤其是航海业、造船业、海外贸易蓬勃发展。与此同时，北美 13 个殖民地的居民日益融合。在独立战争爆发前，在北美这个新的地域上已形成了一个不同于英国的新的民族，即美利坚民族，在不列颠帝国的疆界内出现了与英国资本主义并存的北美资本主义。然而北美殖民地独立发展资本主义的强烈愿望遭到了英国当局高压政策的阻挠。尤其是七年战争后，英国为了弥补战争损失，加重了对殖民地人民的盘剥与压迫，从而使殖民地抗英运动从经济斗争发展到武装斗争。

1773 年 3 月 5 日发生了驻北美英军枪杀波士顿居民的"波士顿惨案"，群情为之激愤。

1774 年英政府变本加厉，又接连颁布 5 项"不可容忍的法令"，使宗主国与殖民地矛盾进一步激化。北美殖民地人民忍无可忍，决心拿起武器与殖民当局抗争。为了迎接即将到来的战斗，各个殖民地纷纷储集军火，制造武器，组建名为"一分钟人"的民兵队伍，1774 年 9 月 5 日，除佐治亚外的 12 个殖民地选派 55 名代表在费城召开了第一届大陆会议，决定联合抗英。会后，革命形势日益成熟，北美殖民地同宗主国之间除了用战争解决问题外，已别无选择了。

列克星敦战斗打响后，英王 8 月 23 日发布告谕，宣布殖民地的反抗为非法，声言"宁可丢掉王冠，绝不放弃战争"。

12 月 22 日，英国议会通过了派遣 5 万军队赴北美殖民地镇压革命者的决议。面对这一形势，1775 年 6 月 15 日第二届大陆会议决定组建正规的大陆军。原英军上校、弗吉尼亚种植场主华盛顿被任命为大陆军总司令。

乔治·华盛顿，1732 年生于美国弗吉尼亚州的一个大种植园主家庭。年轻时当过测量员，在西部俄亥俄河流域做过土地买卖。在英法两国争夺北美殖民地的战争中，他指挥弗吉尼亚地方武装，协助英军把法军赶出北美，因而晋升为英军上校。可是，英军占领北美后，把西部和北部的土地作为王室私产，不准他人垦殖。这样一来，华盛顿的几万亩土地全被英国吞没，从此，他竭力反对英国的殖民政策。

当华盛顿把大陆军的队伍集合起来时，大吃一惊。"这是什么队伍啊？"华盛顿骑在马上环顾四周说。只见那些参差不齐站队的人，大多是满脸胡须的农民。武器陈旧不堪，有的还是些猎枪；衣服破破烂烂，而且各式各样，根本不像一支军队。

华盛顿知道，他们是从各州临时凑集而来的民兵，尚未经过正规的军事训练，暂时还完成不了民族解放的任务。于是，他花了半年时间，把民兵编成一个个具有独立作战能力的团队。接着，发兵围攻波士顿的英军总部，切断它在陆上的一切供应线，封锁了海港。英军粮尽援绝，被迫于 1776 年 3 月 17 日逃离波士顿。大陆军旗开得胜，人民群众纷纷前来参加。华盛顿的队伍一下子发展到 1.8 万人。

1776 年 7 月 4 日，第二次大陆会议通过了杰弗逊起草的《独立宣言》，宣布美国独立。《独立宣言》道出了北美人民的心声，纽约人民马上行动起来，打碎了树立在那里的英国乔治三世铜像，把它铸成子弹，去打击英国殖民军。以后，美国就把 7 月 4 日定为国庆节。

英国殖民当局为了扑灭这场革命，纠集大量军舰和 3.2 万士兵，围攻纽约。华盛顿的部队只有 1.9 万人，又无兵舰大炮，虽经几个月的顽强抵抗，但在英军强大攻势下节节败退，损失惨重。华盛顿剩下的兵力不足 5 000 人，但士气旺盛。当他们行经飘满浮冰的特拉华河时，华盛顿酝酿了一个反败为胜的计划。他悄悄地访问了当地的渔民，掌握了英军的实际部署和河流的水流情况，制定了新的作战方案。

12 月 25 日，英国殖民军正为"圣诞节"寻欢作乐，华盛顿乘机发动突然袭击，出其不意地连夜渡河，占领特伦顿城，一下子俘虏了英国的德籍雇佣军 1 000 余人。接着，又于 1777 年 1 月 3 日深夜，袭击英军重要根据地普林斯顿，把英国的精锐部队打得一败涂地。

但是，华盛顿面临的敌人，毕竟是曾击败过西班牙、荷兰和法国这些当时世界上第一流强国的大英帝国。美国弹缺粮少，供应困难，独立战争十分艰苦。9 月，英军大举进攻大陆会议所在地费城，华盛顿率军顽强抵抗，但因兵力悬殊过大，不得不放弃费城，退守他处。当时正值寒冬，士兵吃不饱，穿不暖，常常是茅屋栖身，夜无毡毯，衣不蔽体，赤脚行军。在这样的条件下，华盛顿始终忠于北美人民的独立事业，同士兵甘苦与共，赢得了士兵的尊敬与爱戴。

为了孤立英国侵略者，美国又多方开展外交活动，争取法兰西等国援助。

1778 年 6 月，法国军舰开进美国，英军被迫从费城撤退，把主攻方向转向美国南方。

1780 年，英军把主力转移到南方海港城市约克敦。法军与华盛顿部队两路进击。法军用海军封锁海港，华盛顿则以陆军猛攻城市。英军困守危城。挣扎了一个多月，只得于 10 月 19 日缴械投降。英国政府于 1782 年 11 月 30 日与美达成停战协议，1783 年 9 月 3 日于巴黎签订和约，被迫承认美国独立，美国独立战争终于取得彻底胜利。

华盛顿在击败英军以后，于 1787 年主持制定了美国宪法，并于 1789 年当选为美国第一任总统，成为美国的开国元勋。

为了纪念华盛顿的功绩，美国国会 1791 年决定在大西洋岸边的波托马克河畔建立一个新的首都，取名"华盛顿"。1800 年，新都建成，美国政府就从费城迁到华盛顿，还在那里建造一座华盛顿纪念塔，以缅怀这位美国独立战争的统帅。

美国独立战争是世界历史上第一次大规模的殖民地人民争取民族解放的资产阶级革命战争，堪称历史上以小胜大、以劣胜优、以弱胜强的典型战例。在广泛的国际援助下，经过 8 年之久的艰苦卓绝斗争，仅有 300 万人口的北美 13 个州军民英勇奋战，最终打败了拥有近 3 000 万人口的世界第一工业国——大英帝国。

独立战争的胜利，实现了北美殖民地政治上的独立，大大解放了北美殖民地的生产力，为美国资本主义和现代文明的迅速发展开辟了广阔的道路，对后来法国大革命和拉美民族解放运动产生了重大影响。马克思指出："美国独立战争开创了资产阶段取胜的新纪元。"列宁指出，美国独立战争是"人类历史上一个最早的、最伟大的真正的解放战争，人类历史上为数不多的真正的革命战争"，"现代的文明的美国的历史，是由一次伟大的、真正解放的、真正革命的战争开始的"。

大英帝国惨淡经营数年，却败在一支力量上明显居于劣势而且是一支经常半饥半饱、衣衫褴褛的队伍手中，虽让人难以置信，但这毕竟是事实。这也充分反映了人民解放战争的强大力量。在战略指导上，鉴于英美强弱悬殊，华盛顿正确地实行了持久的消耗战略，把战略上内线持久的防御战与战役战斗上外线速决的进攻战结合起来，充分利用本土作战的有利条件，在广阔的战场上大踏步进退，以游击战和运动战为主要作战形式，灵活机动地打击敌人，不断消耗敌人，逐步实现了战略力量的根本性转变。

美国独立后，南方和北方沿着两条不同的道路发展。在北方，以工业为主，资本主义经济发展迅速。南方则以农业为主，实行的是种植园黑人奴隶制度，严重窒息了北方工商业的发展，南北矛盾和斗争自 19 世纪起日趋激烈。斗争主要围绕西部土地展开。北方要求在西部地区发展资本主义，限制甚至禁止奴隶制度的扩大；南方则力图在西部甚至全国扩展奴隶制度。在奴隶主的进逼面前，北方人民发起了声势浩大的"废奴运动"，南方黑奴也不断组织暴动。在人民斗争的推动下，北方资产阶级开始主张废除奴隶制度。

1854 年共和党成立，1860 年，反对奴隶制的共和党人林肯当选为总统，这预示着奴隶制度的末日即将来临，于是，南方 7 州宣布退出联邦，于 1861 年 2 月建立了一个新"国家"——"美利坚诸州联盟"，推选戴维斯为"总统"，定都蒙哥马利（后迁至里士满）。4 月 12 日，南方军队发动进攻并于 14 日占领了联邦军的萨姆特要塞，挑起了内战。

美国南北双方力量对比悬殊。北方有 23 个州，人口 2 200 万。南方只有 7 个州 900 万人口。南方人之所以敢挑起战争，是因为南方早就队军事上作好了准备，而且南方军人工业发达，军队素质高，并得到英法等国的援助，企图通过速战速决打败北方。而北方战争准备不足，内战爆发时陆军只有 1.6 万人，海军作战舰艇 40 余艘。

林肯当机立断，于 4 月 15 日发布募兵令，紧急招募志愿军讨伐南方叛逆，广大美国人民纷纷响应。林肯原想只招 7.5 万名，报名的人数却超过了 10 倍。这支部队士气高涨，作战勇敢，但是第一仗却被南军打得大败，一直退到华盛顿城郊。

"一定要解放黑奴！"林肯为了扭转战局，于 1863 年 1 月 1 日发布了《解放令》。规定从即日起，美国所有奴隶都成为自由人，受政府和军队保护，他们可以平等地参加各项工作，包括参加军队等等。

《解放令》发布后，黑人踊跃前来参军，多达四五十万。联邦军在葛底斯堡与南军大战三日三夜，击毙了南方军上万官兵，获得了南北战争以来的第一次大捷。与此同时，西战区格兰特军团也取得维克斯堡之战的胜利，从而扭转了整个战局，南军从此逐步丧失战略主动权。

1864 年 3 月，林肯任命格兰特为联邦军总司令，W. T. 谢尔曼为西战区司令，决定与东战区协同行动：格兰特亲率波托马克军团，以歼灭南方李军团为主要目标，相机夺取里士满；谢尔曼由西向东南挺进，深入敌后，向沿海地区进军，对南部同盟东部地区实施中央突破。

任务最艰巨的是谢尔曼。他的部队要深入敌军后方，长途跋涉，子弹和粮食谁来供应呢？10 万大军出发了两个星期，一点消息也没有。林肯急得晚上睡不着觉，日夜盼望进军的消息。

1864 年的圣诞节（12 月 25 日）到了，林肯终于盼来了消息：谢尔曼首先攻下佐治亚州首府亚特兰大，接着又攻下滨海城市萨凡纳，已经与海上舰队取得联系，把南军全部包围了！

谢尔曼之所以能千里迢迢穿过南军后方，一个重要法宝就是解放黑奴。因而每打到一个地方，被解放的黑奴就纷纷行动起来，没收种植场奴隶主的粮食和武器，前来支援北军。正是依靠老百姓的支持，谢尔曼才如愿以偿。

南军这时乱作一团。"总统"连忙从海上逃跑；"总司令"急匆匆地带兵向西突围，但是，南军只走出 160 多公里，联邦军的骑兵已经赶到，封锁了他们的去路。南军无计可施，于 1865 年 4 月 9 日全部投降。整整四年的南北战争，以南军的彻底失败而结束。

五天以后，也就是 1865 年 4 月 14 日晚上，林肯兴高采烈地同夫人一起去华盛顿城福特大戏院看歌剧。一走进包厢，戏院里的观众立即起立欢呼，鼓掌声响彻全场，持续不断，一直延续到歌剧开演的时候。正在这时，突然有一个黑影冲进包厢，只听见"砰"的一声枪响，林肯顿时倒在座位上。这个黑影纵身一跳，跳上舞台，大叫一声，"我为南方人报仇！"迅即从窗口跳了出去。窗口外面早就准备好一匹壮马，他骑上马一溜烟逃走了。

林肯为解放黑奴而牺牲，他的贡献为人们所称颂。

100多年之后，1982年美国举行民意测验，要求人们在美国历届40位总统中挑选一位"最佳总统"时，名列前茅的就是林肯。

美国内战实质上是美国第二次资产阶级革命，它是第一次革命即独立战争的继续。北方资产阶级再次发动广大人民群众，用炮火摧毁了在美国领土上延续了200余年的黑人奴隶制度，并对南方进行资本主义改造，从而为资本主义发展扫清了最后的障碍。美国内战后，美国资本主义经济有了高速发展，逐渐发展成为世界第一经济大国。美国内战还影响到世界历史的发展，具有"极伟大的、世界历史性的、进步的和革命的意义"。

美国内战以北方的胜利、南方奴隶制度的灭亡而告结束。北方胜利的原因，除了在客观力量的对比上占有压倒优势之外，更重要的在于：北方所从事的这场以消灭南方奴隶制度、解放几百万黑人和维护国家统一为目标的战争，是正义的事业。"得道多助"，美国广大人民群众的积极参与和世界人民的声援和支持，是北方胜利的决定性因素。

美国内战的主要特点是：以骑兵实施远程奔袭和大兵团深入敌后作战；大量使用线膛枪、装甲舰、装甲列车等新式武器装备。美国内战是"蒸汽时代的第一次大战"，是工业革命带来的技术进步的第一次充分展现，是工业革命后军事发展的总试验，在战争史上开辟了全新的一页，被人们称为"第一次现代战争"，但是，这次战争仍留有许多旧时代的痕迹。它还不完全是一场现代战争，只能算是从旧式战争到现代战争之间的一次过渡。

6. 生死攸关——俄瑞波尔塔瓦大决战

1709年7月，在基辅举行的感恩祈祷仪式上，大主教普罗科波维奇为庆祝沙皇彼得一世取得波尔塔瓦大捷，发表了一篇热情洋溢的颂词，其中有这么两句话："瑞典的陆军和瑞典的权力，所冒险侵入的不是一个国家，而是一个巨大的海洋。他们进去，就失去了踪迹，好像铁块被水吞没了一样。"这是一个真实的写照，很中肯地描述了瑞典国王查理十二世在俄国境内所遭到的惨败。

波尔塔瓦之战，是北方战争中俄国走向胜利的转折点。它的胜利，最终动摇了瑞典的军事强国地位，打破了查理十二世不可战胜的神话，同时也对后世欧洲军事理论产生了巨大影响，在军事史上理应占有重要的一页。

发生于1700—1721年的俄瑞战争，史称北方战争。这场战争是俄国为了争夺波罗的海及其沿岸地区而同瑞典进行的。当时的瑞典，是北欧最大的军事强国，长期以来一直称霸波罗的海。17世纪末，俄国沙皇彼得一世完成了对欧洲的学习和考察，基本认清了欧洲的政治形势，决定改变俄国传统的南下战略，调转矛头向西，力图尽快打通波罗的海出海口，以摆脱俄国的闭锁状态。这样，俄国同瑞典之间争夺领土的战争不可避免。俄国当时力量较弱，为了对付强邻，它与丹麦、波兰结成了"北方同盟"，并于1700年春夏分别向瑞典宣战。

瑞典国王查理十二世，当年只有18岁，英勇无畏，卓具战术奇才。他率军出征，各个击破，首先打败了丹麦，然后回师东进，在纳瓦尔会战中，仅以8000之众击败了彼得一世统率的4万大军。俄军大败，阵亡溺死6000余人，丧失了150门火炮和全部炮兵部队，牺牲了几乎所有的高级军官。彼得一世退回国内，认真总结教训，大力进行军事改革，同时秣马厉兵，决心东山再起。

查理十二世取得纳尔瓦大捷以后，认为俄军无力再战，便于1701年率瑞军主力进军波兰。在瑞典军转战波兰之际，彼得一世再次对波罗的海沿岸发动进攻。1702年，他相继夺得了诺特堡、尼延尚茨、扬堡和科波巴耶等地，在涅瓦河上修建了喀琅施塔特要塞和圣彼得堡；1704年，又攻占了多尔帕特、纳尔瓦和伊万哥罗德；1705年，派遣部分俄军进入波兰。俄军的扩张势力，几年时间里有了很大的发展。

面对彼得一世的军事扩张，查理十二世早已怒火万丈。但是直到1706年，他攻占了萨克森，打垮与俄国结盟的奥古斯特二世，另立了亲瑞典的列什钦斯基为波兰国王，才得以腾出手来专门对付俄国。1707年8月，瑞典国王率军4.4万（步兵2万，骑兵2.4万），从波兰出发，开始向俄国进军。他一踏上俄国领土，首先便举行了声势浩大的阅兵仪式。瑞典军人队伍雄壮，装备齐整，士气高昂，威风凛凛！国王这时25岁，已经辗转作战多年，屡获胜利，经验更加丰富。他站在检阅台上，高高举起乎臂，以咄咄逼人的口气喊着："我们这次远征，一定要彻底打败俄国！一定能彻底打败俄国！士兵们，前进！永远前进！"随后，瑞典军于1708年年初进抵格罗德诺；6月强渡别列津纳河；7月，在戈洛夫钦附近歼灭俄军一部；紧接着，收降了莫吉廖夫城的俄国守军。他们浩浩荡荡地进军，好像是深入无人之境。

然而，这看似非常顺利的进军，却与在丹麦和波兰的情况大不相同。1707年秋，比查理年长10岁的彼得一世，已经总结了几年来作战的经验教训。他获悉查理十二世犯境的消息后，立即撤回了派到波兰的部队，并在莫斯科大力进行迎战准备。但是，彼得一世并未急于同敌人决战，他采取的是诱敌深入之策，让瑞典军长途跋涉，艰苦行军，以逐步消耗其实力。

为了彻底拖垮敌人，彼得一世下令在瑞典人进军路线上，坚决实行坚壁清野，毁掉一切可供吃用的东西。这样，瑞典军队在辽阔的俄罗斯土地上，得不到给养，备尝苦痛，历尽艰辛。无论是在平原或崎岖山道上，还是在寂静的山村和空无人迹的小镇中，瑞典军总是被动挨打，疲于应付，结果实力逐渐下降，兵力不断减少。

当年10月，彼得一世集中俄国军队在列斯纳亚村成功地阻截了来自瑞典国内的一支援军。1.6万人的大军，被打得丢盔弃甲，抱头鼠窜，只有几千人逃出重围，南去同查理十二世会合。他们携带的满装着粮食和弹药的7 000辆大车，完全被俄军缴获。这一沉重打击，迫使查理十二世不得不改变原想进攻莫斯科的作战方案，转而率军南下，挥师乌克兰，以便取得必要的补充给养，并期望获得反俄哥萨克统领马泽帕的军事配合。

可是，给养和配合都落了空。这时冬季已经来临，天气奇寒，瑞典人由于没有足够的给养，军中疾病流行，处境非常困难。一位法国外交官曾目击当时情况，在回忆录中描写说："军中饥饿与日俱增，再也没有乞丐的概念了。军队只能以稀粥充饥。不论是地窖里还是国王的餐桌上，都没有酒。国王、军官和士兵，一律喝水。"严峻的现实使饱受折磨的瑞典军损失惨重，光是冻死的就达3 000人。

而在这个冬季里，彼得一世却作好了进行反击的充分准备。他信心十足地等待着春天的来临。

1709年4月，查理十二世率军进抵波尔塔瓦。这是一个战略要地，可又是一座小城。那里的守军，原有正规俄军4 000人，另加2 000武装起来的民兵。当时，查理十二世的总兵力仍有3万余人，但可用的火炮只有4门。瑞典军对波尔塔瓦的围困持续了两个多月，进行过十多次轮番攻击，8次劝降，但都没有成功。就在这时，彼得一世派遣的援军来到。沙皇认为，瑞典人经过长期的消耗，现在可以进行总决战了。

6月4日，彼得一世亲率俄军主力到达波尔塔瓦前线，其正规军为4.2万人，火炮72门，另有哥萨克和加尔梅克人的部队。俄国大军一到，立即对包围波尔塔瓦城堡的瑞典军展开了反包围。彼得一世把大本营安扎在距离瑞典军队5公里的地方。这里地形平坦开阔，营地两侧都是枝繁叶茂的树林，而大营前面却是宽广的田野。彼得一世命令部队在田野上修建起6座多面棱堡，一字排开扼住通道，而后又在通道上另筑4座棱堡，与横排的6座成"T"字形配置，迫使敌人在进攻时必须分开成左右两路并进，不能集中成一个拳头，以此分散敌人进攻的突击力量。

彼得一世占有绝对优势的兵力兵器，这使查理十二世感到不安；而更加不幸的是，决战的前两天，瑞典国王在一次亲身侦察时竟被哥萨克兵打穿了右脚，伤到了连骑马也不可能的地步。可是，他仍然拒绝将领们的建议，不打算撤军折回波兰，而力求以进攻击败俄军。于是，一场惨烈的会战打响了。

6月27日凌晨1时，查理十二世挥军向俄军营地跃进。他因为脚伤不能骑马，只能坐在担架上指挥。由1.2万名士兵编成的瑞军纵队，借着黎明前的夜色掩护，向俄军大营前的多面棱堡猛扑过去。俄国将军缅什科夫立即率领早已作好准备的骑兵从侧面潮涌而出。两军人马在拂晓前的黑暗中战成一团。官兵的怒吼声，战马的嘶鸣声，刀剑的撞击声，汇合一起，惊天动地。俄国人顽强抵抗，瑞典军一时很难通过多面棱堡防区。

面对这一情景，查理十二世果断命令全军紧密靠拢，从棱堡的北面直插进去，强行通过棱堡的阻击线。缅什科夫针锋相对，率领骑兵斜向穿插，有如一把利刃，直接插入敌军纵队之中，将其拦腰切断。但这并不能挡住瑞军的疯狂攻势。天色大亮，双方混战加剧。被激怒了的瑞典人顺势展开，仍以横队向前猛冲，终于突破了俄军的棱堡防线，进入田野平原。这时，瑞军立即调整部署，展开成战斗队形，直捣俄军大本营。

俄国人毫不示弱，也同时排开阵势，和敌军一样，步兵居中央，骑兵配两翼，准备着最后一决雌雄。在这严峻时刻，彼得一世纵马军前，慷慨激昂地对士兵们喊道："勇士们，决定祖国命运的时刻到了！千万不要认为你们是为彼得而战。不，你们是为委托给彼得的祖国而战！勇敢地战斗吧，消灭前面的敌人！"

上午8时半，在灼热的阳光下，瑞典人再次发起全线猛攻。俄军立即还击，72门火炮同时轰响，一发发炮弹画着弧线在敌阵中炸开。随着震耳欲聋的爆炸声，传出一阵阵的哀号声，瑞典人死伤一片。查理十二世不顾俄军炮火猛烈，命令为他驮载担架的马车，冒死走在右翼队伍的前面。国王的勇敢精神，大大激发了瑞典官兵的战争狂热。他们迎着炮火，不顾死活地向前猛冲。俄国士兵被眼前的情景惊呆了。

瑞典人不惜用大量的鲜血和生命作代价，突过了俄军炮火的封锁，直进到离俄军53米处才停止下来，并立即向俄军队列扫射。霎时间，密集的火力网把俄军压得抬不起头来；瑞典人乘机跃出，猛扑而至，双方展开了你死我活的白刃战。肉体相搏，战马相冲，刀光剑影，杀声阵阵。经过一段时间的搏斗，瑞典人慢慢占了上风。他们似乎麻木了，失去了其他知觉，只知道一味地向前猛冲，猛冲，前边的倒下了，后边的踏着同伴的尸体，毫不犹豫地再前进，眼睁睁盯着不断靠拢了的俄军大营。

然而，瑞典人终于未能踏进俄军大营。在战斗的关键时刻，彼得一世亲自率领后援部队赶到前沿。瑞典的狙击手当即进行猛烈扫射，子弹嗖嗖地飞来，俄国士兵纷纷倒下。彼得的帽子被打飞了，马鞍被洞穿，一颗子弹打在他的左胸上，幸好被那个镶着宝石的金十字架挡住。他全然不顾，继续策马飞驰。哪里杀声最紧，他就向哪里奔去。

瑞典人的进攻势头虽然被遏制住了，但是他们却不肯后退半步。查理十二世端坐在担架上，在卫兵的环绕护卫下，异常镇静地指挥着战斗。有的骑兵战马倒下了，就在地面上搏杀；有的步兵兵器损坏了，就赤手空拳硬拼；甚至双方的伤员，也在地上滚在一起，手掐牙咬，直到同归于尽。查理十二世随身的 24 名卫兵，也被枪弹射死 21 个，只有 3 人还活着。

这场异常激烈残酷的搏斗，结果还是以具有优势兵力的俄军获胜。正当双方拼杀得难解难分时，行动不便的查理十二世从马驮担架上摔下来了，失去知觉，终被抬离了战场。在瑞典军失去指挥之际，俄军的优势骑兵又从右翼杀到。瑞典骑兵抵挡不住，开始后退。这一后退导致了整个战局的变化，步兵失去掩护，跟着往后退走。

瑞典军退到波尔塔瓦城下，才知他们的营帐已被俄军占领。形势对瑞典人极为不利。他们失去了赖以安身和组织再战的营地，前面没有进路，后面又有追兵，顿时失去了战斗的勇气。失去了统一指挥的瑞军各自慌不择路，沿着瓦尔克斯拉河逃窜，朝着第聂伯河方向奔去。后面紧追而来的俄军，好像赶鸭子一样，吆喝着掩杀上来。兵败如山倒，瑞典人死伤剧增。

整个会战结束，瑞典人总共被打死 9 284 人，被俘 18 994 人，只有 2 000 多人跟随着查理十二世逃到了土耳其。俄军的伤亡，共为 4 635 人。

波尔塔瓦会战改变了俄瑞战争的进程。此后战争虽然还延续了 12 年，但俄军从此掌握了主动权，在以后的陆海战斗中节节胜利。查理十二世经历此次惨败以后，一蹶不振，终于在 1718 年逝世，真是英年早逝。1721 年，两国在芬兰的尼施塔特签订和约，结束了战争。俄国通过战争夺得了卡累利阿的一部分和英格曼兰、爱斯特兰、立夫兰等大片土地，从此得以自由进出波罗的海。战后，俄国枢密院给彼得一世奉上"大帝"尊号，俄国正式称"俄罗斯帝国"，一跃而成为欧洲列强之一。

7. "催生礼炮"——法国大革命的瓦尔密之战

1792 年 9 月 21 日，法国革命军在瓦尔密取得空前胜利的喜讯传到巴黎，由民众普选的国民公会正式开幕。会议大厅欢声雷动，代表们共同作出决议：宣告废除君主制度，建立法兰西共和国。第二天，即 9 月 22 日，在万民欢呼、举国同庆的热烈气氛中，共和国正式成立。这就是历史上的法兰西第一共和国。共和国的诞生，与瓦尔密的胜利有着直接关系，正是瓦尔密大捷对挽救法国革命起了重大的历史作用，它是革命的法国反击欧洲反法联盟的第一次胜利。后人把瓦尔密的隆隆炮声，誉之为催动法兰西共和国诞生的礼炮。

1789 年的法国资产阶级大革命，如同暴风骤雨，席卷着整个法兰西大地，荡涤着一切封建罪恶，但是它并没有彻底扫除封建制度，还保留着象征封建制的君主。在一些革命的人们热衷于搞君主立宪的时候，不甘失去权力的国王路易十六世，暗地里向普鲁士、奥地利、俄罗斯和西班牙的封建君主们求救。这些封建专制的卫道士出于对革命的恐惧，迅速行动起来，纷纷伸出了援助之手。

1791 年，普鲁士国王腓特烈·威廉二世和奥地利皇帝利奥波德二世，联合发表《皮尔尼兹宣言》，扬言要帮助法王路易十六世恢复权力，并商定组织联军。1792 年 7 月，由普鲁士元帅不伦瑞克公爵率领的普奥联军，越过边界侵入法国境内，企图用刺刀绞杀法国大革命。联军入境后，杀气腾腾，到处肆意侵凌。统帅不伦瑞克公然狂言："如果法国国王、王后和王族的成员稍微受到侵犯，他们的安全、尊严和自由不能得到保证，那么，我们的两位陛下（指普奥君主），就要将巴黎夷为平地。"其势汹汹，大有摧垮法兰西的威势。

面对强敌入侵，法国的英雄儿女勇敢地接受了挑战。立法会议立即通过《祖国在危急中》的决议，号召公民从军入伍，组成义勇军，保卫边疆，拱卫巴黎，捍卫祖国。"公民们，拿起武器！公民们，投入战斗！前进，前进！万众一心，把敌人消灭干净！"这首《莱茵军歌》（后称《马赛曲》，并成为法国国歌）中的几句歌词，正是法国人民踊跃从军、英勇赴敌的写照。马赛人组成的一支义勇军举着军旗，唱着这首军歌，步行 27 天，来到巴黎，听从国家的调遣。

当时，法国人民的爱国热情，犹如蓄积多时的火山岩浆，猛烈地喷发出来了。到达应征年龄的公民，纷纷报到入伍，不待起码的训练和装备齐全，就毅然地奔赴前线。9 月 1 日，当义勇军队伍集合出征发出礼炮时，革命家丹东在议会里发表了著名的演说，慷慨激昂地指出："大家所听到的，并不是告急的炮声，而是向祖国的敌人发起冲锋的号角。要想战胜敌人，我们必须勇敢，勇敢，再勇敢！只有这样，法国才能得救。"这就是法国革命军进行瓦尔密会战前的群情激愤的爱国情景。

然而，由于种种主客观原因，法国前线的战事却相当糟糕，每况愈下。普奥联军侵入国境后，前线还没有真正组织过像样的抵抗。8 月 19 日，法军前线指挥官拉法耶特，竟带领着一些军官逃到荷兰去了。色当前线的法国军队，处于无人指挥的状态，以致各部队各自为战，无法阻遏联军的进攻。8月20日，联军攻克隆维；9月初，夺取了凡尔登要塞。凡尔登是通往巴黎的门户。联军打开这个门户，随后便能长驱直入，向巴黎推进。

在这关键时刻，革命政府采取了紧急措施。首先，任命迪穆里耶代替拉法耶特担任摩泽尔军团司令，立即赶赴前线，组织抵抗联军进攻；同时任命克勒曼接替吕内克的军职，负责指挥另一个军团，也立即赶赴梅斯收编整顿部队，协同抗敌。其次，将陆续赶到巴黎的各地义勇军派往前线，立即参加战斗。迪穆里耶接受前线指挥权后，日夜兼程赶到色当，召开军事会议。他正确分析了军事形势，鉴于凡尔登失守，巴黎门户洞开，便提出了一个大胆的行动计划，即后撤到阿尔贡纳森林阻击敌军。

阿尔贡纳位于马恩省境内，森林地带有4个出口，进可以攻，退可以守，在凡尔登失守后，就成了通往巴黎的4个小门户，正是当前战局的咽喉要地。当时，普奥联军正沿大道西进，离阿尔贡纳森林约6法里，而法军要南下抢占路口，则需行走12法里，同时不能有丝毫暴露。迪穆里耶率领军团由小路疾行，扒开野草，砍倒灌木，一路强行军，终于抢在敌人之前占领了阵地。由于兵力不足（大约只有2万余人），主要抢占了两个路口，其余两个只得暂置少量部队守卫，以待援军到达。

普奥联军攻克凡尔登后，不伦瑞克将4万大军分成四路，沿着通往巴黎的大道，从容不迫地向西推进。联军到达阿尔贡纳森林区时，不伦瑞克发现，法军已经抢先占领了主要路口，不由得大吃一惊。这位老奸巨猾的统帅，没有急于进攻，经过仔细观察和判断，决定不攻正面而从侧翼迂回前进。于是，联军一举便穿过了法军防守非常薄弱的谢纳·波浦勒路口和克罗瓦·奥·布瓦路口。

联军绕弯而过，迪穆里耶的主力部队防守落空，且其后方受到了威胁。又是在关键时刻，迪穆里耶果断决策，大胆行动。他立即下令撤退，于9月14日晚出发，利用夜幕作掩护，悄悄地靠近埃纳河，把军团带到了圣墨尔本。这样，不仅逃脱了联军的围击，而且得以于17日同贝农维尔和克勒曼率领的援军会师。9月19日，迪穆里耶统一指挥的法军增至5万余人，开到瓦尔密村附近，在联军前进的大道旁边占领了阵地，决心阻遏敌人的进军。

9月20日，著名的瓦尔密炮战从清晨开始便打响了。当时，又气又恼的不伦瑞克公爵焦躁不安，但还是不把法军放在眼里，只想着速战速决，打开进军巴黎的通路。因此，他抢先动手。联军主力由于先一日已经绕过了法军正面阵地，所以他们首先从瓦尔密的西南方面展开猛烈的炮击。这里正是克勒曼将军指挥的防线，双方都以猛烈的炮火构成密集的火网，相互对射。一排排的炮弹倾泻在对方阵地附近，震耳欲聋，火光四溅，尘雾满天。上午 11 时，联军发起总攻。自入法国以来，联军所见的法军都是只顾防守，不敢冲锋肉搏，一旦逼近便转身逃命，所以联军从不把敌手放在眼中，而这一次，他们却因此吃了大亏。

在炮击开始同时，克勒曼将军已经作了殊死杀敌的准备。他把所有的步兵都组成纵队，严令他们不要盲目射击，而要等敌人进到眼前展开白刃战。他手下的士兵们，大多数是青年志愿兵，还有许多自愿走上前线的义勇军，个个士气高昂，顽强坚定，面对强敌毫无惧色。他们的服装各色各样，武器也五花八门，甚至只有绑在木棍上的一把刺刀，但都有着一颗杀敌保国的决心。这些士兵雄赳赳地屹立在阵地上，就如钢铁一样坚硬，一排排闪闪发亮的刺刀，在灼热的阳光下发出了逼人的寒光。

入侵的联军士兵照例像以前各次进攻那样，昂首挺胸，端枪列队，傲然向瓦尔密高地迈进。就在这时，克勒曼发出了"国民万岁"的口令。霎时间，阵地上的法国士兵同声高喊"国民万岁"，从高地上猛扑下来，各种兵器一齐刺向敌人。那些气焰嚣张的联军士兵，忽然听到对方的齐声呐喊，遇上勇猛的冲锋，这才傲气全消，陡然胆颤心惊，有的甚至双腿发软，吓得不敢前进。紧接着，阵地前面的肉搏战展开了。阳光下，刀光剑影，闪闪烁烁；金属相击，铮铮有声；哭骂呐喊，乱作一团。法军越战越勇，步步紧逼；联军进攻，形势不利，只好边杀边退，扔下一具具尸体，退回到原来的进攻出发地区。

联军很快全线溃退。原来，在克勒曼防线前面的肉搏战打起来后，法军统帅迪穆里耶立即采取了有效的行动，派出沙佐将军率领 9 个步兵营和 8 个骑兵连，迅速移动，从侧面支援受联军攻击最严重的阵地；同时还派出 12 个步兵营和 8 个骑兵连，直往敌军的左翼进行迂回，从侧面威胁敌人。联军统帅不伦瑞克发觉自己处于不利形势，立即下令停止冲击，以便调整部署。但是，撤退必然带来混乱。当联军乱哄哄地暴露在法军炮火射程内时，法军的火炮马上展开轰击，一发发炮弹呼啸着飞向敌群，形成一片火海，给联军以巨大的杀伤。入侵联军的进攻，第一次遭到了彻底的挫败。

联军的步骑兵进攻被打退了，但是炮火并没有停息。直到下午 5 时以前，双方持续地进行着猛烈的炮战。众炮齐鸣，爆炸声此伏彼起，惊天动地，烟尘土屑漫天飞舞，蔽天遮日。双方各守防线，都紧张地注视着对手。

不伦瑞克很不甘心，在停止炮击以后，又组织了一次新的进攻，想借着夜色的掩护夺取法军的阵地。但是，这时联军的威风已失，士气低落，军心不振，其进攻没有多久又被打退了，而且伤亡严重。再次进攻失败，迫使不伦瑞克只得放弃继续进攻的念头，决心让部队退回到原来占领的阵地。这位昔日狂妄傲慢、目空一切的统帅，眼看着自己的士兵丢盔弃甲、意气消沉地走上归途，不禁发出了哀叹："这次攻击失败了。我们要想到达巴黎的机会，恐怕也要随之消失。"

敌军退走了，迪穆里耶却不敢稍有懈怠。9月20日夜晚，他再度调整部署，命令部队占据更为有利的阵地，作好继续战斗的准备。但联军统帅不伦瑞克却犹豫不决，不敢再进攻。以后，一连10天相互对峙着，没有发生积极的战斗行动。到9月30日，联军开始脱离战场，全线撤退，并于10月5日完全撤出了法国国境。

瓦尔密会战的胜利，是以"青年志愿兵"为主的法国革命军队第一次在气势上压倒敌人，革命士兵的高昂斗志和英勇搏斗起了决定性作用。迪穆里耶和克勒曼等指挥官在作战中指挥得力、处事灵活机动，各军团和部队在战斗中密切配合，以及组织良好的炮兵火力等，也都是取胜的重要因素。瓦尔密精神，以后成了法兰西人民永不忘怀的光荣传统。

8. 反败为胜——拿破仑时期的马伦戈会战

在欧洲，提起阿尔卑斯山上的圣伯纳德山口，人们总是很自然地感到一股寒意。那里海拔2 740米，其附近的勃朗峰，高达4 810米。群山高耸，迭嶂层峦，终年积雪深厚；坚冰覆盖的峭壁悬崖，使人望而生畏；经常爆发的巨大雪崩，令人心惊魄动。因此，阿尔卑斯山上的大小圣伯纳德山口，历来被人们称为"天险"。

翻越"天险"，极为困难，一失足便粉身碎骨，骡马更是踟蹰不前。这样一条山径和隘口，要想让大炮、骏马和庞大的辎重车队通过，简直令人难以想象。古往今来的军事家们，无不视其为畏途。

然而，欧洲第一名将拿破仑，在他统率一支4万人的大军第二次远征北意大利时，却偏偏选择了大小圣伯纳德山口这条常人不敢问津的险道，而且获得了战略上的极大成功。也许有人会说，在欧洲战争史上，公元前3世纪的迦太基统帅汉尼拔，公元前1世纪的罗马统帅恺撒，都曾经率军翻越过阿尔卑斯山，并且顺利地到达了目的地。但他们当时的兵力毕竟有限，行军所花时间较长，而且没有作为近代重武器的火炮和沉重的弹药车辆，基本上只是人和马带着冷兵器行军；同时，他们所翻越的，也都不是最险峻的大小圣伯纳德山口。因此，近代军事家们仍然要把拿破仑率领整个军团在短时间内成功地翻越阿尔卑斯山的行军，看成是一个奇迹。其间有些事情，至今仍然传为佳话。

1800年5月14日，拿破仑统率的军队开始从瑞士边境的阿尔卑斯山脚下实行攀登行军。登山不久，崎岖的小径就只容许单兵行进，人牵骡马也只能勉强通过，而巨大的炮车和弹药、辎重车辆，根本无法通行。为了克服这一困难，拿破仑采纳了深山村民的建议，就地采伐松树，将其切断并锯开成两半，从中间挖空，然后把卸下的炮管放置其中，重合起来用绳索捆扎牢固，再以士兵组成小组，用绳子牵引拖曳，一个一个地把炮管拉过山去。至于炮车和弹药车等，也都化整为零，拆成许多部件，由士兵们扛在肩上背过山去。这样，保证了重型武器快速、安全的运输。

在下山的路上，当前卫部队进到狭窄的巴蒂亚河谷时，遭到了驻巴尔德堡奥地利守军的阻击。巴尔德堡居高临下，瞰视整个河谷，挡住了必经之路，使法军的火炮不能通过。而火炮如果不随军前进，法军在即将来临的战斗中必然无法取胜；如果时间拖延下去，则奇袭式的进军势将失去意义。在此关键时刻，拿破仑又想出了绝招：他利用夜暗作掩护，命令士兵现地搜集大量的麦秸和畜粪，厚厚地铺垫在河谷旁边村子中唯一的一条道路上；同时，把炮车的轮子裹扎起来，使其在滚动时不发出声音。这样，40门大炮和100辆大车，神不知鬼不觉地在敌军眼皮底下悄悄地推过了村庄，躲过了来自碉堡的射击。后来，奥军驻守的碉堡，也在法军的夹击之下很快投降。

由于行动神速，出敌不意，拿破仑翻越阿尔卑斯山的进军，起到了战略突袭的巨大作用。到6月14日，在意大利北部亚历山大里亚东南的马伦戈村，便发生了一个以少胜多、转败为胜的著名会战，史称马伦戈之战。它在法国粉碎欧洲第二次反法联盟的战争中起了决定性作用，是拿破仑战争史上的一大光荣，鲜明地反映了拿破仑的军事才华和统帅艺术。

马伦戈会战是在拿破仑执政以后的困难时期进行的。当拿破仑于1798年远征埃及时，英国联合俄国、奥地利、葡萄牙、那不勒斯和土耳其等国，结成了第二次反法联盟。联盟军队在北意大利、荷兰与多瑙河上游等地区发动进攻，夺去了原被法国占领的许多地盘。拿破仑第一次远征意大利时所夺占的土地，差不多又被奥军全部夺走了。法国重新陷入了欧洲强国的围攻之中。当时，法国督政府软弱无能，面对联军的进攻和国内的抢劫、骚乱，简直一筹莫展。

拿破仑从埃及回国后，于1799年11月9日发动雾月政变，成立以他为第一执政的新政府，号称"执政府"。1800年春，法国面临的外部形势越来越紧张，多瑙河上游和意大利北部的战事都对法国不利，热那亚被奥军长期围困，已到了山穷水尽、难以坚守的地步。此时，拿破仑一面大力整顿国内秩序，加强自己的统治地位；一面秘密练兵，组建一个新的军团，准备用武力打退敌军的进攻，借以解除敌人对法国本土的威胁。经过半年的努力，法国国内秩序大体上稳定，拿破仑的独裁统治地位也基本上巩固了。于是，他立即把注意力投向国外。拿破仑分析了各个战场的形势，决心再一次实行深入意大利北部的远征，首先把奥地利抢去的地盘重新夺回来。

1800年5月下旬，拿破仑亲自统率他的预备军团，成功地翻越了阿尔卑斯山，插进北意大利西部，直接深入到奥地利军队的后方。在那里，他等到了由莱茵军团调来增援的1.5万人马。两军会师后，立即开始战略行动。当时，法军困守的热那亚据点，已经弹尽粮绝，快要无力坚持了。但拿破仑并不率军南下去解热那亚之围，而东去抢夺战略要地，并于6月2日攻下米兰等城，切断奥军与本国联系的主要陆上通道。

这时，奥军统帅梅拉斯率领着约10万人的强大部队，驻防在亚历山大里亚西南一线，仍把眼光盯着法国进攻意大利的传统方向，完全没有料到拿破仑竟敢选择一条险峻的小山道实施进军。直到获悉拿破仑已经占领米兰的消息，梅拉斯才恍然有悟，觉得自己过于疏忽，让敌人钻了空子，于是匆匆忙忙地挥师北上，想要依仗兵力优势来消灭法军。然而，此时的拿破仑，在夺得了战略要地并取得充足的补给以后，也决心率军南下与奥军一决雌雄。

1800年6月13日，法军开进到马伦戈村。马伦戈，它只不过是亚历山大里亚东面的一个小村庄，西依博尔米达河，东至斯特拉代拉丘陵，处于一片平原之中。弯曲的博尔米达河、丰塔农纳河，以及遍布整个平原的其他村落、农舍和葡萄园等，使军队在这里作战有着许多困难。当天，法军在这里与正在调动的奥军一部发生了遭遇战。奥军受挫，退还亚历山大里亚城。于是，法军留驻在现地过夜。次日，刚刚赶到亚历山大里亚城不几天的梅拉斯，发现法军行踪，决心立即迎战。他率领主力3万余人、炮100余门，向马伦戈实施进攻。

当时，拿破仑本人不在马伦戈；而且，错误的情报导致了对敌情判断的错误：奥军并不希望进行会战，只是企图南逃。这一错误判断使他在迎战前作出了分散使用兵力的决策。待发觉奥军实行大规模进攻，拿破仑才果断地改变了决心，除急令现地的维克多军拼死抵抗、务保马伦戈外，立即派拉纳的部队从右翼驰援，克勒曼的重骑兵旅在左翼策应；同时发出紧急命令，派早上刚刚率军南下的德赛军长率领他的那个师火速回援。这样，在兵力部署上虽然作了紧急调整，但在马伦戈迎击奥军进攻的法军，一直没有超过2.2万人，火炮只有5门。在奥军优势兵力的猛烈攻击下，法军顽强抵抗，曾组织4次反击，但都未能改变不利局面，损失非常严重。

正午过后，法军已经完全没有预备队可用，抵抗能力逐渐减弱。梅拉斯见此情景，决心加大打击力度，使用近万名骑兵进行右翼迂回。对于这些猛冲猛杀而来的骑兵，法军实在抵挡不住。拿破仑眼看着形势剧变，下令部队且战且退，准备自动撤出战场。此时，法军司令机关虽然也发生了惊恐，但各个部队并没有陷入混乱。拿破仑仍然镇定自若，坚守指挥岗位，从容部署作战行动。

奥军统帅梅拉斯此时欣喜若狂。他认为法军已彻底溃败，拿破仑已完蛋；奥军已稳操胜券。梅拉斯竟然高兴得在此时离开战场，而只命令参谋长查哈率兵追击，自己却忙着发文向国王报捷。可是，查哈行动迟缓，许多部队斗志松懈，不再追击法军，擅自停止战斗，进行休息和用饭。有的部队还整整齐齐地打着军旗，奏着军乐，慢吞吞地像在大路上游行。这就给拿破仑造成了有利的战机，使他得以在喘息之余快速整顿部队。

下午4时左右，德赛军长率领着一个有5 000人、10门炮的精锐师回援，来到战场。拿破仑果断地抓住战机，立即组织了向奥军的反击。由于反击出敌不意，加上炮火猛烈，奥军的追击部队措手不及，顿时惊慌不已，陷入混乱之中，以致不辨敌我，自相践踏，遭受大败。查哈不仅没有夺得胜利，反而率领残部8 000人投降，导致奥军全线崩溃。拿破仑乘胜进攻，长驱追击，把梅拉斯余部打得一败涂地，被迫求和。经此一战，奥军元气大伤，无力继续再战。于是，奥地利再次投降，重新签订《吕内维尔和约》，并使第二次反法联盟完全解体。

马伦戈会战给人们提供了有益的启迪。法军所以能够以少胜多，拿破仑的正确指挥是关键。他的沉着果敢精神和镇定自若态度，在困难时刻对稳定军心、保持高昂士气起了重要作用。正是他的坚强决心和应变部署，使法军得以在敌人优势兵力的进攻下从容地且战且退，不仅没有形成溃逃之势，而且一旦得手，便能奇袭奏效。他那随机应变、以退求进、捕捉战机和力争主动的指挥艺术，是使会战转败为胜的重要原因之一。同时，法军能够做到且战且退，退而不乱，坚持有组织地抗击敌军进攻，没有高昂的士气和坚毅精神，也是办不到的。奥军统帅昏庸无能，奥军士兵缺少斗志，则是法军反败为胜的客观条件。

9. 扭转乾坤——美国南北战争中的葛底斯堡之战

在美利坚合众国的发展史上，1861—1865年的国内战争，即通常所谓的南北战争，有着极其重大的意义。在这场战争中，以维护国家统一和废除奴隶制为宗旨的北部联邦军（北军），打败了制造分裂和坚持奴隶制的南部同盟军（南军），为美国资本主义的进一步发展扫清了前进道路上的障碍。

这次战争分为前后两个阶段。在1861—1862年的第一阶段中，联邦军虽然在西部战场上取得一些胜利，但影响不大；而在东部主战场上，却由于军队素质不高特别是指挥不力而屡战屡败，以致首都华盛顿告急。当时，担任主力部队波托马克军团司令的格·麦克莱伦、亚·伯恩赛德和约·胡克等人，名气虽都不小，却先后败在南军名将罗伯特·李的手下。对北军来说，战争前景相当灰暗。直到1863年下半年，战争进入第二阶段，形势才有好转。

当年1月1日，林肯总统正式发表《解放宣言》，宣布南部叛乱诸州的黑人奴隶均予解放，从而大大调动了农民和黑人的积极性，特别是进一步激发了正在前线作战的20万黑人和25万后勤工作人员的参战热情；同时，国会通过、颁行了征兵法，使军队得到了源源不绝的补充；联邦政府还清洗了军队中暗藏的亲奴隶主分子，大胆提拔了一批进步军官。这样，联邦军在指挥和战斗力方面大有改善，开始以革命的方式进行战争，并使战争发展到新的阶段。

新任波托马克军团司令乔治·米德将军，对这一战争新阶段的到来，起了重大作用。他上任刚刚三天就组织指挥了著名的葛底斯堡会战，大获全胜，给战争带来了根本性的转折。

1863年6月，鉴于波托马克军团（12万余人）连遭挫败，其司令胡克将军在北方告急之时仍然无所作为，林肯总统不得不对其作战计划进行干预，并决心选拔其属下一位军长即米德将军取代胡克的职务。米德于6月28日临危受命，立即走马上任。到任后第二天，即果断地率领军队从弗里德里克出发，迅速向哈里斯堡附近推进；同时，派出一个骑兵师，先期占领哈里斯堡西南不远的小镇葛底斯堡。他决心向那里集结兵力，打算凭借葛底斯堡东南的萨斯奎哈纳河作依托，同深入北部的南军进行一次大战，以阻挡南军对华盛顿的进攻。

当时，南军弗吉尼亚军团（8万余人）在罗伯特·李将军统率下，于6月初进入宾夕法尼亚州，在上中旬连续打败了胡克指挥的波托马克军团，已经抵近哈里斯堡，对华盛顿和费城构成了直接威胁。而在米德率领大队人马向葛底斯堡开来的时候，弗吉尼亚军团中由希尔将军统率的一个军，也正插向葛底斯堡。当时李将军也正想同北军进行一次大战，以便把联邦政府军彻底击垮。但李将军的情报失灵，他不仅不知道米德已取代胡克担任波托马克军团司令，而且忽然失去了北军去向的情报，只好暂时将主力部队集结到哈里斯堡以西地区待命。这样，双方在葛底斯堡不期而遇，却彼此互不知晓。

7月1～3日，美国内战中最大的一次会战在葛底斯堡进行。头一天，南军希尔所部的一个旅，为了寻找据说已经运到的马靴和马具，突然闯进了葛底斯堡小镇，正好与先期进占这里的北军骑兵师相遇。北军发现敌军，立即开火，并飞速报告米德司令。当时，正沿着北边山路策马徐行的李将军，亲耳听到了从镇子里传出的枪声。双方统帅都求战心切，得知发生战斗，各自立即调兵，于是，战场上的人员不断增加，战斗越打越激烈，一个意外的遭遇战变成了葛底斯堡大战的序幕。

第一天的战斗对北军不利。南军由于主力靠战场较近，战斗打响后，其第1军共四个师很快就赶到了葛底斯堡，兵力处于绝对优势，很快便把占领该镇的北军骑兵师赶了出去。但在关键时刻，北军第2军军长温·汉考克将军率领一部援军来到，并根据米德的命令，迅速抢占了该镇附近的制高点公墓山。公墓山非常利于防守，地势由南向北，呈"鱼钩"形状，两端各有一座小山包，南端的叫小圆顶，北端的叫卡尔普斯岭，其凸出的一面朝向西方和北方，恰好对着南军。这样又有利于从东面和南面赶来支援的北军，使他们得以凭借山势布设防御阵地。公墓山制高点，按理应当被南军占领，但当时南军理·爱威尔将军没有认真执行李将军的命令，行动迟缓，待他们到达时，制高点已为北军的汉考克部队捷足先登。随后的作战证明，夺得公墓山对于赢得这场会战的胜利起了重大作用。南军尽管采取了包围态势，并以几个师的兵力猛攻北军左翼，但北军据险扼守，南军根本无法攻克。这样，在第一天的战斗中，南军的数量优势未能充分发挥作用，不过取得了一个葛底斯堡小镇，而这并无实际意义。

7月2日，作战的第二天，李将军本拟上午发起进攻，但因意见不统一，一直拖到下午才动手。起初，南军对公墓山北部的进攻似颇顺利，尤厄尔将军率领所部猛击北军右翼，曾经一度得手，几乎攻上了"鱼钩"北端的卡尔普斯岭，但因援军不继，攻击力逐步削弱。而北军竟在频频失利的情况下仍然顽强抵抗，奋勇反击，鏖战近一个小时，终于把南军打退，夺回了失去的阵地。在南部，詹·朗斯特里特中将所部对北军左翼的进攻，因为势头不猛，速度缓慢，加上前进路上有大片麦地和桃园阻隔，以致长久未能得手。北军艰苦奋战了一天，打退敌人多次猛攻，保住了山头和有利的防御阵地。当天晚上，李将军再次召开军事会议，详细研究第二天的作战方案，目标是不惜任何代价夺取公墓山阵地，摧垮据山防御的北军。但是，在如何实施攻击上，李将军与朗斯特里特之间仍然未能统一意见。

7月3日凌晨，南军开始炮击。猛烈的炮火铺天盖地，使北军阵地上硝烟弥漫，尘土飞扬。但是，南军并没有立刻发动强攻，致使北军有可能修复遭到严重破坏的阵地。午后，李将军决心孤注一掷，下令全线总攻。双方炮兵进行对射，一个多小时的炮火轰击，爆炸之声震耳欲聋。紧接着，李将军不顾朗斯特里特军长的反对，命令1.5万名精锐部队组成突击纵队，以159门火炮支援，直接向北军最坚固的中央阵地猛烈冲锋。这时，北军亨特将军指挥炮兵还击，严密的火力网有力地拦阻了勇猛前进的南军部队。

南军皮里特师长，亲自率领他的精锐士卒，冒着炮火的硝烟迷雾，穿过破片弹雨，付出牺牲一半人员的惨重代价，终于攀上了公墓山的脊峰。阵地上展开了残酷的白刃格斗，双方都奋不顾身地拼搏。骑兵在马上砍杀，有的扭作一团；步兵在乱石中追逐，许多人滚在一块。人喊马嘶，兵器撞击，枪声阵阵，受伤的士兵依靠着石堆、土坎或人尸马体，发出绝望的呻吟。

肉搏战当中，一部分南军步兵冲进了北军的炮兵阵地，一阵勇猛的搏杀，缺乏防卫能力的炮兵抵挡不住，使北军的火炮一时失去效用。可惜，南军增援部队未能利用这个间隙及时赶到格斗的阵地，而北军的增援部队却及时冲了上来。结果，南军在北军阵地上竖起的旗帜没有多久就被北方的生力军砍倒了。南军牺牲惨重，人数毕竟少了许多，在2位旅长和15个团长相继阵亡之后，搏杀势头明显减弱，他们所占领的阵地，很快又被北军部队夺回去了。

在战斗最紧张的时刻，北军统帅米德将军飞马来到前沿。他只看到穿蓝色衣服的北军和穿灰色衣服的南军混战在一起，除此以外就根本无法分清敌我了。正当米德不知所措时，蓦然间，阵地上一片欢呼，原来敌军已被杀败。他长叹一声，大呼着："谢天谢地！"南军第三天的进攻又被打退了。李将军见大势已去，再也不敢发动进攻，下决心撤退，但因夜间大雨滂沱，波托马克河水猛涨，只得在原先营地里停驻一晚。次日水势稍缓，李将军即率残部迅速逃走了。

这次作战中，李将军的弗吉尼亚军团投入兵力7.5万人，伤亡达到2.8万。而米德的波托马克军团，以防御战抗击了南军的多次猛攻，先后投入兵力达8.5万人，以死伤2.3万人的代价，取得首次挫败南军的重大胜利。只是因为自己伤亡也重，已经无力追击，只好让败逃的南军从容退走。葛底斯堡会战的胜利，可以说是林肯政府在战争第二阶段执行革命政策的第一个重大成果。它不仅是美国内战时期规模最大、流血最多的一次战役，而且成了美国内战的转折点。从此以后，南军一蹶不振，再也无力进犯北部。而北军则乘机扩大战果，不断南进出击，节节胜利，终于在1865年4月攻陷了"南部同盟"的首都里士满，最后迫使南军全部投降，胜利地结束了历时4年多的国内战争。

葛底斯堡会战中北军的胜利，除了北方政治形势和军队素质的客观变化外，统帅所起的作用是相当明显的。南军弗吉尼亚军团司令罗伯特·李将军是西点军校毕业的高材生和后来的校长，战争经验丰富，作战英勇，指挥果敢，曾经屡立战功。内战开始时，林肯总统曾打算委任他充当联邦军总司令，可他却辞去政府军职，甘为"南部同盟"效劳。在内战第一阶段，他多次挫败北方联邦军，并乘胜率军深入北部，大有压倒北军的赫赫威风。可是，他为人十分傲慢，趾高气扬，刚愎自用，在葛底斯堡会战中，两次拒绝了属下军长朗斯特里特的合理建议，在第二天和第三天的战斗中，都曾近乎蛮干地发起冒险冲锋，看不到北军士气和战斗力的变化，结果在北军的顽强防御面前吃了败仗。失败后，他曾引咎向"总统"戴维斯辞职，但没有获准。李将军以后虽继续领兵作战，但一直没有起色，最后在大势已去的形势下还是率领残余部队向北军投了降。

北军波托马克军团司令米德，性格刚毅，办事稳健果断，曾经担任过旅长、师长和军长，是林肯选中的一位优秀指挥官。他于6月28日临危受命，29日即毅然率军出发，寻敌作战。本来，7月1日战斗打响时，他已收到联邦军总司令的命令，叫他放弃葛底斯堡，将军队撤回到巴尔的摩和首都华盛顿附近组织防御和实施战斗。当天战斗结束后，他召集指挥官们举行军事会议，传达了总司令的命令。在讨论是执行命令撤退还是请求改变命令继续作战问题时，他精辟地分析了形势，果断地作出了决策。他指出：尽管葛底斯堡已经丢失，公墓山北部已被包围，但现在已经占有既利于防御也利于进攻的公墓山阵地（这是当天下午根据他的命令夺得的），南部山麓仍在我们手中，后勤供应和兵力机动都很方便，因而在此阻击敌军更为有利；但是，敌军部队素质较好，长于进攻作战，所以必须准备打顽强的防御战，进行拼死的搏杀。只要能固守阵地，后勤供应不济的敌军就无力长久坚持。因此，他决定就在公墓山上与敌军进行一场大战。在连续三天的作战中，他根本没有合眼休息，始终坚守在第一线，及时地给各军下达一道道重要命令，为会战的胜利作出了重要贡献。

一位默默无闻的新秀打败了举国知名的老将，究竟因为什么？这是葛底斯堡会战给军人们提出的一个思考题目。

第二章　炮火纷飞——现代战争风云

第一节　枪林弹雨——常规战争

1. 铁甲雄风——朝鲜壬辰战争中的露梁海战

1592 年 4 月至 1593 年 3 月，1597 年 3 月至 1598 年 11 月，朝鲜在中国的支援下，进行了一场反抗日本侵略的卫国战争。这次战争中的民族英雄李舜臣，与中国水师并肩作战，取得了露梁海战的决定性胜利，彻底摧毁了入侵的日本舰队，在世界海战史上留下了光辉的一页。

这场战争是日本关白（总揽政务大权官员）、著名武将丰臣秀吉蓄谋发动的，目的是对内镇压异己势力，对外进行扩张和掠夺。丰臣为此进行了长期周密的准备，他的总设想是首先征服朝鲜，进而入侵中国和称霸东亚。战争初起时，日本发兵 15 万，利用朝鲜李氏王朝内讧不已、朝纲紊乱、武备松弛、抗战无力的条件，长驱直入，不到三个月时间便攻陷了京城（今汉城）、开城、西京（今平壤）等都市。朝鲜的三千里江山，大片沦入敌手，国家危亡只在旦夕。国王李昖逃到了鸭绿江边的义州，被迫募兵抗倭，同时请求中国援助。这就是朝鲜史称的"壬辰倭乱"。中国和朝鲜史书都把日本侵略者称之为"倭寇"、"倭军"。

战争紧急关头，身任朝鲜全罗道左水使的李舜臣，率领着他所指挥的全道水师，驰骋海疆，接连重创侵略军，极大地鼓舞了朝鲜人民的抗战信心，带动了举国上下的抗倭运动，对扭转战局起了重大作用。当时，他率领所属舰队主动出击，曾"四次赴敌，十度接战"，屡战屡胜，连获玉浦大捷、泗川大捷、闲山大捷、釜山大捷等辉煌胜利，给了日本侵朝海军以毁灭性打击，最后夺回了一度丧失的朝鲜海峡制海权，以致日本海军后来对他望风逃跑而不敢与之接战。

李舜臣在海战中节节胜利，除了由于统驭有法、指挥有方和英勇善战外，主要得力于他精心改造的坚兵利器即铁甲龟船，以及他所专门训练的龟船队。李舜臣是在战争爆发前不久才被擢升为全罗道左水使的。上任伊始，他看到日本咄咄逼人，就深知战争危机已近，于是积极备战，整饬水师。他看清了日本海军已广泛使用火枪和小口径火炮，就着意对现有战舰加以改进。

据记载，李舜臣亲自设计、监造的龟船，长 10 多丈，宽 1 丈多，船舷较低，甲板上覆以坚固的木制外壳，外壳再包镶鳞状铁甲，整个船形很像伏龟，故名龟船。这种龟船，首部设龙头，长 4 尺 3 寸，宽 3 尺，内装硫磺焰硝，能从龙口喷吐焰火烟雾；船身四周共开 72 个炮眼，便于发扬火力；舷板上装有锥刀，使敌人难以接舷近战；两侧各安巨桨 10 支，因而行驶迅速，转向灵活。由于船体较大而又结实，可以装载较多的弹药、食品和饮水，能在海上较长时间航行和作战。在当时来说，它远远优于其他国家的战船，可以称之为亚洲最早的装甲舰。

由于李舜臣连战皆捷，加上中国明朝派大将李如松率领 4.6 万大军于 1593年 1 月赴朝增援，进击倭军，朝鲜战局迅速好转。朝中军队很快收复了西京、开城、京城等地，迫使倭军退守釜山沿海，凭险顽抗。这时，李舜臣因功受封，成为二品正宪大夫，升任全罗、庆尚、忠清三道水军统制使，负责指挥朝鲜水师。李舜臣受任后，在闲山岛设立水师大本营，一面扩充兵员，加紧训练，一面赶造龟船、枪炮，准备在不久的将来收复失地，剿灭倭贼。

然而，风云多变，事有不测。日军惨败以后，丰臣秀吉巧施诡计，为争喘息时间而于 1593 年 3 月假意求和，随后便同李氏王朝中的主和派谈判，周旋竟长达 4 年之久。在此期间，丰臣秣马厉兵，全面备战，同时还施离间手段，利用李氏王朝对李舜臣的疑忌和嫉妒，促使李舜臣丢官卸职，被贬为普通士兵。阴谋得逞以后，丰臣秀吉便于 1597 年 3 月恢复战事，又派 14 万大军入侵朝鲜。形势骤然剧变，朝鲜再次陷入危局。

李舜臣被解职以后，朝鲜水师的统制权落入庸将手中，随之军备不振，纪律松弛，战斗力大大下降，以致倭军再犯之时竟屡战皆败，损失惨重，最后闲山基地也陷落了。日本海军重新控制了朝鲜海域，保障了倭寇水陆两路的顺利进军。

1597 年冬，日本侵略军再次进抵京城附近，李氏王朝已岌岌可危。当此紧急关头，国王迫于危局和朝野人士的压力，不得已启用李舜臣，恢复其三道水军统制使职务。李舜臣复职时，几年前威武庞大的水军舰队，仅仅剩下战船 12 艘，水兵 120 人。凭着高度的爱国抗倭精神，李舜臣立即全力以赴，重振水师。他在抓紧扩军造舰的同时，毅然率领仅由 12 艘战船组成的小舰队出征击贼，照旧不断取胜，屡创日本舰队。不久，朝鲜水师便恢复了昔日的雄风，舰队又频频出战，并于1598年2月在今古岛上建立了巩固的海军基地，随后又夺回了朝鲜海域的制海权。

在海战得手时刻，朝鲜陆军也与重新入朝增援的中国军队密切配合，不断取得了反击作战的胜利。日本侵略军节节败退，重又龟缩到朝鲜南端沿海的几个孤立据点，企图继续顽抗。这些据点，倭寇苦心经营了多年，凭险设障，攻克颇不容易。但朝中大军乘胜追击，决心要把倭军彻底消灭。因此，当陆军围攻据点时，朝中两国水师积极配合。由李舜臣和陈璘、邓子龙统领的朝中联合舰队，有力地封锁了侵略军的海上交通线，使固守孤城的倭寇补给困难，成为瓮中之鳖。

1598年11月初，困守顺天城据点的日军被朝中大军围攻而难以坚持，守将小西行长急向泗川港倭军求救，企图由海路逃走。11月17日，日本将领岛津义弘，率领停泊在泗川港内的各类舰船500余艘，满载近万名官兵和武器装备，急速驶向顺天港，接应小西行长，撤走顺天守军。朝中水师获悉了日本舰队的海上行动情报，预先布设了歼敌圈套。

11月17日夜间，李舜臣和陈璘、邓子龙率领的朝中联合舰队，悄悄地驶进朝鲜庆尚南道西南的露梁海面，利用礁岛掩蔽，隐伏待敌。18日，夜幕刚刚降临，露梁海面突然开始喧闹。当日本舰队匆匆驶入朝中舰队的设伏海域时，快速逼近的朝中战舰突然开炮，以猛烈、密集的炮火轰击敌人，打响了在世界海战史上占有重要地位的露梁海战。

战局一开始就对倭军不利。炮声隆隆响起，炮弹雨点般洒落在倭军舰船上。十几艘日舰立即火光熊熊，浓烟腾起，血肉横飞。倭军官兵本已困倦疲惫，突遭袭击，仓促应战，顿时陷入被动惊恐之中。但是，倭军虽然受挫，也未完全溃乱，其庞大的舰队仍有实力。他们在慌乱中立即还击。不过，朝中舰队在数量上和质量上都占有优势，致使日本舰船的损伤不断增加。岛津义弘眼看情势不妙，急忙指挥舰队调整队形，企图且战且退，利用夜幕掩护逃出包围圈。

朝中舰队的统帅，早有全歼敌军舰队的决心。他们判明敌人逃跑企图后，立即向日本舰队进行直接冲击，力图将其舰队冲散，以便各个击沉。这时，李舜臣奋勇当先，亲率旗舰杀入敌人舰队之中。倭军看着李舜臣的大旗，纷纷躲避，不敢与之接战。李舜臣的旗舰如入无人之境，几度往来，反复冲杀。这时，中国水师副将邓子龙，也指挥千余水兵分乘数艘巨舰，直接插进敌阵。邓老将军年逾70岁，犹如出海蛟龙，周旋于敌舰左右。他先是指挥水兵大量施放火箭"喷筒"，使大批敌舰起火燃烧，十数艘被焚沉没；然后又命军卒搭靠敌舰，亲自挥刀上阵，与倭军进行接舷战，砍得敌人鬼哭狼嚎。主帅上阵，将士奋勇。在朝中官兵的冲撞、砍杀下，日本舰队的编队终于被彻底打散，一片混乱。夜半过后，海面上大风骤起。双方的大炮不断喷吐火焰，火箭如流星般划过夜空，使露梁海上空呈现出无比壮观的奇景。

经过整夜激战，日本舰从损伤惨重，40 余艘被击沉，100 余艘受重创，其他舰船都有不同程度的人员伤亡。岛津义弘深感厄运将到，勉强收拢残余战舰，下令拼死突围。19 日拂晓，日本舰队利用浓雾升起之机，开始冲出重围。胜利在握的朝中舰队，立即跟踪追上，再将敌舰围住，发起猛攻。倭军困兽犹斗，双方拼杀得非常激烈。

邓子龙再次当先，率舰冲入敌阵。当他正指挥水兵进攻时，不幸所乘军舰被友军火箭误伤，舰上起火，火借风势蔓延，全船被烈焰笼罩。倭军见状，冒死反击，乘机蜂拥而至，将邓子龙的战舰团团围住。李舜臣发现邓老将军处于危急之中，立即不顾一切地赶来增援。李舜臣也是单舰插入敌阵，当与倭军接战之时，突然一颗流弹飞来，将他击倒在甲板上。部属赶来抢救，李舜臣将帅旗交给侄子李莞，叮嘱说："战斗紧急，不要说我死……"随即闭上了眼睛。差不多是在同时，邓子龙也在战斗中壮烈捐躯。

李舜臣和邓子龙的牺牲，使水师官兵的复仇怒火更加炽烈。他们个个奋起，誓死必歼眼前的倭寇。于是，朝中舰队死盯着奔逃的敌舰，再次发起猛烈攻击。就在这时，中国水师副将陈蚕等，率领增援舰队赶到战场。日本舰队虽然还在拼死顽抗，但已每况愈下，终遭四面合围，所有战舰都被一一击沉。中午时分，露梁海上的枪炮声音渐渐停息，海战以朝中联合舰队的辉煌胜利宣告结束。李舜臣和邓子龙的英勇献身，给中朝友好的历史留下了共同抗敌的光辉篇章！

这次海战胜利对结束日本侵朝战争有着决定性意义。岛津义弘统率的日本舰队终于全军覆灭，日本赖以发动和支援侵朝战争的海军力量，从此不复存在。此战以后，困守据点的倭军完全陷入孤立境地，只好狼狈地滚回日本列岛。发动战争的罪魁祸首丰臣秀吉，也因屡屡失败而积郁死去。

2."沙漠圣战"——阿拉伯帝国的兴起和扩张

公元 630 年 1 月下旬的一天，一群穆斯林战士骑着骠健的阿拉伯马，裹着宽大的白色头巾，手持利剑冲进了阿拉伯半岛西部的麦加城。

"向克尔白庙进军！""消灭荒谬！"穆斯林军队的领袖挥手高呼。

只见战士们以排山倒海之势向一座大庙冲去。到了庙前，战士们纷纷跳下马，冲进大庙，把庙里的 360 个神像统统捣毁。

"真理已经来临！荒谬已经消灭！荒谬是一定要被消灭的！"穆斯林领袖对着狂热的信徒再次高呼。接着，他亲吻了嵌在这大庙石壁上的玄石。战士们受到鼓舞，也一个个兴高采烈地走到这块玄石前，亲吻它。

这座古庙是麦加城里最宏伟的克尔白庙，它是阿拉伯人古老的多神教的中心。那块玄石乃阿拉伯人的传统崇拜物。古庙落到穆斯林手里，标志着阿拉伯人古老的多神教已经终结，也标志着一种新兴的独神教——伊斯兰教在阿拉伯确立。

那位振臂高呼的穆斯林领袖，就是伊斯兰教的创始人穆罕默德。

穆罕默德于 570 年出生在麦加的一个没落贵族家庭里。十几岁时曾跟随商队往返于巴勒斯坦、叙利亚一带，到过不少城市，也接触过犹太教和基督教这两个相同来源的独神教经文。

25 岁时，他和麦加一个有钱的寡妇结婚，从此有财富和地位，成为麦加城一个很有名望的人。

610 年，穆罕默德根据当时阿拉伯的社会状况和民族特点，在麦加创立了一种新教——伊斯兰教，并开始传教。他把信奉多神教的古莱什部落的主神"安拉"奉为宇宙间唯一之神，也称之为"真主"，而他自己则是安拉派遣到人间的"真正的使者"、"最伟大的先知"。伊斯兰教的教义规定：只信奉真主和他的使者穆罕默德；每星期五做礼拜，把克尔白古庙作为朝拜的方向；缴纳财产的 2.5% 作为宗教用途，用来赈济贫穷的穆斯林。同时把政权和宗教统一起来。此外，还规定教徒不吃猪肉，允许一夫多妻，每年的教历 9 月作为"斋月"，自黎明至日落不准进餐……

伊斯兰教的兴起，表面是崇奉一神、打倒偶像崇拜的宗教革命，实质上是一场旨在结束阿拉伯民族分裂状态、建立统一国家的政治活动。在穆罕默德的宣传下，城市居民、农民和手工业者，很快接受了伊斯兰教，但穆罕默德却遭到当时阿拉伯贵族势力的反对，麦加统治者阿布·苏富扬下令追捕他。

公元 622 年 7 月的一个夜晚，穆罕默德率部分信徒逃离麦加，到了麦地那城。从此，他以麦地那为根据地，着手建立政教合一的麦地那政权，并组建军队，开始在"圣战"旗帜下以武力统一阿拉伯半岛。

624 年 3 月，当穆罕默德得知古莱什人派往叙利亚的大商队即将返回麦加时，即率领穆斯林军前往截击。古莱什商队闻讯改变路线，穆罕默德率部在麦地那西南的白德尔镇打败了古莱什贵族的增援部队。

阿布·苏富扬不甘心失败，625 年 3 月率麦加贵族军队 3 000 人进攻麦地那，在兵临城下的危急关头，穆罕默德沉着冷静，率 1 000 人出城应战。两军在伍侯德山谷激战。穆斯林军士兵不听指挥争夺战利品，一度使阵脚大乱，处于被动局面，但穆罕默德带伤指挥作战，最终迫使古莱什贵族军撤退。

627 年 3 月，麦加贵族经过两年准备，联合犹太人组建了万人大军，再次进犯麦地那。穆罕默德命令部队在城外挖沟灌水防守，联军对此束手无策，围困一个月未克。后因士兵厌战，加之飓风大作，联军陷入混乱，被迫撤走。此战史称"壕沟大战"，它是穆罕默德军队由战略防御转入战略进攻的转折点。

630 年，穆罕默德亲率穆斯林军万余人兵临麦加，阿布·苏富扬被迫率军投降，并皈依伊斯兰教。同年，穆罕默德率军在侯乃尼征服叛乱部落。632 年，阿拉伯半岛基本统一，为尔后阿拉伯帝国的形成和向外扩张创造了条件。

穆罕默德一生的最大功绩，是用宗教的信念把阿拉伯各个部落统一了起来，成为一个强大的民族。他的言论，被弟子们编为《古兰经》——伊斯兰的唯一经典。马克思和恩格斯将穆罕默德这个时期的创教活动称之为"穆罕默德的宗教革命"。

穆罕默德去世不久，他的继承人为了扩大其统治范围，以"传播伊斯兰教"和"展开反对异教徒的圣战"为借口，开始向四周扩张领土。第一仗就是同拜占庭帝国争夺叙利亚。

633 年深秋，穆罕默德的继任者、第一任哈里发（阿拉伯政教合一的首领，相当于国王）艾卜·伯克尔组织三支阿拉伯军队，每支 7 500 人，从阿拉伯半岛出发，经叙利亚沙漠侵入巴勒斯坦和叙利亚。此时，拜占庭和波斯帝国因长期战争两败俱伤，无力抵抗阿拉伯人的进攻，阿拉伯军队于 635 年攻占大马士革。

拜占庭皇帝希拉克略不甘心失败，立即调集 10 万大军，由他的弟弟西奥多拉斯率领，向大马士革扑来。阿拉伯统帅哈立德见敌军人多势众，迅速撤出大马士革，在约旦河的支流雅尔穆克河一带集结了自己的部队，总共有 24 000 名穆斯林战士。

636 年 8 月 20 日，决战开始了。拜占庭军队以优势兵力猛杀过来。哈立德采取以逸待劳的战术，打败了拜占庭军队，重新收复大马士革，占领了整个叙利亚。

此后，阿拉伯骑兵马不停蹄地前进。

638 年，占领中东重镇耶路撒冷；642 年占领整个伊朗，征服埃及；645 年，征服北非的利比亚。

到了 661 年，穆阿维亚继位哈里发，建立倭马亚王朝，阿拉伯帝国正式诞生，定都大马士革。这是倭马亚王朝以叙利亚为基础建立的伊斯兰教阿拉伯帝国的第一个王朝。在平定内乱以后，阿拉伯人又重新对拜占庭发动新的进攻。

阿拉伯军队从陆地和海上进攻拜占庭首都君士坦丁堡。

在陆地于668年攻占博斯普鲁斯海峡东岸重镇卡尔西登和马尔马拉海上的基齐库斯半岛，并于次年围攻君士坦丁堡。在海上，阿拉伯海军占领开俄斯岛，并依托塞浦路斯岛、罗得岛等已占岛屿形成对拜占庭的海上封锁，随后北上进入马尔马拉海西岸基齐库斯城建立军事基地。

从673年起，一支阿拉伯海军每年春季由基齐库斯出发，进入君士坦丁堡近海水域作战，冬季则返回基地休整越冬。当时的拜占庭皇帝是大胡子君士坦丁四世，他精心部署防卫，多次以"希腊火"击退阿军进攻。"希腊火"是一种液体燃料，可在水上燃烧，作战时将它装在一些特制容器中，投掷出去，一旦遇上敌舰，立即起火燃烧。采用这种新式"武器"，烧毁阿军许多舰船，击退了阿军对君士坦丁堡的多次进攻。

677年6月，阿拉伯海军被迫撤离君士坦丁堡，在途中经小亚细亚南岸海面时，遭到风暴袭击和希腊舰队阻截，几乎全军覆没，陆军也在小亚细亚遭惨败。

678年，阿拉伯、拜占庭双方签订《三十年和约》，阿拉伯国家被迫向拜占庭纳贡。在北非，阿军进展较为顺利，698年夺取迦太基，结束了拜占庭对北非的统治。

717年，阿拉伯人利用拜占庭王朝更迭、政局不稳之机，从水陆两路再次发动对君士坦丁堡的进攻。拜占庭伊苏里亚王朝奠基者利奥三世采取诱敌深入、聚而歼之的方针，拆除金角湾入口处的铁链，任阿拉伯舰队驶入港湾，然后出敌不意地以火箭、火船、火矛、"希腊火"实施袭击，致使阿拉伯舰队大乱，几乎全军覆没。最后，阿拉伯人不得不向大马士革、叙利亚退却。

750年，阿拉伯倭马亚王朝被阿拔斯王朝取代，迁都巴格达。哈里发国家内部阶级矛盾和民族矛盾激化，各地不断发生动乱，统一的阿拉伯国家迅速瓦解。至9世纪中期，阿拉伯分裂成数个小公国即埃米尔国家，内争不断，对拜占庭的攻势大不如前。拜占庭帝国则发生了破坏圣像和崇拜圣像的政治、宗教斗争，直接影响了对阿拉伯战争的进程。从750年至867年，双方时打时停，各有胜负。

867年之后，拜占庭在马其顿王朝的统治下处于强盛时期，对阿拉伯国家的攻势愈来愈猛。于是，拜占庭对小亚细亚和叙利亚地区的进攻和"光复"斗争，就成为9~10世纪阿拉伯与拜占庭战争的主流，最后，拜占庭帝国在东方重新获得优势。

11世纪初，另一支伊斯兰教游牧民族部落塞尔柱突厥人兴起于东方，在小亚细亚建立了国家，对拜占庭形成更大的威胁。面对强敌，阿拉伯与拜占庭之间的冲突便退居次要地位。

《武器和战争的演变》一书的作者在评价伊斯兰教兴起，阿拉伯侵略扩张战争时说："伊斯兰国家之所以发动这样一场为时不长的侵略战争，并非因为他们发明了什么新武器，创立了什么新的战略或战术，而完全是出于一种精神的力量（西方人称之为狂热）。这种精神力量来自于穆罕默德领袖超凡入圣的魅力以及他所教诲的这样一种特殊信条，即那些在讨伐异教徒的圣战中的亡灵将能升入天国永享极乐。还有一个因素是哈里发在政治、军事以及宗教等方面的统治得到了巩固。可以说世界上没有一种宗教能像伊斯兰教那样如此持久、如此狂热地鼓动如此众多的人们，在战斗中表现出那样不怕牺牲、不怕危险的勇敢精神。

伊斯兰侵略扩张的胜利，与其说是军事技术发挥了作用（当然这里面包含着一定程度的技术因素），不如说是精神力量产生的结果；与其说它依赖于优越的军事体制，不如说它靠的是煽动宗教狂热；与其说有一套卓有成效的征兵体制，不如说是依靠了宗教的宣传鼓动，号召无数士兵为圣战卖命……宗教狂热在阿拉伯的对外扩张战争中发挥了至关重要的作用。

从历史发展的总趋势看，阿拉伯帝国的兴起和发展，使伊斯兰教终于成为世界性的大教，穆斯林遍布欧、亚、非三洲。中东、埃及、北非的许多民族逐渐与阿拉伯人融合，成为阿拉伯大家庭的一员。古老的阿拉伯文化，吸收了古埃及、古巴比伦、古波斯文化的光辉成果，并发展成为崭新的、绚丽多彩的阿拉伯文明。阿拉伯与拜占庭之间的长期战争和对抗，维持了近东和东地中海地区基督教和伊斯兰教两大文明世界的力量均势，对世界历史的发展产生了很大的影响。

3. 火器致胜——热兵器的较量

十字军东征，促使中国发明的火药和火器由阿拉伯国家传入欧洲。当欧洲人发现火药燃烧后瞬间的爆炸所产生的杀伤力超过以往任何兵器时，立即在铁器与炸药结合的枪炮技术方面赶上并超过了中国。火枪和火炮用于战争，标志着战争史上热兵器时代的开始。

18世纪中期，欧洲从英国开始，发生了以蒸汽机的广泛使用为标志的产业革命，把社会生产力从铁器时代推进到机器时代。震撼全欧的法国资产阶级大革命，猛烈地冲击了各国的封建农奴制，为资本主义发展开辟了道路。在资本主义上升时期，管形火器的运用、蒸汽机的发明、大工业的出现，为军队装备了大量的火枪火炮，使战争从冷兵器与火罩并用，逐渐转变为主要使用火器。这个时期资产阶级革命战争相继爆发，如英国资产阶级革命时期的国内战争，美国独立战争和解放奴隶的战争，法国革命战争等，扫清了资本主义发展道路上的障碍。资本主义国家为了争夺霸权也经常发生战争，如英荷战争、1756—1763 年的七年战争、克里木战争等。这种战争是由资本主义发展不平衡引起的，给殖民地和参战国人民带来深重的灾难。

19 世纪末 20 世纪初各主要资本主义国家先后从自由资本主义发展到垄断资本主义，进入帝国主义阶段。垄断资产阶级对本国无产阶级和广大劳动人民剥削的加深，帝国主义列强对殖民地人民的掠夺和压迫的加剧，国际垄断资本集团之间竞争的激化，帝国主义国家政治、经济、发展不平衡和重新瓜分世界的斗争，使帝国主义列强之间、殖民地与宗主国之间、无产阶级和资产阶级之间以及后来出现的帝国主义和社会主义国家之间的矛盾，日益尖锐化，导致了一系列激烈的、大规模的战争。这些战争包括帝国主义争夺殖民地的战争，如美西战争、英布战争、日俄战争等，帝国主义两大集团重新瓜分世界的第一次世界大战，法西斯国家与反法西斯国家之间进行的人类历史上空前规模的第二次世界大战；无产阶级革命战争和民族解放战争也相当活跃。

随着社会的变革和科学技术的进步，军队的武器装备增添了全新的成分，如坦克、飞机、潜艇、航空母舰和化学武器等，并相应地出现了空军、防空军、空降兵、化学兵等新的兵种，也出现了像闪击战那样的崭新作战方法，不宣而战、实施突然袭击成为战争发动者的惯用方法，利用航母编队争夺制海权以及潜艇和反潜战，成为海上斗争的主要形式，总体战、大战略、海权论等新理论应运而生。

4. 劳师以远——日俄战争中的对马海战

1905 年 5 月 27—28 日，在朝鲜与日本之间的对马海峡和日本海内，发生了近代战争史上一场规模巨大的海战。拥有战斗舰艇 38 艘的俄国太平洋第 2、第 3 分舰队，遭到日本联合舰队 99 艘舰艇的截击。日本舰队以逸待劳，发挥舰艇在火力和速度上的优势，进行机动作战，把俄国舰队打得落花流水。结果，俄方舰艇被击沉 19 艘，被俘 5 艘，总吨位 20.5 万吨；6 艘逃入中立国港口而被扣押；只有 2 艘驱逐舰和 1 艘巡洋舰逃进了海参崴（符拉迪沃斯托克）；舰队官兵总计伤亡 4 830 人，被俘 5 917 人（包括两位舰队司令）；整个舰队完全被消灭了。日本方面，只损失水雷艇 3 艘，另 10 余艘受创，死 117 人，伤 583 人，以很少的代价取得了辉煌的胜利。

俄国舰队的覆灭，是意料中的事情，可覆灭得如此悲惨，却又有些出人意料。1904—1905 年的日俄战争，是日本帝国和沙皇俄国为了重新瓜分中国东北和朝鲜，并进而争夺亚洲及太平洋霸权而进行的帝国主义战争。封建专制的沙俄，敌不过明治维新以后资本主义大有发展的日本，这在政治上和军事上都有明显的征候。从军事上看，俄国舰队兵力少，武器差，指挥很不得力。特别是太平洋第 2、第 3 分舰队从欧洲的波罗的海，来到远东北太平洋的日本海，航行 7 个多月，航程 1.8 万海里，如此劳师远征，以官兵疲惫不堪而又舰船破损、补给不济之师，去对抗早已养精蓄锐、严阵以待的优势之敌，哪有不败的道理。对俄国来说，对马海战实际上只是一场以弱敌强的取败之战。尽管如此，这场海战的发生过程和作战概况，在海战史上却有过重大意义，正是它导致了世界各海军强国的大舰巨炮竞赛。

1904 年 2 月 8 日夜间，日本海军联合舰队（总司令为东乡平八郎海军中将），突然袭击了驻泊于中国旅顺口（当时被俄国"租借"）港外的俄国太平洋舰队（后称太平洋第 1 分舰队，司令为斯塔尔克海军中将），揭开了日俄战争的序幕。俄国舰队畏敌如虎，屡吃败仗；3 月间，海军名将马卡罗夫受任新的分舰队司令后，作战颇有起色，曾使东乡平八郎深为忧虑。可是，在 4 月 13 日的海战中，马卡罗夫因旗舰触水雷沉没而随之殉职。此后，优柔寡断的继任者再也不敢组织出击，而将舰队龟缩在旅顺口港内，被日本舰队封锁，无所作为。

鉴于日俄战场上的情势日益严重，沙皇政府决定由波罗的海舰队派出一支分舰队，称为太平洋第 2 分舰队，开赴远东，救援龟缩在旅顺口港内的太平洋第 1 分舰队，并协同它支援陆军作战。当年 4 月，沙皇任命海军中将罗热斯特温斯基为第 2 分舰队司令。经过几个月的紧张准备，到 8 月下旬，这支分舰队才终于组建和装备起来。它包括铁甲舰 8 艘（4 新 4 旧）、巡洋舰 7 艘、辅助巡洋舰 5 艘、驱逐舰 9 艘、修理船 1 艘、医疗船 1 艘、运输船多艘。10 月 15 日，该舰队以新铁甲舰"苏沃洛夫公爵"号为旗舰，从波罗的海的利耶帕亚港起航，向远东进军。

这支舰队从组建之日起就先天不足。舰队的舰船数量虽不少，吨位也很大，但除了 4 艘新建的铁甲舰外，大多数舰只老旧，技术性能参差不齐，航速差距很大，特别是缺乏具有经验的水兵和训练有素的炮手。据说，舰队航行途中进行多次演练，发射炮弹几百发，竟无一发命中。一些舰船管理很差，士气低落，军心不稳，哗变、叛乱及各种恶性事故频频发生。由于航程漫长，沿途的燃料、食品和淡水补给非常困难。因为一些中立国的港口都以各种借口阻止俄国舰队进入，致使舰队司令常常在睡梦中还发出"煤、煤、煤"的焦虑心声。起航不久，整个舰队就被重重的困难包围着。士兵们不断发牢骚，说他们像一群无家可归的流浪人，进行着俄国海军史上没有补给港口的、空前艰苦的、前途可怕的漫漫远航。诚如一位水兵在写给朋友的信中所说："这是一条壮丽的路，我们正沿着它走向死亡。"

1905年1月9日，太平洋第2分舰队从摩洛哥丹吉尔港分路航行的两支编队，分别绕过了好望角，穿过了苏伊士运河，在印度洋中马达加斯加岛西北沿岸附近的贝岛会合。在贝岛港停留期间，罗热斯特温斯基得知旅顺口已经陷落，那里的太平洋第1分舰队全军覆灭，前去支援作战已无对象，因而踟蹰待命。可是，贪婪的俄国沙皇及其政府并不承认自己军队的腐败和作战指挥的无能，仍然抱着依靠海军舰队挽回败局并控制日本海的幻想，因而增编了太平洋第3分舰队（司令为涅博加托夫海军少将），并使之从波罗的海起航，前来增援第2分舰队。于是，罗热斯特温斯基奉命继续东进，率领舰队尽快赶到远东，去打一场陆上败局已定的、丝毫没有取胜希望的战争。

1905年4月14日，太平洋第2分舰队经过20天横渡印度洋的艰苦航行后，到达中南半岛的金兰湾，奉命等待第3分舰队前来会师。

10余天后，第3分舰队也赶到了这里，并编入第2分舰队，由罗热斯特温斯基统一指挥。5月14日，会合后的俄国舰队离开中南半岛的槟绘湾，一路北上，驶向新的目的地海参崴。舰队要到海参崴，必须经过日本海，并有三条航路可供选择，即朝鲜海峡、拉比鲁兹海峡（宗谷海峡）和津轻海峡。罗热斯特温斯基反复权衡利弊，决定经由靠近日本联合舰队基地的朝鲜海峡驶向目的地。为了顺利到达海参崴，他于5月21日派出2艘辅助巡洋舰到日本以东的太平洋海域进行佯动，企图吸引日本海军兵力。22日，又派出2艘辅助巡洋舰及辅助船去黄海游弋，希望能把日本舰队引向朝鲜西海岸，但这批舰船于25日驶进了上海，并被日本谍报人员发现。这种本想迷惑敌人的部署，做得很不高明，不仅没能欺骗日本人，反而暴露了自己的行踪轨迹，因为东乡平八郎得知俄国运输船驶抵上海港后，自然能够判断出来：俄国舰队没有运输船队的伴随，肯定要取最短的航路驶向目的地，那就必然是通过朝鲜海峡。

日本联合舰队早就作好了对付俄国舰队的决战准备。年初攻陷旅顺口之后，东乡平八郎即率领海军返回日本，对舰队进行了全面的补充、彻底的修缮和严格的操练，通过苦练大大提高了舰炮的射击速度和精度。从4月下旬开始，东乡平八郎已在俄国舰队可能通过的各条航路上布置了严密的监视点，形成了一个纵深达225公里的庞大警戒网。他决心在半路上摧垮俄国舰队，而绝不让它进入海参崴。5月25日，东乡平八郎得知俄国运输船进抵上海，立即作出了在对马海峡截击俄国舰队的周密部署。这样，到5月27日，对马海战就以俄国医疗船违犯灯火管制命令首先被日舰发现而引发了。

27日凌晨2时45分，日本侦察船发现俄舰队的医疗船，随即跟踪观察，很快便掌握了俄国舰队的位置和动向，并及时向总司令发出电报。俄国军舰直到7时左右才发现日本的巡洋舰，并根据日方电台频繁工作的情况，推断自己的舰队已被敌人发现，并匆忙采取应战措施。上午9时左右，双方开始零星炮击，并不断调整部署，抢占有利阵位。日舰利用其航速优势，从敌前穿越航线，直接攻击俄方的运输船及其他护航战船。

13时30分，双方的激烈炮战正式打响。当时，罗热斯特温斯基发现，日本舰队居然从其前方向左转，横越航线，即令己方战舰变成一路纵队迎敌。当东乡平八郎的旗舰"三笠"号在转向过程中行至俄国舰队前导舰约38链距离时，罗热斯特温斯基命令旗舰145"苏沃洛夫公爵"号开炮，其他俄舰也就随之射击。情势是惊险的，但只经过几分钟，日本舰队即基本完成了敌前转向这一重要战术动作，"三笠"号接着便开炮还击。这时，双方的距离只有35链。日方最前面的4艘铁甲舰，集中射击"奥斯利亚比亚"号；另2艘铁甲巡洋舰，集中射击"苏沃洛夫公爵"号；6艘铁甲巡洋舰集中射击"尼古拉一世"号。在日本舰炮的猛烈轰击下，俄国老式铁甲舰"奥斯利亚比亚"号首先受重创，丧失了战斗力，发生严重倾斜，于14时50分倾覆沉没。旗舰"苏沃洛夫公爵"号的舵机遭击受损，向右旋转，于14时30分离开了队列。由于该舰所有的桅杆都被炸断，无法发出旗语信号，在其后面跟进的"亚历山大三世"号新铁甲舰不明实情，开始时也跟着向右运动，致使整个舰队的队形都发生了混乱，经过相当时间之后才勉强恢复过来。

俄国旗舰"苏沃洛夫公爵"号中弹颇多，站在舰桥上的舰队司令罗热斯特温斯基受了重伤，已不能进行指挥。于是，本来就没有什么作战预案的俄国舰队，因为失去集中指挥而立即陷入了各自为战的境地，其所属各支队的舰只，完全处于被动状态，只得各自设法击退敌人的攻击，没有任何协同与支援配合，只不过相互尾随着朝海参崴方向突进。由于"苏沃洛夫公爵"号遭受重创，整个舰队都跟着减慢了航速，因而使得日本舰队的主力又快速运动到了它的前方，接着便再次发生了激烈的炮战。这时，俄国舰队由"亚历山大三世"号作为前导舰，它首先向北直航，受到日舰集中射击后，又转而向南以作规避。不久之后，再遭猛烈射击，终于失去了战斗力。接着，由"博罗季诺"号铁甲舰作为前导舰，引导舰队继续北进。15时后，海上起了浓雾，双方都看不见，航向已偏，失去目标，因而战斗一度中止。

天近黄昏，大约17时左右，受伤的罗热斯特温斯基及其司令部，由受创严重的"苏沃洛夫公爵"号转移到驱逐舰"风暴"号上，并将指挥权移交给第3分舰队司令涅博加托夫将军。舰队继续向北突进。恰在此时，积极追寻敌踪的日本舰队第1支队，在东乡平八郎亲自率领下，又快速地追上来了。东乡平八郎为了咬住敌舰，命令舰队采取平行航向急航，并从32链的距离上猛烈射击。结果，丧失战斗力的俄舰"亚历山大三世"号，于18时50分被击沉；"博罗季诺"号也于19时10分翻转沉没；接着，日本驱逐舰再次对受伤的"苏沃洛夫公爵"号射击，终于将它击沉。在激烈的炮战中，日本舰只也有多艘受伤。如东乡的旗舰"三笠"号就曾中弹30余发，舰桥已被击毁，有的炮塔已被炸破，甲板上被穿不少破洞。但日方损失不重，只有"春日"号1艘完全丧失了战斗力。

夜幕降临以后，东乡平八郎将其两支主力舰队撤出战斗，而派出数十艘驱逐舰和鱼雷艇，继续搜索堵截，利用黑暗进行鱼雷攻击。晚上9时左右，北进的俄国舰队再次遭到拦截。其第2铁甲舰支队在抗击敌人进攻时打开了探照灯，等于是自己给敌人提供了鱼雷射击的目标。结果，又有1艘铁甲舰被击沉，3艘被击伤；次日清晨，俄国人只好自己将3艘受伤的战舰炸沉。到28日上午，俄国人发现他们夜间未能脱逃出去，又被包围了。接掌了一个夜晚指挥权的涅博加托夫将军，眼看着军无斗志，没有再组织反击，而是率领剩在身边的4艘铁甲舰向日本人投降。这样，俄国太平洋第2、第3分舰队合编的舰队，事实上就不存在了。除有3艘在夜间高速突围出去逃到海参崴港外，另有4艘战舰和2艘运输船见机南返，后来分别逃了上海和马尼拉。当天下午，载着舰队司令的"风暴"号驱逐舰被日舰追上，未加抵抗便向日本人投降，罗热斯特温斯基及其司令部的全体人员都做了俘虏。至此，海战完全结束。

俄国太平洋第2、第3分舰队的覆灭，对整个日俄战争的结局产生了决定性影响。从此以后，日本海军完全掌握了东北亚地区的太平洋制海权。紧接着，日军于6月下旬在朝鲜元山登陆，进取会宁；7月，在萨哈林岛（库页岛）登陆，迫使守军投降。于是，沙俄政府不得不于1905年8月10日在英国朴茨茅斯与日本举行和谈，并于9月5日签订了媾和条约。

万里劳师送炮灰，俄国海军在对马海战中的惨败，给人们留下了深刻的教训。

5. 军事天才——拿破仑

拿破仑是法国革命战争中涌现出来的传奇人物。他连续 20 多年纵横驰骋于欧洲战场，经历了不少艰难险阻，常常以少击众，多次取得煊赫一时的辉煌胜利，创造了资产阶级军事史上的许多奇迹，被誉为一代"军事巨匠"。

拿破仑·波拿巴于 1769 年 8 月 15 日出生在地中海科西嘉岛的一个破落贵族家庭。科西嘉岛本不属于法国，但在拿破仑出生前一年，热那亚共和国以 200 万法朗将科西嘉卖给了法国。拿破仑是波拿巴的次子。按意大利文，拿破仑一词是"荒野雄狮"的意思。

15 岁那年，拿破仑升入巴黎陆军学校。两年后毕业，当了一名少尉军官，表现平平。在法国大革命的风暴中，他却一下子崭露头角。

1789 年法国爆发了震撼欧洲大陆的资产阶级大革命。1792 年，法国国民公会宣布废除国王，成立法兰西第一共和国。对此，欧洲封建阶级公然进行武装干涉，国内保王党分子纷纷发动叛乱。

1793 年 8 月，盘踞在土伦城内的保王党引狼入室，将土伦拱手交给了英国和西班牙干涉军。

10 月 15 日，土伦前线总指挥部召开军事会议，研究从正面夺取土伦的作战计划。对此，拿破仑列举数条理由，认为这一计划行不通，提出了自己的作战方案，主张首先集中主要兵力，攻占港湾西岸的莫格内夫堡，夺取长卡半岛，然后集中大量火炮，猛烈轰击停泊在内港、外港中的英国舰队，切断英国舰队与土伦守敌之间的联系。如能这样，则土伦守敌在一无退路、二无援兵、三无火力支援的情况下，将不攻自破。这一大胆而又新颖的作战计划，显示了他敏锐的洞察力和丰富的想象力，使与会人员惊叹不已，拿破仑因此被任命为攻城炮兵的副指挥官。结果，正像拿破仑预料的那样，战斗开始的当天晚上，英国舰队全部逃离土伦港，法军很快收复了土伦。拿破仑在土伦崭露头角，因其作战勇敢，指挥出色，被破格晋升为准将。

1795 年 10 月 4 日，保王党人收买了巴黎的前警备司令，包围国民议会，妄图复辟。拿破仑再次肩负平定叛乱的重任。

保王党的军队将近 3 万人，拿破仑的军队不足 6 000 人，其中 1 000 多人还是民兵。拿破仑毫不气馁，只见他"唰"地拔出佩刀说："一切都告结束以后，我才放刀入鞘！"他迅速调来炮兵，把大炮部署在国民议会附近。

10 月 5 日黎明，保王党的枪声响了。他们像一群马蜂，"嗡嗡"地向前拥来。正在这时，"轰隆"一声，拿破仑的大炮怒吼了，叛军血肉横飞，纷纷倒退下来。拿破仑指挥部队奋勇出击，不到一天时间，就把保王党的部队全部镇压了下去。这件事正好发生在共和历的葡月，所以，人们往往把拿破仑的这次胜利称为"葡月风云"。对于拿破仑来说，那是使他威名大震的一天，不仅在军界人士中，而且在一切社会阶层人士中，都到处传说着拿破仑的名字。在人们的心目中，拿破仑成了一个具有指挥天才、果断精神和坚强毅力的优秀将军。从1795年葡月起，代表大资产阶级利益的督政府，特别是五个督政官中地位最高、影响最大的巴拉斯，对这位年轻的将军十分器重，把他视为运用武力镇压国民骚乱的铁腕人物。于是，拿破仑一跃成为巴黎武装部队总司令巴拉斯的助手，晋升为少将，任"内防军"司令兼巴黎卫戍部队司令。

1796年3月2日，拿破仑受命为法国意大利军团司令，年仅27岁，开始了独挡一面的战役指挥，这也是他一生征战的真正开始。

拿破仑率领3万余人，翻越过阿尔卑斯山沿海山脉的有名"天险"，对奥萨联军实行中间突破，在几次会战中接连获胜，迫使奥地利于1797年10月与法国签订《坎波福米奥和约》，从而促使第一次反法联盟彻底瓦解。在一年多的意大利征战中，法军共俘敌15万名，缴获军旗170面、大炮550门、野战炮600门，获舰船51艘。他从奥地利手中夺取了不少地区，统治了北意大利，并使"自由、平等"的口号和制度在意大利半岛流行起来。恩格斯针对拿破仑军队突破阿尔卑斯山的情况说："从拿破仑在1796年进行第一次阿尔卑斯战局和他在1797年越过朱利恩阿尔卑斯山脉向维也纳进军直到1801年为止。整个战争历史证明：阿尔卑斯山的山岭和深谷已再不能使现代军队望而生畏了。"

1798年，拿破仑率领一支庞大的海军，横渡地中海，在埃及登陆。结果被英国舰队和俄国舰队打得大败。正在此时，拿破仑探听到巴黎的共和国政府矛盾重重，摇摇欲坠。他马上决定回去夺权。

1799年10月，拿破仑抛下了国外的远征军，只身回到巴黎。他把在国内忠于他的军队调集起来，又争取到巴黎大资产阶级——银行家们的支持，弄到了许多金钱。有了这些，他的铁腕行动就开始了。

11月9日，拿破仑发动政变。第二天，把当时的法国议会——元老院统统解散，夺了政府的权，宣布成立法国"执政府"。拿破仑自任第一执政，独揽大权，从此，法国进入新的时代——拿破仑时代。

经过大革命洗礼的法国，凭借先进的政治军事制度，动员全国的人力、物力建立了一支编制完备、机动性强、富有战斗力的军队，接连打败了第二、三、四、五次反法联盟，达到全盛时期。

1800 年 5 月，拿破仑率军攻入意大利，6 月 14 日进行马伦戈会战，打败奥军。

12 月，法军又在霍恩林登击败奥军。

1801 年 1 月，法奥签订《吕内维尔和约》，第二次反法联盟随之解体。1805年 4～8 月，英、俄、奥、瑞典和西西里王国等结成第三次反法联盟，企图用 50万联军打败法国。拿破仑率法军大败俄奥联军。法奥签订《普雷斯和约》，俄军撤离奥地利，第三次反法联盟失败。

1806 年 9 月，英、俄、普、萨克森和瑞典等国结成第四次反法联盟，企图将法军从其侵占地区逐出。10 月 14 日，法军与普萨联军多次会战，法军均获胜，第四次反法联盟随即崩溃。

1807 年 11 月，法军入侵葡萄牙，翌年 3～4 月，法军抢占西班牙许多战略要地和马德里。

1809 年 1 月，英国和奥地利结成第五次反法联盟。4 月中下旬，法军 5 战 5胜，击退进到巴伐利亚境内的奥军。5 月 13 日再占维也纳。同年 10 月 14 日，法奥签订《申布伦和约》，第五次反法联盟自行解体。

拿破仑战胜第五次反法联盟后，法国直接或间接统治了欧洲大陆的大部分地区。拿破仑帝国从原来的 88 个省扩展到 130 个省，人口达 7 500 万。欧洲大陆主要国家奥地利、普鲁士臣服于法国，俄国也委屈奉迎以求自保。

1812 年 6 月 24 日，为称霸欧洲大陆，拿破仑以俄国破坏"大陆封锁"为由，率 60 余万大军入侵俄国。经过艰苦战斗，法军于 9 月 14 日进入莫斯科，没料到那里是一座空城。第二天，烈火在全城燃烧，熊熊的火焰炽烈地烧了三天三夜，克里姆林宫被浓烟笼罩，令人呼吸发呛，拿破仑在里面实在呆不下去，只得跑了出来。

冬天来临了。法军既没有吃的，也没有穿的，个个怨气冲天。

10 月 18 日，又遭到俄军伏击，伤亡 3 000 人。拿破仑眼看自己的部队将要被冻死、饿死、拖死，只得于 10 月 19 日带着 1 万多名残兵败卒从原路逃回。一路上，不断遇到俄军的袭击，加上大雪严寒，士兵们成批死亡。等到 12 月中旬离开俄国时，60 万大军只剩下 2 万个冻伤饿瘪的生灵了！

法军进攻莫斯科失败后，俄国乘机组织了第六次反法联盟（俄、奥、英、瑞典等），集中 85 万联军向法国发起攻击。面对这种局势，拿破仑迅速整顿军队，组织起三四十万人，东渡莱茵河迎击联军。法军连战连捷，出奇制胜。8月 15 日，拿破仑率法军进抵莱比锡，展开了历史上被称为"民族战争"的大战役。17.5 万法军和 35.3 万联军对抗。前两天，法军占上风，第三天由于萨克森的叛变，法军损失惨重。这次莱比锡战役，双方损失6万多人，以法军失败而告终。

1814年3月31日，联军侵入巴黎。4月6日，俄、英、奥、普四大强国强迫拿破仑签署退位诏书，把他放逐到地中海的厄尔巴岛，封建的波旁王朝复辟。

1815年3月，拿破仑利用老百姓对王朝复辟不满之机，离开流放地秘密潜回法国，再登帝位，重新组织起一个资产阶级政府。

不久，欧洲反法联盟又拼凑了起来。英国、俄国、奥国、普鲁士等派出重兵，围攻巴黎。拿破仑迅速组织了十几万大军，亲自率领前去迎敌。6月15、16日两天，拿破仑突破普鲁士12万大军的阵地，用枪打死了普军元帅布吕歇尔的坐骑。这个元帅从马上跌下，摔得浑身青肿。拿破仑乘胜挥师北进，打败英国军队，占领了交通枢纽四臂村，法军推进到比利时边境。

6月18日，大决战在滑铁卢开始了。

滑铁卢位于比利时南部，离布鲁塞尔不远。英军阵地是一条长长的山冈，前面是一个山谷，同南面的法军隔开。英、法都有10万大军，结果，英军在普军配合下彻底击败法军。近代史上拿破仑战争至此结束。

6月22日，在强大的国际武装干涉下，拿破仑第二次被迫退位，被囚禁在非洲西面、大西洋里的圣海伦拿岛上，直到1821年因病死去。这次拿破仑的东山再起，总共只有100天左右，所以史书上称力"百日皇朝"。

拿破仑战争持续15年之久，其直接后果是反法联盟取得了胜利，封建王朝复辟，但它动摇了欧洲封建制度的基础，唤起了欧洲民族的觉醒，促进了欧洲资本主义的发展，加速了欧洲的历史进程。拿破仑战争前期主要是为了抵御外来侵略，后期虽也有反抗民族压迫的因素，但战争已具有明显的侵略性和掠夺别的民族和兼并别国领土的反动目的，给欧洲和法国人民带来了巨大的灾难。

拿破仑戎马一生，亲自指挥过战役约计60次，比历史上著名的军事统帅亚历山大、汉尼拔和恺撒指挥的战役总和还要多。著名的意大利、莱比锡、滑铁卢之战，在战争史上都有较高的地位。

拿破仑战争促进了军事学术的发展，使新的作战方法在战术和战略方面"发展到了完善的地步"，恩格斯在评述拿破仑的军事贡献时指出，在军事科学上，"拿破仑的不朽的功绩就在于：他发现了在战术和战略上唯一正确使用广大的武装群众的方法"，认为"革命的战争创造了像拿破仑这样的人物"，而拿破仑则在其军事实践中，使得当时的军事学术发展到了"十分完善"的地步。可见，拿破仑确实是一名"伟大的军事家"，是他那个时代的英雄。在拿破仑去世后的一个多世纪里，资产阶级的军事家们无不拜倒在他的面前，把他的战略战术和作战原则奉为经典。

6. "铁血首相"——俾斯麦统一德意志

古老的神圣罗马帝国，曾在欧洲存在 800 多年，它是德意志民族的一个联合体，也是德意志各邦王公贵族不断争夺德意志领导权的政治舞台，而这个舞台上的两大主角则是奥地利和普鲁士。

在神圣罗马帝国的众多邦国之中，奥地利历来居于领导地位。

1848 年 3 月，德意志联邦的各邦代表，在美因河畔的法兰克福召开预备会议。会上，对以谁为核心组成统一的德国问题，出现了两种意见：多数代表主张，应由奥地利领导，建立统一的德意志帝国，称"大德意志派"；少数代表认为，应把奥地利排除在外，建立一个由普鲁士领导的统一的德意志帝国，称"小德意志派"。此外，也有若干小资产阶级民主派的代表主张，在德意志境内建立一个联邦制的共和国。各派都固执己见，不肯妥协，以致争论不休。最后，虽然选出了奥地利的约翰大公担任临时的帝国首脑，但他并没有任何实权，各邦的王公根本不听他的调遣，所以这个首脑形同虚设，德意志仍然无法统一。相反，彼此间的矛盾日益发展，两大邦国即奥地利和普鲁士争夺统治权的斗争，则变得更加尖锐和公开化。

1861 年 1 月，普王威廉一世登上宝座。他为了实现兼并全德的目的，立即扩充军备，计划建立一支拥有 37 万常备军和 13 万后备部队的军队，并在全国储备 16 万人的国民预备兵。这在当时的欧洲，可以说是无与伦比的。同时，他任命具有新思想的人物罗恩为军政部长，毛奇为总参谋长，着手进行军事改革。1862 年，又任命俾斯麦为首相兼外交大臣。这一任命，标志着普鲁士加快走上用王朝战争统一德国之路。

俾斯麦是坚决维护普鲁士贵族地主利益的政治家。他从小就拥护君主制，每逢节日，都要到那些披甲戴盔的祖宗画像前，聆听家人讲述家谱。

1848 年柏林爆发革命，群众队伍包围王宫，他得悉后在自己领地组织军队，准备援救国王。后来他竭力主张将普鲁士的专制统治扩大到整个德意志，因此深受国王赏识。俾斯麦就任首相后，看穿了资产阶级议员只会在议会里吵吵嚷嚷，没有实力来对抗政府，所以他在一次议会上威严地说："德意志的未来在于它的强权和实力。当前各种重大问题的解决，不是靠演讲和众多的决议，而是靠铁和血！"后来，他果真一脚踢开议会，加紧扩军备战，准备用武力来统一德意志。

从此，人们就管他叫"铁血首相"。

俾斯麦统一德国的第一步是对丹麦发动侵略战争。

1863年末，丹麦合并了德意志邦联的成员国施勒斯维希公国。次年2月，俾斯麦乘机和奥地利结成联盟进攻丹麦。丹麦根本抵挡不住这两个强敌，不久就被打败。普鲁士占领了施勒斯维希公国，而奥地利占领了另一个小公国。

接着，俾斯麦掉转枪口，向不久前的盟国奥地利发动战争。

俾斯麦深知，奥地利是个劲敌，不能掉以轻心，所以在开战前三次亲往法国，用甜言蜜语稳住了法国皇帝拿破仑三世，假意许诺打败奥国后让法国取得一份"领土报酬"。另一方面，他又使拿破仑感到，普奥战争可能短时间难以结束，普鲁士可能遭受极大消耗，而法国有可能坐收渔人之利。不久，他又与意大利结成军事同盟。

作好了这些准备，俾斯麦于1866年6月，下令普军侵入奥地利不久以前占领的那个小公国。奥军统帅部决定以28万余名军队迎战普鲁士军。普军虽仅25万余人，但装备比奥军要好得多，拥有当时最先进的从后膛装弹的撞针击发枪。

7月3日，双方在捷克的萨多瓦村附近决战。俾斯麦投入大量兵力，自己还带上毒药，如果失败就自杀。结果普军大获全胜，奥地利军队无力再战。

10天后，普军逼近奥地利京城维也纳。有人提出一项计划：让普军彻底打跨奥地利，高唱凯歌进入维也纳，这样可以迫使奥地利割让更多的领土。老谋深算的俾斯麦估计法皇拿破仑三世有可能干涉，再说他还想在必要时再利用奥地利，所以没有进入维也纳。

7月22日，普奥双方代表在尼科尔斯堡进行谈判；8月23日，双方正式签订《布拉格和约》，战争结束。和约规定：德意志联邦议会解散，奥地利完全退出旧的德意志联邦。普鲁士则有权建立以它为首的北德意志联邦；奥地利把它对石勒苏益格——荷尔斯泰因的管理权，全部让给普鲁士，并向普鲁士偿付一笔大的赔款；同时，奥地利把威尼斯割让给意大利。

普鲁士赢得对奥战争的胜利，是其统一德国的关键，战争结局改变了德意志的内部面貌。普军之所以获胜，其原因是多方面的。从政治上来说，普方蓄谋已久，准备充分。普鲁士新国王威廉一世和首相俾斯麦竭力推行"铁血政策"，把统一德国的事业摆在其政治措施的首位。从军事上来说，普鲁士有一支强大的军队。到战争爆发前，普军在总兵力和武器装备方面都比奥军略胜一筹。普鲁士重用了一位高明的统帅。毛奇将军作为普军的总参谋长，成功地担任了普军作战指挥的实际统帅，又利用了现代铁路交通和通信工具，在战争中成功地实施了机动和正确及时而不间断的指挥。

第二年4月，普鲁士统一了德意志北部，只剩下南部四个紧邻法国的邦国仍旧保持着独立。拿破仑三世不愿德意志强大，竭力阻碍这四个邦国统一于德意志。俾斯麦决心与法国一战。可是，他需要寻找借口。

普奥战争结束不久，法国驻普鲁士大使拜会俾斯麦，要求他实现"领土报酬"的诺言，同意法国吞井卢森堡和比利时。对卢森堡，俾斯麦没有认可。对比利时，他也不置可否，只是要大使把法国的要求写成备忘录，以便呈交普王作最后决定。

法国方面不知俾斯麦诡计多端，马上照办了。不料俾斯麦拿到备忘录后，立即把内容透露给对欧洲有野心的英、俄两国，挑起它们与法国的矛盾。拿破仑三世闻讯，肺都气炸了，决心同普鲁士决一雌雄。

接着，又发生了一件导致法国与普鲁士交战的事。

1870年7月1日，欧洲各国报纸上刊登一条消息：西班牙国王死后没有人继位，准备迎请普鲁士国王的堂兄奥波德亲王去当国王。原来，这也是俾斯麦派人活动的结果，企图使法国腹背受敌。拿破仑三世见这件事对自己十分不利，非常恼怒，立即向普王提出抗议；他的外交部长扬言，要跟那个敢于派人去登西班牙王位的国家开战。

7月13日，俾斯麦正在举行家宴，忽然接到普王从避暑地拍来的一份急电。电报说，法国大使特地晋见普王，说奉拿破仑三世之命，要求普王保证他的堂兄永不继承西班牙王位。普王予以拒绝，但同意普、法两国就此事在柏林举行谈判，所以特地拍电报通知俾斯麦。

俾斯麦读完电文，顿时喜形于色，当即问在场的总参谋长毛奇："将军，请您回答我：对法作战能否获得全胜？"

毛奇满有把握地说："我肯定与对丹麦和奥地利的战争一样，取得全部胜利！"

"好，您的回答坚定了我的意志！"俾斯麦说罢，拿起笔来，删去了电文的最后一句话，把它改为："国王陛下以后拒绝接见法国大使，并命令值日副官转告法国大使，陛下再也没有什么可谈的了。"

改完后，他得意扬扬地说："这下法皇可受不了啦！"

毛奇看后哈哈大笑说："首相阁下，您把退却的号音，变成了进攻的雄壮的号声！"

俾斯麦又征求了陆军大臣的意见。随即命令副官将这修改过的电文在报上公布。

这一下，果真惹怒了拿破仑三世。7月19日，法国向普鲁士宣战，普法战争爆发。

战争以法国失败而告终。当年年底，南部四个邻近法国的邦国也归于普鲁士控制之下。

1871年1月18日，普王威廉一世在凡尔赛宫加冕为皇帝，宣告德意志帝国成立。1月28日，交战双方签订停战协定，2月28日签订预备和约，5月10日正式签订《法兰克福和约》，普法战争正式结束。条约规定，法国赔款50亿法郎，割让阿尔萨斯全部和洛林大部地区。在此期间，巴黎人民于3月18日武装起义，成立世界上第一个无产阶级政权巴黎公社，但72天后即遭镇压。

普法战争导致了法兰西第二帝国的垮台和巴黎无产阶级革命的爆发，帮助普鲁士完成了德意志统一。普法战争之后，由于德法两国矛盾进一步加剧，欧洲大陆变得更加动荡不定。两国在这次战争中的结怨，成为后来引发第一次世界大战的主要因素之一。

俾斯麦用铁和血结束了德意志的封建分裂局面，完成了德国的统一，这在历史上是进步的，但从此以后，德国逐步走上军国主义道路，成为世界战争的一个策源地。

普法战争经验表明，实行普遍义务兵役制对于军队动员和作好战争准备具有重大意义；总参谋部在准备和实施作战方面发挥了重要作用；铁路运输提高了部队机动能力和后勤保障能力；炮兵在作战中显示了威力。

7. 攻城掠地——帝国主义殖民战争

19世纪末，老牌帝国主义已将整个世界瓜分完毕，而美、日等一些新兴起来的帝国主义国家迫切需要开辟新的市场、投资场所和原料产地，积极准备向海外扩张，于是帝国主义之间争夺殖民地的斗争更加尖锐。美西战争、英布战争、日俄战争就是帝国主义性质的战争，成为"世界历史新时代的主要历史标志"。

美国在内战以后，经济迅速发展，到19世纪八九十年代已进入垄断阶段。此时，国内市场已不能满足资本的膨胀和生产力的高度发展，垄断资本家开始向海外寻找投资场所和掠夺对象。美国想重新瓜分世界殖民地，但因力量有限，还无力同英法等国相抗衡，只有老牌帝国西班牙是个好目标。这时的西班牙已是日薄西山，昔日的庞大帝国仅剩下古巴、波多黎各和亚洲的菲律宾这几个殖民地。美国决定首先拿西班牙开刀，夺取这几个西班牙殖民地，以便控制中美洲和加勒比地区，并取得向远东和亚洲扩张的基地。这时，西属殖民地人民的斗争也给美国创造了有利环境。菲律宾和古巴先后爆发了反对西班牙殖民统治的武装起义。菲律宾起义军已解放了全国大部分地区，包围了马尼拉。古巴起义军则牵制了西班牙的20万大军。美国抓住这一"天赐良机"，借1898年2月15日停泊在古巴哈瓦那海面的美国军舰"缅因"号突然爆炸事件，大造战争舆论，于4月25日正式向西班牙开战。

"缅因"号是1月25日驶往古巴首府哈瓦那的。表面上是去作友好访问，实际上为了向西班牙施加压力。2月15日晚9时40分，一声巨响划破夜空，"缅因"号突然发生爆炸，火光冲天，照亮了整个港湾。美军官兵死266人，伤100余人，配有24门大炮的这艘战列舰被炸得面目全非，下沉海底。

一个月后，美国方面公布了关于"缅因"号爆炸的调查报告。调查结论确定这艘军舰是被水雷炸沉的。虽然没有材料证明是西班牙人干的，但言外之意，肇事者只能是西班牙政府。

西班牙方面也对美国军舰爆炸事件作了调查，调查结果证明爆炸来自军舰内部。换句话说，这是美国人自己干的。不过，西班牙不敢公开谴责美国，因为怕这样做会引起战争。

美国资本家在古巴有许多投资，那里又是控制加勒比海的战略要地，美国一直想侵吞它。"缅因"号突然爆炸事件，正好成了美国发动战争的借口。所谓的调查结果对于已经群情激愤的国内气氛犹如火上浇油。"让西班牙见鬼去吧"、"记住'缅因'号"、"讨还血债"的复仇怒吼在美国国内此起彼伏。4月25日，美国终于对西班牙宣战。

西班牙在古巴驻有20万军队，而美国的常备军仅有2.8万人，但是，西班牙的绝大部分兵力被古巴起义军所牵制，不能灵活调动。这使美国在这次战争中占了很大便宜。等到美国大规模动员后，西班牙很快处于劣势。

不过，这场战争首先是在亚洲进行的。这是因为西班牙不仅占有古巴，而且占有菲律宾。美国想利用这次战争的机会，把菲律宾也夺到自己手中。

4月27日，杜威率领早已在香港待命两个月的美国亚洲舰队启航驶往菲律宾，5月1日拂晓前到达马尼拉港外。不久，西班牙军舰首先开火，双方展开了激烈的海战。美舰在火力和速度上占绝对优势。美方一次齐射可发射3 700磅炮弹，而西班牙一次齐射仅1 273磅。西舰甲板上堆满了锅炉用的木柴、煤等易燃物，被炮弹一击中便会燃起熊熊烈火。战至中午，7艘西舰全被击沉，西军伤亡381人，美方仅伤7人。马尼拉湾海战决定了西班牙在菲律宾的结局。6～7月，梅里特将军率美国远征军1.5万人在马尼拉湾登陆，在菲起义军配合下击败西军，8月13日进占马尼拉，结束了西班牙对菲律宾的殖民统治。

古巴是美西战争的主战场。美国组建了2.5万人的远征军，在佛罗里达的坦帕进行紧张的训练。美海军由两支分舰队封锁古巴沿海。5月19日，西班牙派塞维拉将军统率舰队悄悄驶入古巴南部的圣地亚哥港。美军误以为西舰队在加勒比海的马提尼克岛一带，但搜索未果，直到5月29日才发现西舰的确切位置，并与西舰形成对峙。6月22日，美第5军近1.7万人在海军炮火掩护下，于圣地亚哥以东顺利登陆。此时，古巴起义军已解放大部分国土，并包围了圣地亚哥。美军与古起义军经过会谈，开始协同作战。

6月29日，美军抵达关塔纳摩郊外。7月1日，向城东制高点埃尔卡内和圣胡安山发起猛攻。西奥多·罗斯福指挥的义勇军骁勇善战，经激烈的白刃战攻占了圣胡安山，埃尔卡内也被攻占。西军7月2、3日全力反攻，双方展开拉锯战，美军终于击退了西军的反扑。美军伤亡达1 700人。

在陆军激战的同时，西班牙舰队企图突围，双方在圣地亚哥湾展开激烈的海战。美海军24艘舰，西军仅9艘。美军以猛烈而准确的火力打得西舰一艘接一艘起火燃烧沉没。经4小时激战，西舰队全军覆灭，被击沉舰艇7艘，俘获2艘，阵亡600人，舰队司令塞尔维拉及1 800名官兵被俘。美军仅有2艘轻伤，死伤各1人。

美军歼灭了西舰队后，又和古巴起义军围攻圣地亚哥。7月16日，西军弹尽粮绝，被迫放下武器。美军同在菲律宾一样背信弃义，撇开古巴起义军而单独与西班牙谈判与受降，禁止古巴起义军入城，独占了胜利果实。

7月25日，纳尔逊·迈尔斯指挥3 400名美军登陆波多黎各，建立了军事基地。8月初，美国又增兵1万，分四路围攻波多黎各首府圣胡安，经过小规模战斗，付出50人伤亡的代价，攻占了波多黎各全岛。

1898年12月10日，美西两国签订了《巴黎和约》。西班牙放弃对古巴的一切主权要求，并把菲律宾、波多黎各和关岛割让给美国。美国付出2 000万美元给西班牙作为补偿。美国1899—1901年又向菲律宾起义军发动进攻，血腥镇压菲律宾人民反抗，把菲律宾变成了美国的殖民地。古巴虽然名义上获得了独立，但是美国利用《普拉特修正案》把古巴变成了美国的"保护国"。

美西战争作为第一次帝国主义战争而载入史册。这场战争规模不大，时间不长，双方参战不超过5万人。在战争中，美军付出了5 000人死亡的代价，但战死者不超过400人，多为伤病而死。美军是第一次去海外远征作战，之所以取胜，主要是利用了殖民地人民的武装斗争，武器装备精良，海军战备充分等。

美西战争大大助长了美国的侵略气焰。美国把加勒比海变成了"内湖"，在太平洋获得了重要的战略基地。此后，美国积极参与了列强对远东及太平洋地区霸权的角逐。

1899年10月，在非洲大陆的南部，英国人和荷兰人的后裔布尔人为重新瓜分和全面控制南部非洲，进行了一场大规模的帝国主义战争。

说起这场战争的缘由，可从一块晶莹的"石子"谈起。1867年，一个小孩在奥兰治河畔玩耍时，偶然捡到一块晶莹的"石子"。布尔农场主尼凯克来访时发现了这块"石子"，便将它带回欧洲鉴定，证实这块"石子"就是真钻石。据说这是在南非发现的第一颗金刚石。

消息传出，轰动了整个世界，西方人纷纷来南非"探宝"。1869年又发现一颗当时价值达62.5万法郎的大钻石，更使欧洲人确信南非具有丰富宝藏，引起了空前寻找金刚石狂潮。

1884年和1886年，在德兰士瓦境内又发现了世界上蕴藏量最丰富的金矿，在欧洲掀起了"黄金潮"，淘金者和找钻石者纷纷拥入南非。正是"水手们离开了军队，商人们关上了店铺，职员们走出了办公室，农场主抛弃了土地和牲口，他们全都如饥似渴地奔向奥兰治河和瓦尔河两岸"。

在短短的几年内，南非的淘金者之中，数英国人最多，已超过了当地的布尔人，英、布人比例达到7:3。英国人掌握了大部分采矿权，组织了几个大公司，其中最大的是英国塞西尔·罗得斯的三个大公司。他仅在1890年就从钻石和金矿中攫得500万美元的利润。

英国为夺取对金矿和金刚石矿产地及南非全境铁路的控制权，与布尔人多次发生冲突。虽几经谈判，均告破裂。为了对付英国，德兰士瓦和奥兰治于1897年签订军事同盟条约，并向德国购买大批武器，扩军备战。

1899年6月，英国以德兰士瓦拒绝给予英侨公民权为借口，向其边境集结军队，并从国内调派援军，向布尔人施加压力，并取得德、法等国保持中立的允诺。

10月9日，德兰士瓦向英国发出最后通牒，要求英军撤离其边境地区，但遭到英国拒绝。为防止英国入侵，布尔人于1899年10月11日向英军发动进攻，战争爆发。

战前，英军在南非约有2万余人，还有4.7万人正在驰援途中。布尔军队采用民兵制补充兵员，凡满16至60岁的男子均需携带马匹、步枪、备用子弹和粮食到集合地点报到；经济困难的，由公家发给武器装备。于是，德兰士瓦和奥兰治两个布尔族共和国建立了一支人数约4万人的联军，大部分为骑兵，装备有从德国购买的大量步枪（主要是"毛瑟"枪）、40 挺机枪和 80 门速射炮。

布尔人分三路发起进攻。东路军主力 1.7 万人在总司令 J. 朱伯特将军指挥下，迅速占领纳塔尔北部，11 月 2 日将英军主力万余人包围在莱迪史密斯，切断其与德班港的联系；西路军 8 000 人攻入贝专纳（今博茨瓦纳），切断纵贯南北的铁路干线，10 月 13 日和 15 日先后包围马弗京和金伯利；南路布军于 11 月 4 日强渡奥兰治河攻入开普殖民地，发动当地布尔人共同抗英。

11 月中旬至 12 月底，由 R. 布勒率领的英援军约 4.7 万人陆续赶到南非，向布尔军队发起反攻。

12 月 10 日，南路布军在斯托姆山击溃英步兵第 3 师的进攻，歼敌近 700 人，将其压制在昆斯敦一线。

12 月 11 日，西路布军在马赫斯方丹击溃增援金伯利的英军，歼敌 1 000 余人，迫其退回到莫德河一线。在东路，布勒率英军主力 2 万人解救莱迪史密斯，12 月 15 日在科伦索向布军发起正面进攻。尽管英军使用杀伤力极大的达姆弹，但仍遭失败，英军共损失 2 800 人，反攻计划破产，被称为英国军事史上的"黑暗星期"。

科伦索之战后，英政府任命 F.S. 罗伯茨代替布勒为南非英军总司令。在此阶段，布尔人凭借其装备优良、勇猛善战及灵活机动的骑兵战术，采取突袭战法击败武器陈旧、战术呆板及不熟悉战区地形的英军，但未能乘胜扩大战果，而是把主力用于围城打援，从而分散了兵力，大大削弱了进攻能力，使英军得以聚集兵力。

随着英援军源源到达南非，1900 年年初英军已达 18 万人，大大超过布尔人的兵力。罗伯茨改变战略，将主攻方向从纳塔尔转向奥兰治河域，同时加强骑兵，装备新式武器并整顿铁路运输系统。2 月，英军在奥兰治河北岸，分东、北两路攻入德兰士瓦和奥兰治，解除了布尔军队对金伯利和莱迪史密斯的包围，并于 3 月 13 日攻占奥兰治首府布隆方丹，6 月 5 日占领德兰士瓦首府比勒陀利亚。9 月，英国宣布吞并奥兰治和德兰士瓦，这两个共和国遂沦为英国的殖民地。

布尔军退出城市后，在新任总司令博塔指挥下化整为零，分成小股"突击队"，在农村展开了顽强的游击战争。他们破坏铁路，骚扰乡镇，掠取给养，歼灭小股英军，并两次远袭开普中心区，逼近大西洋沿岸。英军为了摧毁游击队的抵抗，采取了碉堡战术和"焦土"政策，出动 5 万兵力驻守 8 000 座碉堡和 4 000 公里铁丝网，同时洗劫、捣毁布尔人村庄，把大批布尔人及黑人关进集中营，以断绝其与游击队的联系。

到 1902 年 5 月，英国共动员 44 万大军，耗资 2.5 亿镑，死伤各 2 万多人，布尔人约 8.8 万人参战，近 4 000 人战死，约 2.8 万人死于集中营。最后，双方无力再战，于 5 月 31 日签订《弗里尼欣和约》，规定布尔人交出全部武器，承认英国的宗主权；英国保证尽快结束军事管制，并在条件许可时建立自治政府。

列宁曾经说，英布战争是帝国主义时代到来的一个主要历史标志之一。在帝国主义时代里，各列强首先对已分割的殖民地要求重新分割，继之以战争手段，进行疯狂的争夺。英布战争之后，由于布尔人的不断反抗，使得英殖民者在南非的地位仍不巩固，因而不得不和布尔人修好，狡猾地允许布尔人自治。

1910 年，德兰士瓦、奥兰治和海角、纳塔尔合并为南非联邦，成为不列颠的自治领地。这是白人地主、资本家压迫南非人民的联合统治，南非联邦从此成为种族歧视最厉害的国家。

英布战争使军事学术尤其是战术有了许多新的发展。战争中，双方使用了无烟火药、弹仓式步枪、机枪、速射火炮等新式武器；因火力密度增大，要求摒弃密集的战斗队形，步兵开始采用各种形式的机动队形，成散兵线实施进攻。防御战斗中，组织火力配系，构筑野战工事，实施近迫作业和进行伪装已开始起重要作用。这些都引起了西欧国家的广泛注意，也使英国认识到对武装力量进行彻底改革的必要。

1904—1905 年日俄战争，是日本同俄国争夺中国东北和朝鲜的侵略扩张战争，是几次战争中规模最大的一次，它标志着世界进入帝国主义时期，在近代世界军事史上占有重要地位。

19 世纪末 20 世纪初，日本和俄国先后进入了帝国主义时期。为争夺殖民地和势力范围，日俄两国大力扩军备战，积极推行向外扩张的政策。当时，中国是各帝国主义列强掠夺瓜分的主要对象之一。1894 年日本发动侵略中国和朝鲜的甲午战争，强迫清政府签订了割地赔款、丧权辱国的《马关条约》，割让辽东半岛。一心想独吞中国东北的沙皇俄国不甘示弱，拉拢德国和法国，制造了"三国干涉还辽"事件，逼迫日本将辽东半岛"归还"中国。对此，日本怀恨在心，伺机报复。

逼日还辽不久，沙皇俄国便以"还辽有功"为借口，攫取了在中国东北修筑中东铁路及其支线等特权。后来，又强行向中国政府租借旅顺和大连，并乘八国联军入侵中国之机霸占了整个东北三省。俄国的扩张野心加剧了它同日本在中国东北和朝鲜问题上的矛盾。日本经过 10 年备战，实力大增，1902 年又缔结了英日同盟，便决心在中国东北地区卷土重来，建立霸权。

导致日俄两国矛盾激化的直接原因是俄国拒绝从中国东北撤军。《辛丑条约》签订后，俄国极力主张各国尽快从中国撤军，而自己的军队却继续赖在中国东北，并任命了俄国的远东总督。日本岂肯罢休，便主动同俄国交涉。为争夺远东地盘和掠夺财富，日俄两国一边唇枪舌剑，互不相让；一边调兵遣将，准备战争。由于俄国拒绝从中国东北撤军，日本于 1904 年 2 月 6 日向俄国发出最后通牒，并宣布断绝日俄外交关系。与此同时，日本海军开始行动。2 月 8 日，日本联合舰队偷袭旅顺港俄国军舰，不宣而战。10 日，日俄两国政府分别相互宣战，日俄战争正式爆发。

夜袭旅顺港后，日本联合舰队司令东乡平八郎海军中将见俄舰避港不出，又有强大的海岸炮火支援，日本联合舰队难以重创俄国太平洋分舰队，大伤脑筋。为了完全掌握制海权，减轻日方海上交通线所受的威胁，东乡平八郎决定仿照美国在美西战争中的成功做法，将船沉在旅顺港出口处，封锁俄国舰队，并不断炮击俄舰。从 2 月 9 日直到 3 月初，日军几次沉船封港均未奏效。

3 月上旬，俄新任太平洋分舰队司令马卡罗夫到旅顺就职，立即采取一系列防范措施，要求舰队主动出击。他在了解海区及舰船和要塞情况的基础上，决定在辽东半岛沿海地区布设水雷，防止日军登陆并从侧后威胁旅顺基地；加紧抢修受伤舰船，派遣舰队出海活动，加强海陆协同作战训练；要求海参崴舰队出兵南下日本海，积极袭扰日军的海上交通线，牵制日本联合舰队行动。马卡罗夫的这些措施，改善了俄军的被动处境，使俄军官兵有了战胜日军的信心。4 月 13 日，马卡罗夫乘坐的"彼得罗巴甫洛夫斯克"号战舰触雷爆炸，马卡罗夫丧生大海，新任司令威盖夫特认为凭借旅顺要塞可以保障俄国舰队的安全，遂不再采取出击行动，从此，海上作战主动权再度落入日军手中。

日本战时大本营鉴于海军迟迟不能歼灭俄国太平洋分舰队，便决定采取陆上进攻行动。2 月 16 日，由司令黑木为桢上将指挥的日陆军第 1 集团军先后在仁川、平壤西南镇南浦登陆，4 月 1 日占领了清川江以南地区。由于此举出乎俄军意料之外，日本陆军很快击溃由扎苏利奇中将统率的俄军东满支队，造成了威逼辽阳的态势。

与此同时，5 月 5 日至 13 日，由奥保巩上将率领的日军第 2 集团军在辽东半岛紧靠俄国分舰队停泊地的貌子窝登陆。俄舰队消极避战，无所作为。

26 日，该集团军主力对地处辽东半岛咽喉的金州发起猛攻，俄军以 1 个团的兵力固守南山要塞。经激战，日军以伤亡 4 400 人的代价于当日攻克南山并占领金州，30 日攻克大连，切断了旅顺守军与辽阳俄军的联系。由乃木希典上将指挥的日军第 3 集团军于 6 月 6 日在大连湾登陆，接替第 2 集团军进逼旅顺要塞。日军独立第 10 师（后扩编为第 4 集团军）于 5 月 19 日在辽东半岛大孤山登陆，7 月 31 日占领析木城。8 月 3 日，日军占领海域，对辽阳形成包围之势。

　　日军"满洲军总司令部"原准备待第 3 集团军攻克旅顺后，统一指挥四个军，同俄军进行辽阳会战。由于旅顺要塞易守难攻，日军从 8 月 19 日至 24 日强攻数日，昼夜突击，仅夺占了一些外围工事，而且伤亡约 2 万人。在这种情况下，日军只好放弃迅速攻占旅顺计划，改取围攻久困之计。为在俄国大批援军赶到战区之前消灭辽阳俄国守军，日军"满洲军"总司令大山岩决定抓紧战机，以现有 3 个集团军兵力一举歼灭辽阳之俄军。

　　当时，日军共 9 个师 13.5 万人，474 门火炮；俄军 2 个集群 15.2 万人，606 门火炮，俄军在兵力火力上稍占优势，并在辽阳地区筑有半永久性工事，防御坚固，但统兵将领却举棋不定，朝令夕改，最后在开战前一天才决定采取先防后攻的方针，致使前线指挥官仓促应战。

　　8 月 24 日凌晨，战斗打响。日军第 1 集团军从东南方向迂回到俄国东集群左翼；日军第 2、4 集团军向俄军南群实施正面进攻。苦战至 9 月 4 日，日军以伤亡 2.4 万人的代价，在俄军主动放弃辽阳的情况下，进占辽阳。此后，双方重兵又在沙河地区展开激战，互有胜负，形成对峙之势。这时，日军决定在沙河地区转入防御，集中全部后备力量于旅顺方向，尽快攻占旅顺要塞。

　　旅顺争夺战是日俄战争中具有重大意义的战役。只要旅顺牵制着日本第 3 集团军，只要旅顺港的俄国太平洋分舰队还存在，日军就无法结束战争，就无法保证海上交通线不受威胁。因此，日军不惜任何代价攻取旅顺。自 8 月日军首次强攻旅顺受挫之后，又调整部署，增调兵力，改变战术。9 月至 11 月底，日军经过 3 次强攻，并辅以坑道爆破，终于在 12 月 5 日攻克了瞰制旅顺全城和港湾的 203 高地。随后，日军便以大口径榴弹炮轰击俄军阵地和港内俄舰。俄军太平洋分舰队曾试图突出港湾，驶往海参威，但由于港外有日舰封锁，此举未成，大部主力战舰都毁于日军炮火之下。

　　1905 年 1 月 2 日，日军经过 135 天血战，终于以伤亡 5.9 万人的代价攻占旅顺口。

　　旅顺陷落和俄国太平洋分舰队主力被歼，使日俄战争发生重大转折。日军又竭尽全力去围歼东北俄军于奉天（今沈阳）地区。奉天会战是日俄战争最大的一次决战。由于俄军主帅库罗帕特金胸无韬略，分散使用兵力，主要作战方向判断失误，致使俄军损兵折将，于 3 月 9 日弃城败逃。此役，俄军损失近 12 万人，日军伤亡约 7 万人。

　　奉天会战后，沙皇政府仍不甘心失败，继续向中国东北增兵，同时希望从欧洲东调的舰队能有所作为，但当这支舰队正经对马海峡准备驶向海参威基地时，遭到东乡平八郎指挥的日本联合舰队的突然而猛烈的攻击。于是，双方在对马海峡和日本海展开了一场大规模海战。东乡平八郎指挥有方，首先集中火力猛打俄国舰队的旗舰，使俄舰各自为战，陷入一片混乱。经过两天激战，俄国舰队除三艘舰只逃往海参崴之外，其余全部覆没。对马海战的结束，宣告了俄国在历时20个月的日俄战争中的彻底失败。

在美国调停下，1905年8月9日，日、俄两国代表开始在美国的朴次茅斯举行和谈，经过激烈的讨价还价，于9月5日签订《朴次茅斯和约》。俄国把旅顺、大连地区和中东铁路长春以南支线的租借权转让给日本，朝鲜和中国东北南部划为日本势力范围，库页岛北纬50度以南地区割让给日本，俄国势力从此退居中国东北北部。

日俄战争是帝国主义初期的一场大战。小而强且后起的日本帝国主义以突然袭击开始，最终打败了大而落后的沙俄帝国主义。分析日本取胜的原因，大致可分为以下几个方面：一是鉴于战争潜力明显弱于俄国，便从军事、政治、外交等方面进行充分准备，并以速战速决为战争指导思想；二是重视夺取和掌握制海权，先机制敌，突然袭击，从海陆两个战场封锁和歼灭俄国太平洋舰队；三是正确选择战机、登陆地段和主攻方向，同时灵活机动，陆海协同作战；四是士气高涨，作战勇敢，指挥官训练有素等。

俄国虽出兵百万之众，但最终还是失败了，这与其政治上、军事上的失策是密切相关的。俄国历来把远东看作次要战场，认为自己的战略重心在欧洲。因此，俄国在远东虽有很大野心，但实际上缺乏必要的战争准备。高级指挥官还存有侥幸心理，对日本的国力和日军作战能力以及突然袭击行动估计不足；后方遥远，运输能力低，后勤保障混乱；作战指导上令出多门，内耗大，行动消极，海军避港不出，陆军坐守待援；国内矛盾尖锐，战争又加速了新的革命危机来临，使沙皇专制制度走向覆灭。

日俄战争期间，双方投入上百万兵力，作战行动的规模空前，进攻和防御通常有数个集团军协同行动，正面宽百余公里，纵深达数十公里，也出现了方面军战役的特征，为战役法（战役学）的产生创造了条件。炮兵创造了从遮蔽发射阵地进行射击的方法，步枪、机枪和火炮的火力明显增强，阵地防御战术进一步发展。这场大规模海战说明，提高舰艇航速、增强其攻击力和装甲防护能力，对夺取海战胜利具有重要意义。

8. 战争"屠场"——德法凡尔登战役

1916年2~12月，当第一次世界大战进行到第3个年头时，在法国东北部边境的凡尔登地区，德国和法国的军队进行了一场被人们看成是第一次世界大战转折点的殊死决战。这就是一战中最著名的凡尔登战役。

在这场决定性的搏斗中，交战双方都被迫逐步增调兵力，到战役结束时，德军先后动用了近50个师，大体上占其西线总兵力的一半；法军使用兵力更多，先后达到71个师，约占法军总兵力的2/3。在作战过程中，被打死、打伤和失踪的人员，法军在55万以上，德军在45万以上。可以说，两国为此都血流成河。但是比较起来，德国人败得更惨。德军在人力、物力上遭此巨大损失后，根本无法弥补，从此陷入越来越深的困境，逐步走向了最后的失败。法国尽管损失惨重，但有着英、美等协约国的支援与合作，随后便获得了战争的主动权，踏上了胜利的阶梯。

凡尔登战役对于法德双方来说，都是打得极为艰苦的，以致今天回顾当时的情景，人们仍不寒而栗。作战不到10个月，死伤却超过百万人；在凡尔登这样一个比较狭小的区域里，双方倾泻的炮弹总数超过4 000万发，这些在人类战争史上都是少有的。德军为了求得胜利，曾不惜使用毒气（光气），出动大批飞机，滥施工程爆炸，并派出工兵长期挖掘地洞，装填大量爆炸力极强的地雷，以致炸出了一个有10层楼房深的大坑；法军针锋相对，不断加强防御工事，实行寸土必争，同样发射大量炮弹，全面轰击德军阵地。双方的狂轰滥炸，招来了"地狱"、"屠场"和"凡尔登绞肉机"的名称。

1916年2月25日，夜色刚刚降临。几辆带着伪装的军车，绕着弹坑累累的公路，急速地开进了凡尔登城。这是法军新上任的凡尔登前线指挥官贝当将军，带着他的几位参谋和卫队走马上任来了。这位原法国第2集团军司令，受命于危难之中，身负非常之任，心情不免有些沉重。他知道，此时此刻，顶住敌人的进攻，保住凡尔登要塞，对于整个战争和全体法国人来说，乃是至关重要的神圣任务。他肩上的担子实在不轻啊！

凡尔登位于法国东北部，是一个坚固的要塞城市。其周围有完善的堡垒体系对它加以拱卫，防区内炮台环列，工事坚固复杂，周围地势非常险要，自古以来就是兵家必争之地。它西距巴黎约220公里，是首都的东北要隘，向有"法国东方门户"之称；其东面紧靠当时的法德边境，距离德国的主要铁路线只有20公里；而要塞本身则有16条铁路和公路交叉通过，因而成为法国前线举足轻重的交通枢纽。按照当时的作战态势，它又恰好处在法军战线中段的一个突出部位上，其战略地位也就显得更加重要。

对于凡尔登这样一个要塞城市，法军统帅部当然是非常重视的。自开战以来，德军曾经多次发起攻势，但都未能突破防线。为了加强防御，法军已在要塞前面构筑起 4 道防线，纵深达 15～18 公里，前 3 道是野战阵地，第 4 道是由要塞的永久工事和 2 个堡垒地带构成的坚固阵地。前线指挥官贝当一路驱车行来，只见烈火浓烟，断垣残壁，战壕几乎被填平，碉堡大多被摧毁，树木已枯焦，山头被削掉，几乎寸草不留，到处堆着战车和装具的残骸，留下了数不清的尸体，城池附近成了一片破败不堪的"死亡带"。

这个惨剧的出现当然不是偶然的。原来，德军对凡尔登的又一次进攻，早在四天前的 2 月 21 日便打响了。当天，从 7 时 15 分到 16 时 45 分，德军进行了持续的炮火准备，对准面前以凡尔登、布拉邦特和奥尔内村为界的三角形地区，整整倾泻了 200 多万发炮弹，以致把法军阵地上的堑壕和防御工事，统统炸得精光。随后，在 24 日，德军为了攻占城外杜奥蒙堡，又持续向那里发射了 12 万发炮弹，使整个炮台 151 全部毁坏。不过，德军采取"炮兵摧毁、步兵占领"的战法并没有奏效，预期的作战目的也未能达到。他们连续猛轰 5 天，除了徒有破坏之外，只前进大约 5 公里，仅仅攻占了法军的第 3 道阵地和等于废墟的杜奥蒙堡。

贝当一进凡尔登城，尚未巡视各处阵地，就首先把几位师长召来，拿起防区部署图，划出一条防线，并下达一道死命令，要求各守卫部队无论如何都要顶住德军的进攻，绝不允许退出最后的阵地。接着采取的第二个措施，就是充分利用公路前调预备部队和抢运军需物资。他果断决定，立即组建一支由 9 000 人编成的劳动大军，尽快抢修已被德军炸坏的公路运输线，同时调集所有能够动用的 3 900 余辆汽车，组成许多后勤运输车队，昼夜不停地在枪林弹雨之下执行任务。从 2 月 27 日起的短短一周之内，居然经由巴勒杜克直达凡尔登的一条小小公路，把 19 万军队、2.5 万吨军用物资和 17 万头牲畜，及时送到了作战前线。当时，每昼夜开到凡尔登的汽车，平均达到 6 000 辆，差不多每隔 14 秒钟就有一辆汽车通过。这是战争史上第一次大规模的公路输送。无怪乎法国人当时就把这条支援前线的小公路，骄傲地称之为"神圣之路"。

贝当的到任，使凡尔登的防御力量很快得到加强，战线也随之日趋稳定。此后，双方不断加剧战斗力度，不断互拼消耗，用兵规模越来越大，形成了彼此反复争夺的拉锯局面。从整个发展趋势上看，德军由主动趋于被动，法军则由被动向主动逐步转化。

这次战役本是德军总参谋部处心积虑地发动起来的。1915 年年末，德军总参谋长法尔肯海恩为了"使法国把血流尽"，选择凡尔登作为下一年度的进攻重点，企图把它变成"碾碎法军的磨盘"。为此，他制订了周密的进攻计划，准备以先发制人的方式夺取凡尔登，以"炮兵摧毁、步兵占领"的战法突破法军防线，借此大量牵制和消耗法军的主要兵力，从而改变西线战场的战略态势。因此，德军在 2 月 21 日突然发起进攻时，针对法军的阵地构筑和兵力部署情况，使用了自己的主力部队，即由皇太子威廉担任司令的第 5 集团军。该集团军下辖 7 个军共 18 个师，总计约 22 万人，并有火炮 1 400 余门，飞机约170 架。需要指出的是，德军当初虽然不惜大量消耗炮弹，但兵力上的优势并不很大，以致在第一轮激战中并没有达到预定目的而很快形成了反复争夺阵地的拉锯局面。

对于德军争夺凡尔登的进攻，法军统帅部预先并没有警觉，因而也就未能及早增强该区的防卫力量。当德军突然进攻时，法军负责守卫要塞的兵力，只有要塞区指挥部所属的 3 个军共 11 个师，总计 10 万余人，火炮 600 余门；兵力的部署也分散：5 个师防守凡尔登以北地区，3 个师防守以东和东南地区，另外 3 个师作为预备队留在凡尔登以南的马斯河西岸地区。这样的配置显然不够合理。如果说，当时所以能够比较有效地挡住了德军的进击，除了士兵的顽强战斗精神之外，主要是靠完善的堡垒体系。德军开始进攻后，法军总司令霞飞方才判明敌人的企图，看清眼前形势，并被迫下定决心于 25 日任命贝当担任凡尔登前线指挥官，往那里调集一切可以动用的陆、空军部队，准备同德军决战。

战役随后的进程，基本上是各自增兵后互相炮轰，拼命屠杀，反复争夺和不顾一切地进行破坏。3 月初，德军又一次发动大规模攻势。他们把进攻范围扩展到马斯河西岸，企图消灭那里的法军炮兵，解除来自那个方向的火力威胁，并从西面包围凡尔登；同时，也在河东加强了对法军右翼的强攻。法军则顽强抗击，面对德军的步步进逼，坚决奋战，寸土不让。这样，战场上呈现了僵局。

4～5 月间，德军继续在马斯河两边大举进攻，但重点是在河西，并逐渐前进到 304 高地和 295 高地一线。其间，法军也开始实施小型反击。双方对每一个阵地都要反复争夺，一个阵地往往几经得失，彼此伤亡惨重。在近两个月的时间里，几次突进的德军，向前推进的距离只有 6～7 公里。

这时，一个偶然的事件帮了法军的大忙。一次战斗中，法军的一发偏弹无意击中了德军隐藏在斯潘库尔森林中的秘密弹药库，引爆了贮藏在那里的 45 万发大口径炮弹。这是第一次世界大战中规模最大的一次爆炸，惊天动地的爆炸声令人不堪忍受，神经错乱。但它却对整个凡尔登战役的进程产生了重大的影响。大爆炸以后，德军许多大口径火炮无弹可发，成了哑巴，眼睁睁地看着被法军炮火摧毁。

6 月上旬，德军又在增兵之后拼命出击，发起了第三次进攻高潮。在一次历经 7 个昼夜的激战中，德军终于夺得了法军右翼阵线上的重要据点沃堡，但至此德军已是筋疲力竭，再也没有能力发展攻势了。6月下旬和7月初，德军对苏维耶及其附近地区实行了两次猛攻。法军仍是奋力顽抗，保住了这个关系到凡尔登安危的要害地区。当时，德军不顾一切，发射了大量的窒息性毒剂炮弹，并一度推进到了距凡尔登只有3公里的地段，但终于没有成功，又一次被法军击退了。

根据协约国方面总的作战计划，英军和部分法军于当年7月1日在索姆河地区发起了一个新的进攻战役。从此，德军受到新的威胁，也就没有能力再向凡尔登地区投入新的兵力了。以后，德军虽仍在这里展开了多次进攻，但力度已经大为减小，而且主要是配合性行动，目的也不过是为钳制当面的法军，使其不能直接支援索姆河的地面作战。这样，法军开始转守为攻，逐步取得了战场主动权。

8月中旬和9月初，法军经过相当的准备，在凡尔登战场组织了两次反击，但是效果并不理想，仅仅夺回了个别阵地。不过，此时的德军情况，正在悄悄变化。由于始终未能攻占凡尔登和突破法军防线，法尔肯海恩于8月底被解除总参谋长职务，德军总参谋长由兴登堡继任。9月2日，在兴登堡的请求下，德皇批准停止对凡尔登的进攻。该地区的战斗从此便逐渐缓解了。10月24日，法军再一次实施反攻，夺回了杜奥蒙堡；随后，又于11月初收复沃堡。12月5日，法军以8个师的兵力展开进攻，经过3天激战，逐步向前推进，最后收复了马斯河东岸自2月25日以来被德军占领的阵地。12月18日，战役宣告结束。

被人们称为"地狱"、"屠场"、"绞肉机"的凡尔登战役，历时近10个月，以双方付出惨重的代价而收场。百万大军的伤亡，终于换来了第一次世界大战的转折。回顾这一历史惨剧，德军所以失败，主要是协约国在兵力兵器上已对德军形成总的优势，大量的消耗使德军难以补充，持久的对阵使兵员疲惫异常，而英法联军7月1日在索姆河地区开始发起的战役，更迫使德军陷入多处挨打的境地。德军统帅部，特别是总参谋长法尔肯海恩，对自己的力量估计过高，对对手的力量估计不足，又产生了战略和战术运用上的错误。法军及时弥补过失，选将得当，士兵顽强苦战，始终坚守阵地，表现了为国捐躯的英勇精神，为赢得最后胜利作出了重大贡献。法军采取永备工事和野战筑城相结合的方法，也为顽强抗敌发挥了重大效用。

9. 历史转折——二战时期的太平洋战争

1942年6月4日，是现代战争史上一个值得人们永远记住的日子。这一天发生的中途岛海战，使第二次世界大战中的太平洋战争出现了历史性的转折。美国太平洋战区总司令、海军上将尼米兹率领航空母舰编队群（总兵力为航空母舰3艘、舰载机230多架，巡洋舰8艘，驱逐舰14艘，加上其他战斗舰艇共40多艘），经过整整一天顽强而机智的战斗，打败了由联合舰队总司令、海军上将山本五十六统率的日本进攻部队（总兵力为航空母舰8艘、舰载机400多架，加上战列舰、巡洋舰、驱逐舰和潜艇等，共有战斗舰艇120多艘）。美军以损失1艘航空母舰、1艘驱逐舰和147架飞机作代价，击沉了日军4艘航空母舰和1艘重巡洋舰，摧毁了日军332架飞机，并使其数百名技术高超、作战经验丰富的老飞行员和机务人员毁于一旦。这是日本海军自1894年中日甲午海战以来所遭受的第一次惨败。从此，日本在太平洋战区开始失去战略主动权，被迫逐步转入战略防御，以致最后走向失败。

对于中途岛的进攻和防御，日美双方都曾煞费苦心。中途岛本是太平洋上的两个珊瑚岛屿，因位于连接亚洲与美洲的太平洋航线的正中而得名。对美方来说，太平洋舰队的基地夏威夷，就在该岛以东1 136海里处，因而它是美国西部海上至关重要的前哨和门户。如果该岛被日军夺走，并利用它作为进攻珍珠港的基地，那么夏威夷很难固守。而一旦珍珠港失守，就意味着日军彻底控制了太平洋，美国的西海岸将随时暴露在日本战舰的炮口之下。所以，在1941年珍珠港事件后，美军便立即加强了中途岛的防卫工作。对日方来说，要攻占珍珠港，控制太平洋，必须先占中途岛，而且海军名将山本确信，一旦中途岛遭到攻击，美太平洋舰队必然倾巢而出，不遗余力地拼死保卫。这样，日本舰队在攻占中途岛的同时，可以与美太平洋舰队进行决战，并予以歼灭，从而收到一箭双雕的功效。因此，日本人对中途岛作战的策划和准备，处心积虑，不惜血本。为此而组建的联合舰队共集结各类舰船350艘，总吨位达150万吨，其中燃料准备竟相当于日本海军一年的消耗量，大有不达目的绝不罢休的气势。

然而，战争的胜负取决于多种因素。中途岛海战的结局，不仅是实力的搏斗，而且是智谋的较量。人们事后回顾，其得失似乎早在战前即已基本决定。日军偷袭珍珠港成功，不到半年时间，企图故技重演偷袭中途岛。殊不知美军在珍珠港上当后，已经汲取教训，大大提高了警惕，并从密码电报的破译中，掌握了日军的下一步军事图谋。

早在5月14日，美太平洋舰队司令尼米兹上将，就已得悉日军将在6月初对中途岛和阿留申群岛同时发动进攻的计划。美军情报人员通过破译截获的日军电报，不仅查明了日军参加作战的部队和舰只，而且连各舰队的航线甚至舰长姓名都了解得一清二楚。尼米兹为此决定：将计就计，先在中途岛建立海陆空立体防御体系，以求不败；然后在海上设置陷阱，相机歼敌，务求必胜。于是，很快加派战斗机和轰炸机中队进驻中途岛，源源不断地向那里运去武器弹药和各类物资，加强岛上驻军的抗登陆演习。从 5 月 30 日起，昼夜不停地派出侦察机，在距岛 700 海里的范围内进行警戒搜索，并令两艘航空母舰（"企业"号和"大黄蜂"号）于 28 日先期离开珍珠港，驶往中途岛东北约 200 海里处的海域设伏，隐蔽待机。

日军根据偷袭中途岛的作战计划（"米号"计划），把联合舰队分编为 5 个战术编队。海军中将南云忠一率领机动打击部队（由"赤诚"、"加贺"、"苍龙"、"飞龙" 4 艘航空母舰及其他 17 艘舰艇编成，舰载机 260 多架），任务是袭击中途岛，支援登陆部队登陆；海军中将近藤竹信率领登陆编队（由 35 艘战斗舰艇、12 艘运输舰和陆军 5 000 名编成），任务是夺占并固守中途岛；联合舰队总司令山本五十六亲率主力编队（由 1 艘航空母舰和 37 艘战斗舰艇编成），在南云舰队后 600 海里跟进，任务是歼灭前来增援的美太平洋舰队。其他一支为潜艇部队，任务是设置侦察警戒线，搜索美太平洋舰队动向；另一支为北方部队，任务是对阿留申群岛发动进攻，以此迷惑和牵制美军。各编队分别于 5 月 25～28 日由本土的柱岛军港出发，向战区海域航渡。

6 月 3 日，日本联合舰队中的北方部队，向阿留申群岛发动进攻，由于其企图早被美国人察知，故作战目的无法达到。同日上午 9 时，山本五十六收到近藤登陆编队发回的电报："运输舰队已被美侦察机发现。"短短一纸电文，使山本总司令俨如掉进冰窟，身心一阵寒颤。他已意识到，对中途岛实行奇袭已不可能了。

美国人当然不会允许偷袭珍珠港的悲剧再次发生。他们正在严阵以待，专等日本人跳下陷阱。这样，紧接着发生的激烈海空战，已不是日机对中途岛的突袭，而主要是南云舰队应接不暇地遭受美机的攻击。

6 月 4 日凌晨，南云舰队进抵中途岛西北 240 海里海域。4 时 30 分，从"赤诚"号等 4 艘航空母舰上起飞的 108 架轰炸机和战斗机，急速升空并向中途岛扑去。蝗虫一般的日本机群，刚刚进入距中途岛 50 海里处的上空，就被美军侦察机发现了。6 时整，中途岛上响起了凄厉的战斗警报声，全部美机陆续升空。6 时 45 分，日机飞临，早已等候多时的 26 架美军"野猫"式战斗机，马上迎去拦截。战斗是激烈的，日军轰炸机很快穿过美军的高射炮火网，全部飞临中途岛上空，开始狂轰滥炸。由于美军早有准备，日机轰炸效果不佳，虽然机场和跑道受到破坏，但美军军用飞机已经升空，有的在作战，有的已他往，有的躲藏避战。7 时整，日军轰炸机队开始返航，机队指挥官永友大尉只好向南云司令发报：

"需要进行第二次攻击。"一句话的战报说明，第一次攻击失败了。

可是，大规模的、有组织的第二次攻击已经不可能进行了，因为美军飞机的报复性打击已接踵而至。当南云舰队进到设伏海域时，美国舰队即通过侦察机的不断监视而掌握了日本舰队的动向，并做好了一切准备，静候着发起进攻的时机。对南云舰队实施报复性打击的，首先是从中途岛起飞的美机，其次便是从航空母舰起飞的舰载机。

7时10分，美军6架鱼雷机和4架轰炸机首次飞临日本舰队上空。在日舰防空火网和"零"式战斗机阻击下，轰击没有成功，10架飞机被击落7架，只有3架逃生。紧接着，美军17架"空中堡垒"式飞机飞来，它们只是存心扰乱，在6 000米以上的高空向日舰投掷了各自携带的4吨炸弹，扔完后立即离去。它们虽然只在日舰附近炸起如林水柱，却给了南云司令沉重的思想打击。8时整，又有16架美机，再次冒死对日舰发动进攻，结果8架美机被打得喷烟坠海，而日舰仍安然无恙。

第一次对中途岛攻击不成功，美机不断对日舰队实行报复性打击，已使南云司令焦躁不安。接着，日军侦察机报告，在中途岛东北约200海里处，发现有美国舰队，似乎还有1艘航空母舰。这一消息，更使南云心急如焚。他最担心的可怕情况终于出现了。8时30分，南云忠一在再三踌躇和反复衡量之后，终于下令：立即空出飞行甲板，收回第一批出击的飞机；同时全力作好攻舰准备，从原拟进行第二批出击的飞机上摘下炸弹，换装鱼雷，准备2小时后升空出击。

但是，日本人已经出击不了啦！差不多在此同时，从美军"企业"号和"大黄蜂"号航空母舰上已经起飞116架各类飞机，从"约克敦"号航母上也起飞了35架飞机，庞大的机群开始一批批地向南云舰队猛扑而来。美机出击的时机，真是选择得再恰当不过了：由中途岛返回的最后一架日本飞机，在甲板上停落不过5分钟，美军的15架鱼雷轰炸机就逼近来了。

激烈的战斗再次开始。从9时30分到10时24分，美机三批共41架，先后攻击了南云舰队。这些都是老式鱼雷机，在搜索日本舰队时失去了战斗机的护航，它们见到日舰以后，都不顾高射炮火网和"零"式飞机的拦截，勇敢地掠近海面，冲向日本舰队。当然，悲剧也随之出现了：41架美机竟有35架冒烟坠海，而且没有一弹命中目标。这是美国海军航空兵历史上最为悲壮的一幕。但是，他们没有白白牺牲，为后来者创造了一个最佳的攻击机会。10时24分，从"企业"号上起飞的37架俯冲轰炸机，乘日舰护航的"零"式飞机正拦截和追赶美鱼雷机而贴海低空飞行的机会，突然地呼啸着俯冲下来。它们分成两批，把一颗颗重磅炸弹投向敌舰。转瞬之间，南云中将的旗舰"赤诚"号航母连中两弹。一颗将该舰的升降机炸烂，另一颗落在飞行甲板的左后方，引爆了因转换装卸来不及收贮而堆放在甲板上的大批炸弹。仅仅几秒钟，大火便吞没了整个飞行甲板，"赤诚"号在接连不断的爆炸声中东倒西歪，一下子丧失了作战能力。与此同时，附近的"加贺"号航空母舰也连中 4 枚炸弹，全舰烈火熊熊，舰长当即身亡。

10 对 30 分，从"约克敦"号起飞的第一批 17 架美机也到达日舰上空，并立即进行俯冲攻击。于是，日"苍龙"号航母连中 3 颗重磅炸弹，整舰激烈爆炸，变成了一座燃烧着的活动地狱。由于受损惨重，15 900 吨的"苍龙"号于当日 19 时 13 分沉入海底；12 分钟以后，38 200 吨的"加贺"号发出两声天崩地裂的爆炸，随之也翻转倾覆。

灭顶之灾使得南云中将呆若木鸡。但是，日本人没有忘记垂死挣扎。在"赤诚"号等 3 艘航母遭炸中弹后，"飞龙"号放出了 24 架轰炸机和战斗机，悄悄地跟随返航的美机，发现了美军"约克敦"号航空母舰，便快速地进行了俯冲攻击。日军虽然损失 16 架飞机，却使"约克敦"号连中 3 弹；稍后，第二批飞来的日军鱼雷机，又使"约克敦"号中了 2 枚鱼雷。结果，"约克敦"号损毁严重，像流浪汉一样在海上漂荡，最后于 6 月 6 日凌晨沉没。

南云舰队仅剩下的 1 艘"飞龙"号航空母舰，并没有逃脱美机的连续进攻。4 月下午 5 时 3 分，由"企业"号起飞的 24 架美军轰炸机，背着太阳扑向已无战斗机护航掩护的"飞龙"号，接连 3 弹击中了飞行甲板。随后，从"大黄蜂"号和中途岛起飞的轰炸机，也相继赶来助战。"飞龙"号先后遭到 79 架美机攻击，最后厄运难逃，淹没在一片火海之中。5 日凌晨，南云的旗舰"赤诚"号已无法航行，奉命于 5 时 10 分自沉；20 分钟以后，"飞龙"号也被自己的鱼雷击中，带着舰长及 400 多名自愿殉舰者沉入海底。至此，南云舰队的机动打击力量丧失殆尽。日军企图再次制造珍珠港事件的幻想，终以自食恶果而破灭。

此时，还有大量战舰和巨炮的日本主力编队，已在总司令山本的率领下悄悄撤退了。原来，在得知"赤诚"号等起火时，山本已命令大型战列舰向战场靠拢，准备同美国舰队决战。但是，山本毕竟不是只知蛮干的赳赳武夫，他深知没有空中掩护是难与美国舰队抗衡的，于是冷静下来，在 6 月 5 日 2 时 55 分作出决定：撤消"中途岛作战计划"，并自行炸沉受伤严重的"赤诚"号和"飞龙"号航空母舰。这样，他终于为日本保存了相当巨大的海上实力，以致在尔后两年多里，日美双方在太平洋战区的海空作战，仍然进行得非常激烈和残酷。当然，从此出现了有利于美军的战略转折。

10. 绝地反击——斯大林格勒保卫战

斯大林格勒原名察里津。俄国十月革命后，因为 1918 年斯大林曾在这里作战立功，后来因此而更名为斯大林格勒；斯大林逝世后，又于 20 世纪 60 年代初更名为伏尔加格勒。这是一座沿伏尔加河西岸修建的狭长城市，南北长为 50 公里，东西宽约 5 公里，是俄罗斯历史上的名城。苏联国内战争中的察里津保卫战和第二次世界大战中的斯大林格勒保卫战，都在战争史上创造过奇迹，为这座城市夺得了历史殊荣。这里发生的战斗经历和英雄业绩，值得人们永远铭记。

1943 年 1 月 30 日，德国第 6 集团军司令保卢斯上将，作为进攻斯大林格勒的前线指挥官，躲在一家百货公司的地下室里，焦灼地等待着厄运降临。他已向德军统帅部发出急电，请求允许被围的德军残部投降，因为他已看到，"部队将于 24 小时内最后崩溃"。由于此前多次发了急电，恳求希特勒批准他率部突围，但都遭到否决。希特勒一再命令他坚守阵地，必须战斗到最后的一人一弹。他为这最后一次的请示电而惴惴不安，准备接受希特勒的最后一次训斥，也许会撤职查办。德军确已到了山穷水尽的地步，走投无路，在苏方的劝降之下，保卢斯已同意向苏军投降。

保卢斯很快收到德军统帅部的回电。出乎意外的是，希特勒对于保卢斯的请求避不回答，却发来一道嘉奖命令。晋升保卢斯为陆军元帅，其属下的 117 名将军和军官，也都各升一级。希特勒为覆亡在即的将士加官晋爵，算得上一幕少有的滑稽剧。保卢斯接到嘉奖电令，真正是哭笑不得。他把电令一丢，瘫倒在行军床上，沮丧而又羞怯，连处理投降事宜的勇气也一点没有了。事过两天，到 2 月 2 日，他才命令参谋长施密特将军代他正式签署投降书。至此，从 1942 年 7 月 17 日开始的斯大林格勒会战，最后以德军及其仆从军的彻底崩溃而结束了。

斯大林格勒会战，是一个包括多次战役的作战过程，按照双方作战行动的发展，可以分为两个阶段。从苏军方面来说，前期主要是城市保卫战，后期是反击进攻战。

1942 年 7 月 17 日至 11 月 18 日为第一阶段：德军进攻，苏军防御。最初，保卢斯上将指挥的德军第 6 集团军，受领了攻占斯大林格勒的任务。该集团军共辖 13 个师，约 27 万人，有火炮和迫击炮 3 000 门，坦克 500 辆，空中由德军第 4 航空队（作战飞机近 1 200 架）负责支援。会战过程中，德军统帅部不断向该方向增调兵力，先后调来参加会战的，还有第 2 集团军，坦克第 4 集团军，匈牙利第 2 集团军，罗马尼亚第 3、第 4 集团军和意大利第 8 集团军。

苏军最高统帅部为了保卫斯大林格勒，于7月12日组建了斯大林格勒方面军，先辖第62、第63、第64和第21集团军，后有第57、第51和坦克第1、第4集团军，空军第8集团军编入序列。但开始时承担保卫任务的，只有12个师约16万人，火炮和迫击炮2 200门，坦克约400辆，飞机454架。会战过程中，苏军也逐渐增加兵力，后来参战的还有东南方面军、西南方面军、沃罗涅什方面军左翼部队等。

苏军在防御阶段进行了两个战略性防御战役。第一个战役的时间是7月17日至9月12日，先是在斯大林格勒的远接近地，后是在接近地。当时，苏军在远接近地构筑有两道防御地带，在接近地构筑有四道城市防御围廓。苏军依托这些预先构筑的防御工事阻击德军进攻，不断消耗着德军，迟滞其前进速度。第二个战役的时间是9月13日至11月18日，主要是在市区和城南实施防御交战，在城北采取局部的进攻行动。

苏军保卫斯大林格勒城市的任务，是由第62和第64集团军共同担负的。由于德军不断增强兵力，争夺市区的战斗极为激烈。德军于9月13日攻入市区，14日攻占市中心的马马耶夫岗。在这关键时刻，苏军近卫第13师于9月16日夜间渡过伏尔加河，增援保卫城市的战斗，从而夺回了这个后来被人们称为中流砥柱的要害高地。从此时起，到1943年1月底，市区的战斗一直没有停止，其间出现了许多可歌可泣的故事。

10月4日，保卢斯发动了扫荡城市守军的第四次攻势。当时，苏军部队损失惨重，有的排只剩下两三个老兵，但他们仍然坚守战斗岗位，利用每一个地下室和每一条下水道，在井孔和弹坑里继续抵抗，有时竟能连续射倒几十个德军士兵而不被发现。这时的战斗，前进和后退的距离，不是以几百几十米计算，而是以倒地的尸体作为计算单位。

10月14日这一天，德军发起了最激烈的一次进攻，目标是苏军第62集团军司令部所在的"红十月"工厂地区。德军出动了800架轰炸机，支援5个新锐步兵师和2个坦克师向苏军只有5公里的狭长阵地猛扑。这狭长阵地以倒塌的厂房为主体，到处布着弯曲的铁轨和成山的煤堆。在该阵地上进行防守的，是新从西伯利亚调来增援的古尔特耶夫师。该师顽强坚守阵地，其中1个团与轮番来攻之敌厮杀48小时，几乎全部牺牲。第62集团军的司令部里，也先后阵亡61人。到11月18日，德军先后向这个阵地进攻117次，其中进攻最多的一天竟有23次。可是，德军却始终未能把阵地攻破。

双方对火车站的争夺也是极为激烈的。车站虽成断垣残壁，但反复易手却达13次之多。"一九广场"上的战斗，同样惊天动地。战士巴甫洛夫率领的小分队，奉命夺回能够瞰视和牵制整个广场的一座四层楼房，并在那里坚守了58个昼夜。该楼房虽然被炮弹和炸弹轰得百孔千疮，而巴甫洛夫的小分队却一直战斗不止，有力地阻挡着德军的进路。在两个多月的巷战中，双方逐街逐屋反复争夺，彼此都付出了极高昂的代价，作出了惨重牺牲。

希特勒原想采取速决战，不断猛增兵力，企图很快把斯大林格勒夺取到手，以割断苏方莫斯科与高加索之间的战略补给线。可是，苏联军民的顽强抵抗，使德军逐渐陷入了困境。苏军在防御作战中，大量消耗了德军力量，为苏军最高统帅部组建和前调预备队赢得了宝贵时间。在苏军顽强抵抗下，德军人员和武器装备的损耗日益严重，其后勤补给越来越困难。从7月到11月期间，德军在顿河、伏尔加河与斯大林格勒的交战中，累计损失官兵近70万人、坦克1 000余辆、火炮和迫击炮2 000余门，飞机约1 000架。

到了11月中旬，作战地区开始降雪，伏尔加河河面上也浮起片片薄冰。德军士兵又一次面临着没有御寒衣物的厄运。士兵们不得不把一切可以弄到的衬衣和单衫统统套在身上，往冻得硬梆梆的人造革靴子里塞着干草。在这种情况下，德军士气低落，恐惧和厌战情绪与日俱增。这样，时机已经开始有利于苏军，苏军也正等待着反击的日子尽快到来。

1942年11月19日至1943年2月2日为第二阶段，苏军反攻，德军溃败。早在1942年9月，当德军刚刚攻进斯大林格勒市区时，苏军总参谋部即奉命制订反攻计划。这个代号为"天王星"的反攻计划，于11月13日得到最高统帅部的批准。当时，由于国内人力、物力资源的充分调动，加上盟国的援助，苏军在战场上的兵员、火炮、坦克、飞机数量，已全面超过了德军。在反复争夺斯大林格勒城区的鏖战期间，苏军已在伏尔加河后面秘密地集结了10个集团军、1个坦克集团军、4个空军集团军以及一些独立坦克军和骑兵军等部队，总共有50万步兵，230个炮兵团、115个喀秋莎火箭炮团、15 500门火炮和迫击炮，1 463辆坦克（其中T–34坦克900辆）、1 350架作战飞机。这一重大军事情况，在前线忙着作战指挥的德军前线指挥官保卢斯上将并没有发现。

11月19日和20日，苏军西南方面军和顿河方面军从绥拉菲摩维奇和克列茨卡亚一线，斯大林格勒方面军从萨尔帕湖一带，先后发起反攻。11月23日，苏军两支反攻部队在卡拉奇以东的苏维埃茨基会师，合围了德军第6集团军全部和坦克第4集团军一部，加上仆从国军队，共22个师、160个独立单位，总计约33万人。从此，会战进入最后的决定性阶段。

希特勒为援救被围德军集团，在科捷利尼科夫斯基和托尔莫辛临时组成2个突击集团，命它们立即北上和西进，以解第6集团军之围。12月12日，德军科捷利尼科夫斯基集团沿铁路北上，途中遭到苏军的顽强阻击；22日，该集团进至梅什科瓦河，但此时其后方已受到严重威胁，被迫于次日南撤。24日，苏军从梅什科瓦河一线发起进攻，德军的2个突击集团都被逼退。希特勒解救被围德军的计划宣告破产。

由于补给不继，弹快尽，粮已绝，被围德军司令官保卢斯多次发电告急，请求希特勒允许他率部突围。希特勒一再固执己见，严令保卢斯"死守待援"，不准放弃现有阵地。

1943年1月10日，苏军正式开始歼灭被围德军的作战。总攻开始时，5 000门火炮一齐轰击，德军的阵地变成了一片火海。苏军从四面发起冲击，喊杀声惊天动地。被围德军节节败退。6天之内，德军的阵地不断丢弃，合围圈缩小了一大半。1月24日，在苏军南北对进的夹击下，德军又被分割，成为两个孤立集团，最后龟缩在越来越小的"地狱"里。战斗到2月2日，残存的德军9万余人，其中包括元帅1名、将军24名、军官2 500名，终于缴械投降。斯大林格勒会战以苏军的胜利而结束。

这场会战中，德军和它的仆从军先后有5个集团军被消灭，累计为66个师约150万人，同时损失坦克约3 500辆，各种火炮2.4万门，飞机4 300余架，占当时整个苏德战场德方总兵力的1/4强。会战过程中，双方都竭尽全力投入兵力兵器，有时实际交锋的兵力在200万人以上。在此期间，德军统帅部每日都要往前线补充大量新兵和技术兵器，有时一个月多达25万人。这样巨大的损失，对于已经持续作战多年的德军来说，是无法承受也无力弥补的。

苏联方面虽也牺牲大，负担重，但没有大伤元气，其战争经济和兵员后备反而随着战争的进展增长起来了。斯大林格勒会战的胜负，标志着苏德战争的转折：苏军从此夺得战略主动权，开始从战略防御转入战略进攻；德军则被迫收缩战线，逐步地从大举进攻转为节节防御，从此走上了不断挨打和最后溃败的道路。

11. 战略反攻——诺曼底登陆作战

1944年6月5日夜间，英吉利海峡的海面上狂风呼啸，波浪滔滔。由5 000多艘各种舰船组成的庞大舰队，载着17.6万名盟军登陆部队和2万余辆军用车，从英国本土南安普敦一线的海边启航，劈波斩浪地驶向海峡。夜色朦胧，马达轰鸣，战舰如云，船楼高耸，颇似一座"钢铁大城"，浩浩荡荡地在海面上行进。与此同时，数百架重型轰炸机和战斗机，1 100架运输机和拖曳滑翔机，满载着

5 200 吨炸弹和2.3 万名伞兵与突击队员，分别从英国南部的20 个机场起飞，黑箭一般地向苍穹射去。巨大的响声在万里云空滚动，但是转眼之间，一队队机群便消失得无影无踪。这些舰艇和飞机，急匆匆地朝东方挺进。它们的目标是扑向法国北部的诺曼底地区。主要的任务是夺取一个巨大的战略登陆场，以便从欧洲西部向德国本土发起进攻。这就是世界战争史上最大一场登陆作战的开始情景。紧接着，从6 月6 日至7 月24 日，美、英、加等同盟国军队，正式执行"海王行动"计划，成功地进行了诺曼底登陆作战，开辟欧洲第二战场，并继续进攻，直捣法西斯德国老巢，为夺取第二次世界大战的胜利作出了重大贡献。

早在1943 年1 月，美英首脑即在卡萨布兰卡会议上商定：立即着手准备，在西欧实施一场登陆作战，开辟一个新战场，直接向德国进攻。此后，成立了以英国陆军中将摩根为首的盟军最高参谋部，负责制订登陆作战计划。同年12 月，斯大林、罗斯福、丘吉尔在德黑兰举行三国首脑会议。会上达成协议：美英盟军在西欧开辟第二战场的日期，应不迟于1944 年5 月1 日；届时，苏军应向德军发动大规模进攻以相配合。12 月7 日，美、英任命美国陆军上将艾森豪威尔为同盟国远征军最高司令，统一指挥盟军在西欧的登陆作战。

1944 年上半年，第二次世界大战欧洲战场的作战态势急剧变化，对盟军在欧洲西部大陆开辟第二战场极为有利。当时，苏德战场上，苏军开始将德国侵略者赶出苏联国境，全线转入战略进攻；地中海战场上，美英盟军迫使意大利投降后，已向意本土积极推进。西欧各国人民的反法西斯抵抗运动，正在走向高潮，使德国占领军疲于应付。这一大好形势，为盟军进行登陆准备提供了良好条件。

美英等国政府和军队，都为开辟第二战场而积极行动。其时，大西洋之战已经获胜，海路上的德国潜艇已被肃清；美洲的大批军队、武器和补给品正通过海路源源不断运往英国本土；盟国空军已将德国飞机赶出天空，赢得了战线上空宝贵的制空权，并炸毁了许多供应德国空军装备的工厂。到1944 年5 月，德军赖以运送部队的铁路线和公路网已被基本破坏；德国可以使用的2 000 个火车头中，已有1 500 个被炸毁；占领区内的大量桥梁，包括法国境内塞纳河上的18 座大桥，卢瓦河上的大部分重要交通桥，都已被摧毁；许多交通枢纽、调车场和后勤基地设施，也遭到严重轰炸；德军在加来至格恩济岛这一带海岸所设置的全部雷达站基本被毁，无法发出预警。面对这种形势，德军统帅部当然预感到了厄运的来临。但盟军将于何时何地发起新的进攻，他们只能猜测而无法作出确切判断。

为了阻止盟军进攻，德军统帅部曾经作出相应部署，将防守法国、比利时与荷兰的军队统编为"B"、"G"两个集团军群，由龙德施泰特元帅统一指挥。

"G"集团军群下编17个师,驻防法国南部和西南部海岸;"B"集团军群共辖38个师,驻防法国北部、比利时和荷兰海岸,由隆美尔元帅指挥。兵力部署说明,德军的防御重点,显然选在法国北部。法国北部加来地区,距英国海岸最近,只有20海里,而诺曼底地区,距离却有64.8海里。德军统帅部判断:美英等同盟国如欲在西欧登陆,很可能选在加来地区。于是,德军统帅部决定:把"B"集团军群的主要兵力,配置在加来地区及其南北约900公里的海岸线上,并纠集一支由50万劳工组成的劳动大军,在沿岸海水底下和海滩上筑起大量混凝土障碍物,密布地雷;而在海岸上,则构筑许多隐蔽很深的炮台、反坦克陷阱、厚壁碉堡和掩体等,号称为"大西洋铁壁"。

由于把防御重点摆在加来地区及其南北一线,德军统帅部对诺曼底、科唐坦半岛和布列塔尼半岛的沿海防线,都只配置有限兵力。在诺曼底驻防的只有6个师,其中还包括3个海防师在内。当时,德军在欧洲西线已丧失了海空优势。海军能用于抗登陆作战的兵力,仅有中、小水面舰艇500余艘,以及驻泊在比斯开湾的49艘潜艇;空军能用的作战飞机,实际只剩下160架。

随着预定登陆日期的抵近,同盟国方面加快完成各项准备。到5月底,盟军在不列颠岛集结的兵力已达288万人,作战飞机1.3万余架,各型舰艇9000余艘。所有地面部队,混合编成为4个集团军。针对德军的布防情况,盟军总部早已作出决定:避实击虚,选择诺曼底作为登陆地域。为了便于作战,从科唐坦半岛南端起至奥恩河河口止,区分成5个登陆地段:美军2个,代号为"犹他"和"奥马哈";英军(含英联邦国军)3个,代号为"哥尔德"、"朱诺"和"斯沃德"。

登陆的战役准备非常充分。登陆前几个月,盟军一直对诺曼底地区进行空中和海上侦察,查明了德军的海岸防御配系、预备队集结地域和纵深内的交通枢纽、弹药库、军需库、军工生产基地的位置等等。登陆前3周内,盟军进而对诺曼底及其周边的德军机场和当地桥梁实施连续不断的狂轰滥炸,使其中85%的机场遭到破坏,塞纳河上3/4的桥梁被炸毁。登陆前1周,空军袭击了德军远程雷达站,使其大部分受到损坏。这样,盟军在登陆时,基本上没有遇到德国空军的有力抵抗。

6月1日,盟军登陆部队开始在英国南部15个港口上船,各路舰船预定在怀特岛东南海域会合。登陆时间,即人们不断猜测的"D日",原定于6月5日,但因天气恶劣,盟军总部将其推迟了一天。各登陆编队会合后,以扫雷舰艇开辟航路,在火力支援舰和空军掩护下,沿5条航线向5个登陆地段开进。于是就出现了本文开头所描述的5日夜间的壮观情景。各登陆编队通过英吉利海峡中心线后,其航道均由1条变成2条:1条供快速舰艇使用,1条供慢速船只使用。

6月6日凌晨,在诺曼底沿海和上空,奇迹般地出现了短暂的好天气。乌云已散,天空晴朗,海风虽强,已不呼啸。1时左右,几处巡逻的德军士兵都发现,高空突然出现了无数个白点,正在大风中迅速飘落,于是迅即赶往降落地点,但却上了大当,原来只是一些假人从天而降。沮丧的德军士兵哭笑不得,懒洋洋地返回军营。而就在他们重圆美梦之时,又一批白色伞篷冉冉飘落,其数量迅速增多,很快便布满了夜空。

德军士兵们终于被警报惊醒了。他们跑出军营,莫名其妙地望着天空,有的还哇里哇拉地说笑,不知敌人搞的什么名堂。然而,这次降落下来的,都是荷枪实弹、矫健敏捷的盟军空降兵和特种部队。德军士兵又一次上当了,许多人还没有反应过来便被抢先着陆的盟军伞兵用自动武器撂倒在地。

由于出敌意外,盟军这次登陆,初战颇为顺利。登陆前4~5小时,在空军密集突击的掩护下,美军空降第82师和第101师,以及英军第6师,分别在登陆地域的两翼实施空降,在距海岸10~15公里纵深内,占领了登陆地域近旁的交通枢纽和桥梁、渡口等要地。凌晨5时,盟军开始航空火力准备,对德军整个防御阵地,实行全面猛烈轰炸。5时30分,实施舰炮火力准备。

6时30分至7时45分,第一批登陆部队分别在5个登陆地段突击上陆。由于盟军掌握着制空权,德军抗登陆准备不足,盟军登陆部队在"犹他"、"哥尔德"、"朱诺"和"斯沃德"4个登陆地段,没有遭遇德军的有力反击,至9时,已基本突破德军的防御阵地,夺取并建立了比较稳固的立足点和滩头登陆场。

但是,在"奥马哈"地段的情况则不同。由于隆美尔在盟军登陆前曾下令加固该地段的防御工事,并调来第352师加强防守,登陆的美军在此遭到顽强抵抗,进展十分缓慢。那里曾激战一天,而且情况非常危急,拖延下去后果不堪设想。关键时刻,指挥此段进攻的美军第1步兵师师长许布纳将军,作出了孤注一掷的决策。他冒着自己人有遭杀伤的危险,断然请求舰炮支援,向德军炮兵阵地和火力点进行抵近射击。停在海面的驱逐舰,立即发挥了巨大威力。在炮火猛轰之下,德军士兵被迫举起双手从工事中走了出来。到下午7时许,盟军终于建立了奥马哈滩头阵地,并随即向纵深发展进攻。

6月6日日落前,盟军共有13.2万余人登陆,夺取了5个纵深为8~10公里的登陆场。但各登陆场彼此孤立,未能建立联系,只不过将德军的"大西洋铁壁"基本上予以分割打破。6月7日,盟军第21集团军群司令蒙哥马利上将,首先在滩头阵地开设了"前进司令部";各登陆部队开始扩大并建立联成一体的登陆场。这一任务直到6月12日才最终完成。这个统一的登陆场,正面宽约80公里,纵深13～19公里,为尔后的不断扩展打好了基础。

德军为阻止盟军大批登陆和扩大登陆场,从6日开始紧急调来4个师的增援兵力,先后投入战斗。但这有限的兵力不能扼阻盟军的登陆行动。盟军巩固和扩大登陆场的作战行动迅速发展,到6月17日,上陆人员已经达到19个师共50万人。18日,美军登陆部队最后切断了科唐坦半岛,于21日向瑟堡发起进攻,29日攻克该城。7月5日,盟军上陆部队达到100万人。16日,英军突入冈城拔除了登陆场最坚硬的据点。18日,美军攻占了交通枢纽圣洛,从而分割了隆美尔所指挥的德军。到24日,盟军各部分别推进到卡昂、科蒙、圣洛、莱赛以南之线,形成一个正面150公里,纵深13～35公里的战略登陆场。至此,盟军完成了预定计划,诺曼底登陆作战宣告结束。

诺曼底登陆作战是第二次世界大战中、也是世界战争史上最大的登陆战役,盟军为此共伤亡12.2万人,其中美军7.3万人,英军和加拿大军4.9万人;德军损失为11.4万人。这次作战的有益经验,诸如充分利用有利的国际军事态势,明确制定联盟战略和实行联合作战,正确选择登陆方向和地段,周密进行战役准备,采取巧妙的伪装措施,掌握切实的制海权和制空权,实行陆海空军的密切协同等等,对于研究现代战争,将具有长期的意义。

12. 军事变革——第三次中东战争以军巧夺制空权

1956年苏伊士运河战争以后,中东地区的局势并不宁静。以色列和巴勒斯坦、阿拉伯之间,矛盾不断扩大。为了摆脱各自困境,双方都积极扩军备战。他们分别得到美国和前苏联的财力、物力、军火和技术的支援,军事力量迅速增长,以致战争危机日益迫近。这样,到1967年6月5日,在以色列和埃及、约旦、叙利亚之间,终于爆发了第三次中东战争。由于战争爆发于6月5日,故又称"六五战争"。

这场战争是在美国和前苏联的怂恿、支持之下爆发的,实际上反映了美苏力量在中东地区的较量。较量结果,由美国支持的以色列在战略上以少胜多,在战法上突然发难,一举打败了埃、约、叙三国,达到南取西奈半岛、北夺戈兰高地、东占耶路撒冷旧城和约旦河西岸的战略目的,大大改善了以色列在中东地区的生存环境和实力地位。这次战争时间虽短,却有着明显的特色,主要是以色列方面先以突然袭击夺取了制空权,然后在空中掩护之下逐个击败了自己的对手。

1967年5月，埃、约、叙三国共有军队约33万人，坦克2 300辆，作战飞机570架；以色列有军队25万人，坦克1 000辆，作战飞机286架。从总体上看，埃、约、叙的实力强于以色列。但三国的武装力量分属于各国，虽然战略目标一致，但战役战术上却指挥分散，这是不利于统一作战的。以色列虽是一个地域和人口都很有限的小国，但相对来说，它的军事人员和军事技术都有较大的优势：士兵文化素质较高，经过了很好的训练，作战技能较好。特别是当年上半年，军队补充了由美国运去的400辆新式坦克和250架新型飞机，空军部队还有着来自美国空军的1 000多名"志愿人员"。这些兵力兵器优势，很快就在战争中显示了作用。

这次战争是由以色列空军发动突然袭击而打响的。6月5日清晨，尼罗河三角洲空气清新湿润，弥漫大地的浓雾刚刚消散，金色的阳光洒向万物生灵，人们期待的美好一天开始了。然而，此时此刻，以色列空军的全部飞机，已经按照作战计划升空了。他们要以自己军队有史以来的最大一次空袭，掀开痛击对手的战争帷幕。

以色列的机群以4机为一个编队，首先快速地向西面的地中海飞去，随后转向南飞，巧妙地利用朱希安山做屏障，躲过约旦雷达网的搜索；然后，俯伏下航，在离海面不到10米的高度飞行；进入埃及领空以后，升到20米高度，以躲过埃及空军雷达的探测。但是，机群进入埃及后，仍然没有直接飞向攻击目标，而是飞越尼罗河三角洲的北部，然后才折转向南，从预定攻击目标的后方逼近目标。

6月5日7时45分（开罗时间为8时45分），以色列的各个机群，在神不知鬼不觉的状况下，突然飞临到了埃及空军设在尼罗河三角洲、苏伊士运河区和西奈半岛上10个空军基地中的9个基地上空，并立即投下了第一批炸弹；几分钟后，第10个空军基地也挨了轰炸。这些4机编队的飞机，在7分钟内分别投弹1次，用机枪扫射3～4次；第一波攻击过去3分钟后，第二波飞机准时飞到，接着又进行了7分钟攻击……这样，在连续80分钟内，对总共10个基地目标都进行了8个波次的攻击。

埃及空军在猝不及防的情况下遭到狂轰滥炸，受到了毁灭性的打击，仅仅在一个多小时的初战中，竟有300架飞机被炸塌在地面上；总共350名飞行员中，竟有100名丧生。因此，埃及空军一蹶不振，几乎完全丧失作战能力。

以色列空军在埃及战场得手后，立即转移目标，从当天午后开始，又竭尽全力对叙利亚、约旦和伊拉克的空军基地发起进攻，并很快炸毁了对方25个空军基地。这样，在头一天的作战中，以色列空军便夺得了这场战争的全部制空权。

截至开战后 60 小时，以色列空军共击毁阿拉伯国家的飞机 450 架，其中埃及 336 架、叙利亚 60 架、约旦 29 架、伊拉克 25 架，而以色列方面，仅仅损失 26 架。这真是战争史上前所未有的。随后的战争进程说明，以色列由此而掌握的绝对制空权在很大程度上保障了这场战争的胜利。

6 月 5 日，以色列在实施第一批空袭以后半小时，其地面部队 5 个师，即以坦克师为前导，向加沙、阿里什和阿布奥格拉发起进攻，大举入侵埃及。由于没有空中掩护，上述地区很快落入以军手中。以军接着分兵三路，快速向苏伊士运河区进犯。到 8 日，以军几乎全歼了埃及驻防西奈半岛的 5 个师，一直推进到苏伊士运河东岸，仅仅三天时间，完全攻占了整个西奈半岛。埃军全线惨败，实际上已无还手之力。

在对埃及发动进攻后不久，以军同时开始了对约旦河西岸的进击。它以 9 个旅的兵力（其中 3 个装甲旅）对付约旦的 8 个步兵旅和 2 个装甲旅，经过两天激战，连破约军防线，先后攻克约军设在纳布卢斯、图勒卡尔姆、杰宁和耶路撒冷旧城等地的防御阵地，到 7 日午后，分别占领了耶路撒冷东区和约旦河西岸约旦管辖的全部地区。

在这种形势下，双方于 7 日 20 时宣布接受联合国提出的停火协议。

6 月 9 日，以色列军队不顾已经答应的"立即实现停火"的协议，开始在北线向叙利亚发动大规模进攻，主要突击方向直指戈兰高地。对于这个与以色列接壤、居高临下地给它以威胁的狭长山地，以军早就视之为眼中钉和肉中刺，必欲得之而后安。当时，叙利亚驻守高地的部队为 5 个步兵旅、1 个装甲旅和 1 个炮兵旅。以色列用来进攻的兵力为 6 个旅。由于依仗空中的支援和指挥得当，以军对戈兰高地的进攻同样连连得手，仅仅作战两天，到 6 月 10 日晚，便控制了戈兰高地的大部分地区和通往大马士革的几条主要公路，夺取了横跨阿拉伯地区通往黎巴嫩的输油管道。这样，到 6 月 11 日，叙利亚被迫退出战斗，宣布同以色列签署停火协议。整场战争到此结束。

在这场只打了 7 天的战争中，埃、约、叙三国遭受了严重损失，伤亡和被俘达 6 万余人；而以色列仅死亡 983 人。以色列通过战争侵占了加沙地带和埃及的西奈半岛，夺得了约旦河西岸地区、耶路撒冷旧城和叙利亚的戈兰高地，占地面积共达 6.5 万平方公里。由于这场战争，又有大约 100 万阿拉伯人和巴勒斯坦人被迫背井离乡，沦为难民，从此更加激化了中东地区的矛盾和斗争，并带来了大量的国际问题。直到今天这些问题还没有完全获得比较满意的解决。

从军事上来说，以色列在这次战争中进行的战略空袭是非常成功的。它之所以成功，能够在战略上以少胜多，一举得手，在初战中即彻底打垮对方的空军，除了拥有比较先进的作战飞机和技能较好的飞行员这样两个基本条件外，在作战指挥方面也有一些值得称道的特色。

其一是进攻日期选得巧。以往战争中，成功的奇袭大多选在周末或星期天开始，而以色列这次却打破惯例，选在星期一的早上开始袭击。这正是人们难以预料的日子。

其二是发起攻击的时间恰到好处。埃及军队为了防范敌军的袭击，一向把拂晓作为最危险的时刻。所以，埃及空军照例在每天拂晓时派出两架飞机进行巡逻；每天5点钟，打开全部雷达，但到7点半钟即自动解除警报；而且，按照埃军作息日程，正式上班时间是9点（开罗时间），而8点45分，通常是空军雷达的交接班时间，也是巡逻机返航着陆时刻。这时，从交班、返航到上班，中间大约有15分钟的间隙，在这个间隙中，多数军官都在上班途中，因而有机可乘。

其三是充分利用能够利用的有利作战条件。从气象上看，开罗时间8点45分，在尼罗河三角洲和整个运河区，正是雾气消散时刻，空中能见度良好，便于对地面进行攻击。

其四是巧妙的欺敌措施。前面已经谈到，以军飞机飞抵目标的接敌方法，也是经过精心研究制定的，它躲过了敌方雷达的探测。

当然，任何外因都要通过内因才能最后发挥作用。埃、约、叙三国军事警戒方面的疏忽，是以色列军得以实现奇袭的客观条件。从总结经验教训出发，明确指出这些主客观因素，对于研究现代局部战争是有借鉴意义的。

13. 武装干涉——苏军入侵捷克斯洛伐克

以前苏联为首的波兰、匈牙利、保加利亚和前德意志民主共和国等5个国家，在所谓"不能无视敌对势力使捷克斯洛伐克脱离社会主义大家庭"的借口下，于1968年8月20—24日，进犯自己的"大家庭"成员国捷克斯洛伐克，开创了社会主义国家入侵独立主权国家的恶劣先例，至今给人们留下了值得深思的课题。

这次入侵，起源于以杜布切克为第一书记的捷共中央对于莫斯科"命令"的抵制与反抗，以及对华沙条约国组织最高领导人会议所发威胁信的反驳。1968年1月，捷克斯洛伐克共产党中央委员会举行全体会议，解除了连续12年担任中央第一书记的诺沃提尼的职务，由杜布切克接任。3~4月，杜布切克主持召开捷共中央全会，改组了捷共中央主席团秘书处，并讨论通过了进行改革的行动纲领，任命改革派切尔尼克出任政府总理。这次会议强调：捷克正处在"新的转折时刻"，要立即"着手建立一个新的、十分民主的、符合捷克斯洛伐克条件的社会主义"，提出要"进行试验，给予社会主义发展以新的形式"。这一行动纲领引起了强烈的反响，导致了后来被西方称之为所谓"布拉格之春"的到来。当年五一节，布拉格举行了热烈的庆祝活动，一批一批的人群游行示威，自发地来到瓦茨拉夫广场，姑娘们打扮得花枝招展，男人们挂着充满幸福的微笑，欢欣鼓舞地向杜布切克发出欢呼，表露出自己对改革的良好愿望。

正当捷克人民为实行改革而分外高兴之时，突然从莫斯科发来一纸"电令"：杜布切克和切尔尼克等捷共领导人即往苏联。在克里姆林宫里，他们同勃列日涅夫、柯西金和波德戈尔内进行了36小时的紧急会谈。苏联领导人要求捷克放弃改革纲领，继续推行苏联式的社会主义模式。会谈没有结果。随后，苏联的党政要人和高级军事代表团纷纷前往布拉格，提出要在捷波两国领土上进行军事演习，企图迫使杜布切克等人让步和屈服。紧接着，苏、波、匈、保和民主德国等领导人在华沙举行高级会晤，共同起草了给捷克共产党的一封信，警告捷共不要进行什么新的改革，要取缔国内的"反革命"活动，与那个由捷克著名科学家和艺术家提出的"两千字声明"划清界限，并威胁说："捷克斯洛伐克只有作为社会主义大家庭的一员，才能保持自己的独立和主权。"

面对外来的威胁，捷共中央没有退缩，仍然全力推行他们的行动纲领，改革的势头也未减慢。当然，许多思维敏锐的人已经预感到，外国干涉的可能性正在发展，产生悲剧的局面有可能出现；一些人还积极准备用武力来支持政府。对立的形势不断发展，最后终于爆发了以苏军为首的武装入侵事件。

1968年8月17日，夜幕已经降临，捷共中央还在举行主席团会议。突然，苏联的一架民航专机飞抵布拉格鲁津机场。飞机降落后，苏联克格勃的一批高级官员匆匆走了下来，坐上等在机旁的专车，立即前往苏联驻捷大使馆。同时，经过严格挑选而被苏联人赏识的捷克国防部几位保安官员也秘密进入了苏联大使馆。他们会晤的目的，是商讨下一步行动的保安措施，为即将实行的军事入侵作最后的准备工作。

8月20日，夏日的布拉格仍然一片宁静。捷共中央主席团还在举行会议，为9月召开党的十四大作最后准备。就在这时，苏军入侵的作战计划已付诸行动。晚上11点钟，又一架从利沃夫飞来的苏联民航客机突然飞临布拉格鲁津机场上空。它发出信号，声称飞机发生故障，要求紧急降落。请求得到了允许。飞机降落后，从舱门里走出来的根本不是什么旅客，而是70余名头戴钢盔、荷枪实弹的苏联突击队员。他们迅速抢占了机场的各个要害部门。紧接着，巨型的苏制AN－12型运输机一批一批地接踵而至，每隔一分钟便降落一架。从飞机上走下来一队队空降部队，同时卸下了他们的装备，包括坦克、装甲车和自行火炮等等。这些骤然来到的空降部队立即开动他们的坦克、装甲车和自行火炮，源源地涌向布拉格街头。由于苏军已经串通了捷克国防部的某些官员，事先采取了准备措施，致使这些入侵部队得以大摇大摆地自由行动，没有遇到捷克军队有组织的抵抗。

在苏联空降部队和坦克、装甲车从鲁津机场开出的同时，华约部队参谋长巴甫洛夫斯基将军则指挥着苏、波、匈、保和民主德国的23个陆军师（其中苏军师18个），约近25万人，在空降兵与航空兵的配合下，分别从苏、德、波、匈几个方向同时进入了捷境。随后，他们相继占领了布拉格、布拉迪斯拉发、布尔诺等重要城市和战略要地，全面封锁了捷克边境，切断了捷克地区和斯洛伐克地区的联系。

当苏军空降部队从鲁津机场开上布拉格街头和从德、波出发的坦克纵队隆隆驶向布拉格时，杜布切克等捷共领导人沉着、冷静。他们主持起草文告，向全国人民通报苏联军队的入侵。于是，成千上万的捷克人拥向了黑夜笼罩的首都街头，愤怒地议论着可怕的消息，咒骂着可耻的入侵者。当然，他们是改变不了既成局面的。

8月21日凌晨4点半钟，苏联军队的坦克和装甲车完成了对捷共中央大厦的包围。端着冲锋枪的苏军士兵封锁了大厦的所有出口。11点过后，一个手持自动步枪的苏军少校，率领一支亲苏的捷克公安部队进入大厦，在捷共中央书记的办公室里，宣布对杜布切克、斯姆尔科夫斯基和克里格尔等人进行逮捕。然后把他们带上苏军装甲车，用重兵押送到鲁津机场，推进装牲口的飞机，送往苏联的利沃夫。而在此时，塔斯社正好发出广播："由于存在对社会主义制度的威胁"，"应捷克政府活动家的要求，苏联和其他盟国向捷克提供了武力的援助。"

这些所谓的"武力援助"，并不是对待什么反政府的武装，而是对准着捷克向往改革的和平人民，以及领导人民进行改革的捷共领导人。事件还在进一步发展。8月23日下午1点钟，捷克的斯沃博达总统应苏联"邀请"飞抵莫斯科伏努沃机场。而在22日深夜，苏联军人已把捷克的党政领导人杜布切克、斯姆尔科夫斯基、切尔尼克和克里格尔等人，从利沃夫押送到了莫斯科的一个秘密拘押地点。24日凌晨，这些人都被带到了克里姆林宫，同斯沃博达总统一起，被强迫着同苏联人进行所谓的"谈判"。他们被迫在异国进行谈判的时刻，布拉格街头却充满了华约国家陆续开到的大批坦克。

据有关报道，截至8月25日，集结到布拉格市区及其郊区的华约军队坦克，至少超过 400 辆。其中：在伏尔塔瓦河左岸，有 80 辆坦克停驻在伏契克公园里；50 多辆留在紧挨着内务部的特尔内公园里；一些较小的坦克分队，分驻于总统府、外交部、什特法尼克步兵军营，以及苏联驻捷大使馆的附近；另外 50 多辆坦克，停留在靠近国防部的广场和通往广场的大街上；在伏尔塔瓦河右岸，有约 40 辆坦克停在火车站对面的公园里，约 30 辆坦克占据着瓦茨拉夫广场。此外，还有 150 多辆坦克部署在河的右岸各地，分别监视着政府的各部机关、报社、捷共中央大厦，以及中心广场、交叉路口与河上桥梁等重要场所。这些不请而来、自己开进布拉格的坦克，就是苏联所谓应"捷克政治活动家"的要求提供"武力援助"的实际内容。

在莫斯科进行的苏捷谈判是复杂而艰难的。苏联领导人要求，捷克斯洛伐克必须按照苏联模式的社会主义来改变自己的政治发展方向，宣布在捷克斯洛伐克出现过反革命，放弃捷共第十四次代表大会的召开。双方激烈争辩，各不相让。然而，在政治和军事上无权的国家，终究只能处于无权的地位。在苏联巨大的威逼压迫和分化拉拢之下，捷克领导人最后只有妥协一途。

他们于 9 月 6 日发表了会议公报，捷克人被迫让步了。10 月 1 日，双方签署了苏军"暂时留驻"布拉格的协定，使苏军的入侵披上了合法的外衣。待到次年 4 月，杜布切克的捷共中央第一书记职务被撤去，由胡萨克继任，以改革为标志的捷共改革派最后失败了，所谓的"布拉格之春"被苏联的坦克彻底摧毁了。

14. 军事同盟——协约国与同盟国的对抗

19 世纪和 20 世纪之交，资本主义世界进入帝国主义时期。这时候，英、法、俄等老牌殖民帝国已把全世界基本上瓜分完毕。可是，德国、美国和日本已发展成为新兴的资本主义工业强国，经济实力开始赶上或超过英、法、俄。于是，争夺殖民地的斗争更加激烈，重新瓜分殖民地便提上了日程。对世界的重新瓜分，只有通过帝国主义战争才能实现。各国为了在争夺霸权、瓜分世界的角逐中击败竞争对手，根据各自的利害关系结成军事同盟。

1879 年，德国与奥匈帝国结成针对法、俄的军事同盟；1882 年，意大利因在北非扩张中与法国发生冲突而入盟，形成三国同盟，简称同盟国。

1892 年，俄国和法国签署与同盟国相对抗的军事同盟条约；英国为对付德国的挑战先后于 1904 年和 1907 年与法、俄签署协定，形成三国协约，简称协约国。

两大军事集团形成后，加紧扩军备战，争夺战略要地。而巴尔干地区和地中海沿岸成为争夺的焦点。

1905—1913 年，双方的争夺引发一系列严重的国际危机，并导致意土战争和巴尔干战争的爆发。各国统治集团为摆脱周期性经济危机，转移国内人民视线，迫切希望从战争中寻求出路。

人类历史上的第一次世界大战，正是在这种情况下爆发的。这次大战的导火线，是发生在波斯尼亚首府萨拉热窝（今波黑）的一次暗杀事件。

1914 年 6 月 28 日上午 10 时，一列豪华的专车驶进萨拉热窝车站。乘坐这列专车的，是显赫的奥匈帝国皇储斐迪南大公和他的妻子索菲女公爵。斐迪南是在刚结束一次军事演习后来这里巡视的。那时，奥地利已和匈牙利合并为奥匈帝国，并在 6 年前用武力吞并了波斯尼亚。斐迪南是个极端的军国主义分子，他还想把邻近波斯尼亚的塞尔维亚也纳入奥匈帝国的版图。他亲自指挥的这次军事演习，就是以塞尔维亚为假想敌的。

斐迪南的蓄意挑衅，激起了塞尔维亚民族主义者的极大愤怒。一个军人团体早已制订了周密的计划，准备在斐迪南巡视萨拉热窝的那天干掉他，以打击奥匈侵略者的气焰。结果，暗杀成功，斐迪南夫妇双双死去。

斐迪南夫妇的被刺，给奥匈帝国吞并塞尔维亚提供了一个绝好的措口，大臣们纷纷煽动 82 岁的老皇帝下决心入侵塞尔维亚。

7 月 5 日，陆军总参谋长谒见老皇帝，再次敦促他向塞尔维亚宣战。

老皇帝犹豫不决。他问："宣战后，要是英国、法国特别是俄国向我们猛扑过来，这仗怎么打呢？"

"我们不是有德国的保证吗？德皇威廉二世和他的首相已经向我们的外交大臣口头保证，他们将作为一个盟国和友邦来做我们的后盾。"

老皇帝的顾虑不是多余的。因为俄国不会甘心放弃它在巴尔干半岛的利益，而且它与英国和法国都订有协约，准备共同对付德、奥同盟国。如果奥匈帝国入侵塞尔维亚，它们肯定要出面干涉，所以不取得德国的有力保证是不能贸然开战的。于是，他给德皇写了一封信，以探询其口气。

其实，德皇早就开始扩军备战了。他希望通过奥匈帝国打击塞尔维亚，以削弱俄国在巴尔干的势力，进而打败俄、英、法国，争当欧洲的霸主。所以，萨拉热窝暗杀事件一发生，他就极力怂恿奥匈帝国发动武装进攻。接到奥匈帝国老皇帝的私人信件，德皇立刻表示坚决站在奥匈帝国一边。

得到德皇的有力保证，奥匈老皇帝终于下决心侵吞塞尔维亚了。

7 月 23 日下午 6 时，奥匈帝国使节向塞尔维亚政府递交最后通牒，要求塞尔维亚政府制止一切反奥宣传和行动，惩办进行反奥宣传的官民，由奥派员会同审判萨拉热窝暗杀事件的凶手，并且限令在 48 小时内答复。

在 48 小时限期届满之前 10 分钟，塞尔维亚总理亲自来到奥国使馆答复最后通牒。尽管接受条件意味着允许奥国干涉塞尔维亚内政，但其总理表示，除了拒绝奥国派员参加会审一条外，其余条件全部接受。

奥匈帝国早已打定主意向塞尔维亚开战，借口没有得到满意的答复，就指令使馆人员立即撤出塞尔维亚首都贝尔格莱德。7 月 28 日，奥匈帝国在德国怂恿下，对塞尔维亚正式宣战。当天，奥匈军队开始炮击塞尔维亚首都贝尔格莱德，一下子炸死 5 000 多居民，第一次世界大战正式爆发。

奥匈帝国向塞尔维亚一宣战，两大帝国主义集团的战争机器一下子迅速转动起来。第一次世界大战全面展开。

战争范围很快从欧洲扩展到亚洲和非洲。到 1918 年，包括日本和美国在内全世界有六大洲 33 个国家卷入这场人类历史上空前规模的大战。

德国军队根据早就制订的作战计划，首先向法国发动大规模进攻。战争大体上分三个阶段。

第一阶段从 1914 年至 1915 年，同盟国掌握战略主动权。

德国首先在西线发起进攻，占领卢森堡、比利时全境和法国北部部分地区，又在东线挫败俄军对东普鲁士和西里西亚的进攻。

1915 年，德国转移兵力于东线主攻俄军，在奥军配合下占领俄属布科维纳、波兰和波罗的海沿岸大部分地区。奥军在 1914 年对俄军和塞军作战失利，次年在德军和保军支援下征服塞尔维亚和黑山。协约国的局部进攻虽取得进展，但全面进攻受挫。

第二阶段从 1916 年至 1917 年，为战略相持阶段。

1916 年，德军与法英联军在西线不断投入预备队和各种新武器，展开大规模进攻，试图突破对方防线均未成功。双方海军在日德兰附近海域首次决战，也未分胜负。这期间，双方伤亡惨重，部队士气低落，政局出现动荡。各主要交战国开始寻求对己方有利的和平道路，但未成功。俄国于 1917 年爆发十月革命，宣布退出战争。协约国相继争取罗马尼亚、希腊、美国、中国等国加入本集团，军事经济实力占绝对优势，同时成立最高军事委员会，协调各战场的行动。

第三阶段为战略决战阶段，德军在西线对法英联军先后发起五次强大攻势，预备队和作战物资耗尽，但未取得重大进展。协约国军队首先在西线实施局部反攻，然后在各个战场对同盟国军队实施协调一致的战略反攻，迫使同盟国投降。

1918 年 11 月 11 日，第一次世界大战以同盟国的失败和协约国的胜利告终。

大战历时 4 年零 3 个多月，共有 33 个国家 15 亿人口卷入战争，战火遍及欧洲、非洲、亚洲。协约国共动员军队 4 218 万余人，损失 2 210 万人，其中亡 515 万余人，伤 1 283 万余人，被俘和失踪 412 万余人；同盟国共动员军队 2 285 万人，损失 1 540 万余人，其中亡 338 万余人，伤 838 万余人，被俘和失踪 362 万余人。平民死亡 664 万余人，直接经济损失约 1 863 亿美元。

战争引起革命，革命制止战争。俄国十月革命胜利后，建立了世界上第一个社会主义国家，开创了人类历史新纪元。在其影响下，德国、奥匈等国相继爆发反战运动和无产阶级革命，殖民地、半殖地民族解放运动风起云涌。

1919—1920 年，协约国 27 个成员国在巴黎举行和平会议，先后与德、奥、保、匈、土签订《凡尔赛和约》、《圣日耳曼和约》、《讷伊和约》、《特里亚农和约》和《塞夫勒和约》。这些条约实际上是帝国主义列强掠夺战败国、宰割弱小民族的产物，虽然暂时调整了战胜国之间的关系，构成了战后欧洲国际关系的新体系即凡尔赛体系，但列强之间的矛盾和斗争不仅没有消除，反而因分赃不均而使争夺更加激烈。

这场战争表明，在众多强国参加的两大联盟战争中，推行速战速决战略是不切实际的，只有政治、经济、军事、外交等各个领域密切配合，全部社会活动转入战时轨道，整个国民经济为战争服务，通过持久作战逐步消耗对方的物质力量和精神力量，才能夺取战争的最后胜利。协约国取得最后胜利的根本原因，就在于其政治、经济、军事、外交等领域的综合力量占有绝对优势并得到较好发挥。

第一次世界大战期间，武器装备和军事技术得到飞速发展。飞机、潜艇、坦克、高射炮、反坦克炮、迫击炮、远程火炮、毒气弹、烟幕弹、高爆弹、无线电通讯和光学测量等武器与技术开始大量装备部队，得到广泛运用，并由于产生坦克兵、航空兵、防化兵等新兵种，使战争样式发生重大变化。军队的火力、突击力、机动力以及作战指挥能力得到加强和提高。作战空间从陆地、海洋扩大到空中，在濒海方向上出现了陆海空联合作战。战役规模扩大，组织协同更加复杂，出现了集团军群（方面军）战役。

第一次世界大战的经验对军事学术的发展产生重大影响，战后出现的总体战、闪击战、机械化战争论等，都与第一次世界大战有直接或间接的联系，都从不同角度总结了大战的经验教训，并在第二次世界大战中得到应用和检验。

15. 正义战争——世界反法西斯战争的胜利

1931—1945 年，德国、意大利、日本法西斯国家发动了一场人类历史上空前规模的第二次世界大战，先后有 80 多个国家和地区（其中参战国 61 个）、20 亿以上的人被卷入战争，军民死亡 5 120 余万人。这场给人类带来空前灾难的战争，是现代世界历史进程中的一个重要里程碑。

第二次世界大战的爆发，有着一系列政治、经济、军事和历史的原因。第一次世界大战结束后，帝国主义时代所固有的各种基本矛盾一个也未解决，而又增加了资本主义与社会主义之间的矛盾，战胜国与战败国之间的矛盾以及帝国主义战胜国之间的矛盾。随着帝国主义国家间经济、政治和军事发展不平衡的加剧，军事实力发展较快的德、意、日三国要求重新划分世界势力范围，使帝国主义之间的矛盾进一步尖锐起来。1929—1933 年的世界经济危机，又使这一矛盾进一步加剧。为摆脱危机而走上军国主义道路的德、意、日三国，相继发动了局部侵略战争，最后终于导致了第二次世界大战的爆发。

1931 年 9 月 18 日 22 时 20 分，驻在中国东北的日本关东军的一支小分队，以巡视铁路为名，沿着南满铁路，向沈阳北郊柳条湖村附近的一段铁道走去，走到离中国驻军的兵营约 800 米处，停了下来。

他们将 42 包小型黄色炸药安放在道轨下，然后点燃了炸药包。只听"轰"的一声，炸断了单侧的一小节铁轨，枕木向四处飞散。随后，小分队扬长而去。

南满铁路是日本为掠夺中国资源、控制中国东北的经济命脉而建造的。他们为什么要来炸断铁轨呢？又为什么只炸了一小节就离开呢？

原来，这是日本帝国主义策划已久的一个大阴谋！早在 1905 年日俄战争结束后，日本就取代沙俄在中国东北获取了许多殖民特权。日本帝国主义为了摆脱经济危机，决定乘中国内战之机，占领中国东北，逐步吞并全中国，把中国变成它的殖民地。经过精心策划，日本关东军司令亲自下令炸毁这段铁轨，从而导致了 1931 年 9 月 18 日晚上的"柳条湖事件"，亦即"九·一八"事变。它揭开了第二次世界大战的序幕。

路轨爆炸发生后，日本侵略者使用贼喊捉贼的惯伎，发布电令诬称："暴虐之中国军队破坏我南满铁路，袭击我守备队，同赶赴现场的我守备队一部发生冲突……"

日军以此为借口，立即用事先从旅顺口调来的大口径榴弹炮猛烈轰炸路轨附近的中国兵营。中国兵营驻军紧急向上级请示，但得到的答复是："奉最高当局的命令，不许还击。"这样，至 19 日晨，日军在中国军队一枪不发的情况下占领了沈阳。接着，蒋介石又命令几十万东北军撤退到山海关内。日军占领沈阳后，继续分兵前进，不到半年，就占领了辽宁、吉林、黑龙江三省。

"九·一八"事变后，中国的民族矛盾日益激化。中国共产党及时发表了反对日本帝国主义侵略和对日宣战的宣言、通电，提出"以民族革命战争驱逐日本帝国主义"的主张。在中国共产党的号召和领导下，全国迅速掀起了抗日运动的高潮。由于蒋介石奉行不抵抗政策，日本的侵略气焰越来越嚣张，随后，日军进犯上海和华北。中国人民最先举起反法西斯战争的义旗，同日本侵略者展开了各种形式的斗争。

继日本侵华之后，意大利于1935年10月3日入侵阿比西尼亚，在西方拉开了战争的序幕；接着又联合德国武装干涉西班牙。在侵略扩张的过程中，日本和德意分别在东方和西方形成了两个战争策源地，缔结了德日《反共产国际协定》，建立了"柏林—罗马轴心"。

法西斯国家初步结盟后，日本于1937年7月发动全面侵略中国的战争，最早在东方挑起了世界大战。中国政府和人民在中国共产党倡导的抗日民族统一战线的旗帜下，奋起抗战，开辟了世界上最早的大规模反法西斯战场。粉碎了日军"速战速决"、一举灭亡中国的图谋，打乱了日本的战略计划。

大战在东方爆发和展开之时，正是希特勒德国准备在西方发动战争之日。

1937年11月，希特勒宣布了在西方发动大战的时刻表和夺取中欧战略要点的计划。随后，又利用英、法等西方国家的绥靖政策，顺利地实现了对奥地利和捷克斯洛伐克的不流血征服，进而"闪击"波兰，从而使大战的烈火燃到了西方。

1939年9月1日4时50分，德军乘波军还在酣睡之机，撕毁《德波互不侵犯条约》，依据早已制订的"白色计划"，不宣而战，向波兰发动了闪电式的突然袭击。

德军首先集中上万门大炮隔境齐射，200多架飞机倾巢出动，从北、西、南三个方向对波兰全国实施空袭。数小时内，波兰所有重要军事目标均遭到连续轰炸；空军21个主要机场同遭袭击，大部分飞机被毁；华沙、克拉科夫等30余座城镇被炸发生大火；交通、通信、电站等均遭严重破坏。随后，德军坦克、机械化部队一举突入波兰境内。英法对德宣战后，并没有在西线采取积极行动，致使波兰孤军奋战。华沙陷落后波军停止有组织的抵抗。波兰战败后，西线顿时沉寂。法军静守马奇诺防线，英法联军沿比利时据守，德国则忙于扩充兵力，调整部署。这种宣而不战的局面，史称"假战争"或"奇怪的战争"。

1939年10月9日，希特勒为进攻西欧下达了第6号指令。

1940年1月10日，一名携带西线作战计划的德军军官因其座机在航行中迷失方向而在比利时迫降，德军的西线作战计划落入法、英手中。德军"A"集团军群参谋长曼斯泰因认为，由于该计划已被敌人截获，如果再执行这一计划，势必难以达成战略突然性，因而建议改向阿登山区实施重要突击。2月24日，德军最高统帅部正式采纳了曼斯泰因的建议。作战计划经过修改后将主要进攻方向指向阿登山区，首先攻占荷兰、比利时、卢森堡和法国的北部，然后从西、北两个方向进攻巴黎；在法国马奇诺防线的正面，以佯动进行牵制，待主力攻占巴黎绕至该防线侧背时，再进行前后夹击，围歼该地法军。

德军占领丹麦并在挪威取得决定性胜利后，德军认为进攻西欧的时机基本成熟。

英、法等国则对当时的战略形势判断失误。法国统治集团认为，德国打败波兰后，可能要继续东进攻打苏联，即使进攻法国也要在四五年之后；英国则指望地面作战由其盟国承担，自己只以海上封锁和战略轰炸来消耗德国；荷兰、比利时和卢森堡三国自以为只要严守中立，就能避免卷入战争；因此，这些国家均没有发现德军的战略企图，战前也没有作好充分准备。

1940 年 5 月 10 日清晨，德军在荷兰海岸至马奇诺防线间向盟军展开全线进攻。

3 000 多架飞机突然袭击了荷兰、比利时和法国北部的 72 个机场，一举摧毁了盟军的几百架飞机。同时，德军的 "B" 集团军群向荷兰和比利时北部展开进攻，空降兵在其后方着陆，夺占主要机场、桥梁、渡口和防御支撑点。在前方和后方同时遭受袭击的情况下，荷兰陷入混乱和惊恐之中。荷兰女王威廉明娜及其大臣见败局已定，便乘驱逐舰逃往英国。荷兰女王临行前授权荷军总司令温克尔将军，"在他认为适当的时机即宣布投降"。5 月 15 日，荷兰宣布投降。

在比利时，德军地面部队在空降兵配合下，很快攻占了列日防线上的埃本·埃马尔要塞和首都布鲁塞尔。在卢森堡，当德军 "A" 集团军群向卢森堡和比利时的阿登山地区实施主要突击时，只有 30 万人的卢森堡不战而降。5 月 14 日，德军的坦克师和摩托化师编成的第一梯队通过阿登山地区后，在法军第 2 和第 9 集团军接合部色当地区强渡马斯河，重创盟军。德军占领色当后，以每昼夜 20 至 40 公里的速度向西挺进，5 月 20 日占领阿布维尔。5 月 21 日，德军快速部队到达英吉利海峡，分割了英法联军的战略正面，并以荷、比两国作为空军和潜艇基地，封锁了加来海峡，阻止英军增援。英法联军约 40 个师被包围在比、法边境的敦刻尔克地区。5 月 23 日，布伦陷落，27 日加来被占，盟军在海边陷入重围。退守在敦刻尔克的盟军，三面受敌，一面濒海，处境极为危急。

就在这危在旦夕之际，希特勒却下令坦克部队停止追击。西方分析家认为这可能是希特勒想保存坦克部队的实力，以便南下进攻法国，进而迫使英国言和。不过，希特勒这一命令，却给盟军一个喘息的机会。5 月 26 日，英国海军开始执行从敦刻尔克撤退的 "发电机计划"。被西方称之为 "战争史上一大奇迹的敦刻尔克大撤退，盟军虽然遭受重大损失，但总算保存了有生力量，其中绝大部分后来成了反攻的骨干力量。

德军占领法国北部后，为防法军设防固守，立即向巴黎和法国内地发起进攻。先以大量航空兵袭击法国机场和重要目标，摧毁法军飞机900多架，夺取了制空权。接着，分两路发起进攻，很快攻破了马奇诺防线，法国于6月22日被迫签署了停战协定。

这样，希特勒在灭亡波兰之后，又疯狂地闪击荷兰、比利时等西欧国家，仅在44天内就使荷兰、比利时、卢森堡和法国相继沦亡，英国退守本岛，其"闪击战"获得了巨大成功，这在战争史上是罕见的。

1940年12月，希特勒极其秘密地制订了一份代号为"巴巴罗沙"的进攻苏联的作战计划。"巴巴罗沙"意即"红胡子"，是神圣罗马帝国皇帝腓特烈一世的绰号。腓特烈一世穷兵黩武，曾六次侵入意大利，并指挥过十字军东侵。希特勒就是要效法腓特烈一世，妄图以闪电战的方式对苏联发动突然袭击，一举击溃苏联。

1941年6月22日，希特勒德国回师东方，大举进攻苏联，大战规模进一步扩大，苏德战场成为欧洲反法西斯的主战场，苏联初战失利。

12月8日，日本在德意横扫欧非的鼓舞下，为了摆脱在中国战场的困境，偷袭珍珠港，发动了太平洋战争，英、美等国对日宣战，开辟了太平洋和东南亚战场。与此同时，以中、苏、美、英为核心的世界反法西斯同盟正式形成。

至1942年夏秋，轴心国在苏德、非洲和亚大战场的进攻已达顶点，侵占了几乎整个欧洲大陆、东亚、西南太平洋的大部地区、北非和地中海，建立了法西斯统治的"东亚新秩序"和"欧洲新秩序"。这一阶段有个共同的特点：无论大国强国（法、苏、美）还是弱国小国（波、荷、比等），都在法西斯国家实施的闪击战和突然袭击面前，或者败降或者受到严重损失。因此，在战争初期如何顶住侵略国家的突然袭击和战略进攻，就成了反法西斯国家战略防御阶段的头等任务。

1941年12月，苏联粉碎德国的闪击战，取得了莫斯科战役的伟大胜利；太平洋战争爆发，使美国参战。这两大基本因素使同盟国和轴心国的力量对比开始发生有利于同盟国的变化。到1942年春，战争大体进入战略相持阶段。

在战略相持阶段，各战场的争夺激烈。经过1942年下半年和1943年上半年的反复争夺作战，盟军取得斯大林格勒会战、阿莱曼战役和瓜达尔卡纳尔岛争夺战的胜利，标志着同盟国开始掌握战争的主动权。

1943年下半年，同盟国军队完成了大战的根本转折和全面进攻的准备。在苏德战场，继斯大林格勒会战胜利后，苏军又成功地进行了库尔斯克会战和第聂伯河会战，完全掌握了战略主动权。在北非战场，继阿莱曼战役胜利之后，英美联军胜利进行了北非登陆战役，把德意军队赶出了北非。接着又进军意大利，迫使意大利投降，德意军队退守意大利北部。在太平洋战场，继瓜岛战役胜利后，美军又发动有限的岛屿进攻，掌握了战略主动权。德军在大西洋上的潜艇战也从1943年5月起，迅速走向失败。在中国战场。中国军民亦于1943年秋揭开了局部反攻的序幕，日军处于进退维谷的被动地位。

1944年，同盟国在欧、亚战场展开了全面战略进攻。在欧洲战场，苏联连续发动大规模攻势战役，将战争推向东欧和德国本土。美英联军登陆诺曼底成功，开辟了欧洲第二战场，并迅速解放法国，进入荷兰、比利时、卢森堡，威逼德国领土。欧洲各国人民掀起抵抗运动和解放战争高潮，配合苏军和美英盟军作战，解放本国领土。在太平洋战场，盟军胜利地进行了越岛进攻和海空作战，突入日本内防御圈。在东南亚战场，中美英联军加紧进攻缅甸境内的日军。在中国战场，也对日军展开了局部反攻。

1945年，在反法西斯同盟国的沉重打击下，德国和日本法西斯先后于5月和8月宣布向同盟国投降。至此，第二次世界大战以法西斯的败降和同盟国的胜利而告结束。

第二次世界大战是迄今人类历史上最大的一次战争，参加人数之多、涉及国家之广、军费开支之大、人力财力损失之巨，都是空前的。第二次世界大战的胜利，是全世界人民的共同胜利。中国战场是世界反法西斯战争的重要组成部分，是战胜日本法西斯的决定性力量。大战在西方爆发后，中国战场和欧非战场汇合成世界反法西斯的统一战场。中国人民对大战的胜利作出了巨大贡献。

第二次世界大战的历史给人们以深刻启示：法西斯主义、霸权主义就是战争，必须对其保持高度警惕；必须反对绥靖政策，及时制止大国争霸的局部性侵略战争，消除大战隐患；结成最广泛的国际反侵略战线，是赢得大战胜利的重要条件；只有全民动员，开展全民战争，才能取得反侵略战争的胜利；雄厚的综合国力，是取得战争胜利的物质基础；必须根据未来战争特点，加强军事科学研究和国防建设，作好反侵略战争的准备。

第二次世界大战是一场现代化战争，交战双方大量使用坦克、装甲车、飞机、火炮、军舰等现代化武器装备，并首次使用雷达、火箭炮、导弹、原子弹等新式武器和技术，引起作战形式和方法的重大变革，出现了闪击战、大纵深作战、登陆与抗登陆作战、潜艇战与反潜战、航母编队作战、战略轰炸与战略防空、空降与反空降作战等新的作战形式和方法。

第二次世界大战的胜利推动了人类历史发展的进程，给战后世界带来广泛而深远的影响：改变了世界力量的对比，完成了战略格局从多极向两极的转变；加速了帝国主义殖民体系的崩溃，促进了发展中国家的兴起；社会主义越出一国范围而逐渐形成社会主义体系；各国人民保卫世界和平运动持续高涨，防止或推迟新的世界大战具有现实可能性；推动了资本主义国家的经济、政治和社会改革，使资本主义世界进入了经济恢复和稳定发展时期；战争期间迅速发展起来的先进军事科学技术，为战后改造旧工业和建立新的工业部门创造了条件，为大幅度提高劳动生产率，打下了基础，推动了第三次科技革命的到来，促进了生产力的发展。

16. 谈虎色变——核恐怖和"冷战"背景下的争夺

1945 年 8 月，美国在日本的广岛和长崎扔下了两颗原子弹，标志着热核兵器时代的到来。当时就有人评论："原子弹的出现意味着第二次世界大战将结束，或者是人类本身的结束。"继原子弹之后，氢弹、中子弹等相继问世，而导弹武器的出现，又使这些令人望而生畏、谈虎色变的核武器插上了翅膀，使它无处不可及。从此，人类始终处于核恐怖的阴影下。

伴随核武器来到人间的，是崭新的核战争理论和核威胁条件下的战略战术，人们第一次将核战争与常规战争加以区别，报复战略、相互威慑战略、相互确保摧毁战略等核战略应运而生。

在所谓"核时代"，美苏两个超级大国几乎是失去理智地投入了核军备竞赛，并且打出了"西方"和"东方"的旗号，拉起了北约和华约两大军事集团，在全球展开了激烈的政治对抗、军事对峙和经济封锁，使人类在"冷战"中度过了 40 多年，战争危机屡屡出现，世界曾几次走近大战的边缘。

然而，正是由于核武库的急剧膨胀及巨大的杀伤破坏作用，由于世界和平力量的增长超过了战争力量的增长，制约了核战争的发生。美苏两个超级大国拥有的核武器，足以把地球毁灭数次。有人曾用"核冬天"来描绘核大战的惨状，预言一场核战争可以把地球送回冰河纪，人类将可能再经历一次从猿到人的进化。值得庆幸的是，在冷战时期，既没有爆发核战争，也没有爆发第三次世界大战。

大战打不起来，倒是使用常规武器的局部战争此起彼伏，从未间断。这些战争的一个突出特点，就是都深深地烙上了冷战的痕迹，往往都有美苏两个超级大国争霸的背景：或是美苏直接干预，亲自发动侵略战争，如朝鲜战争、越南战争、苏联入侵捷克斯洛伐克和阿富汗等；或是美苏间接插手，如印巴战争、中东战争、越南入侵柬埔寨战争等。

在美苏争霸的同时，民族解放运动蓬勃发展，很多国家和地区的人民坚持民族独立或解放战争，如印支人民抗法战争、古巴革命战争、阿尔及利亚民族解放战争等，使新兴民族独立国家大批涌现，广大第三世界作为一支独立的政治力量登上了历史舞台。

17. 技术革命——投向广岛和长崎的"核弹"

1945年8月6日早晨，日本广岛天空晴朗，气候闷热。7时零9分，忽然响起了一阵警报声。人们对此已经习以为常了，因为美国飞机近来几乎每天都要向日本本土扔下成吨成吨的炸弹。警报响过，美国飞机数架飞入广岛上空，但盘旋几周，即行离去并未扔下炸弹。

8时正，3架B—29美机又从高空进入广岛上空。这时，很多市民并未进入防空洞，而是在仰望美机。日本人绝对没有想到这一次的3架飞机中，已有1架装上一颗特殊的"炸弹"，此时正奉命来轰炸广岛。

9时14分17秒，当那架装载着特殊"炸弹"的美机上的视准仪对准了广岛一座桥的正中时，自动装置被打开了。

60秒钟后，"炸弹"从打开的舱门落入空中。这时飞机作了一个155度的转弯，俯冲下来；一瞬间，飞行高度下降了300多米。45秒钟后，原子弹在离地600米的空中爆炸，立即发出令人眼花目眩的强烈的白色闪光，广岛市中心上空随即发生震耳欲聋的大爆炸。顷刻之间，城市突然卷起巨大的蘑菇状烟云，接着便竖起几百根火柱，广岛市马上沦为焦热的火海。

这颗"炸弹"爆炸的强烈光波，使成千上万人双目失明；10亿度的高温，把一切都化为灰烬；放射雨使一些人在以后20年中缓慢地走向死亡；冲击波形成的狂风，又把所有的建筑物摧毁殆尽。处在爆心极点影响下的人和物，像原子分离那样分崩离析。离中心远一点的地方，可以看到一刹那间被烧毁的人们的残骸。更远一些的地方，有些人虽还侥幸活着，但不是被严重烧伤，就是双目被烧成两个窟窿。在16公里以外的地方，人们仍然可以感到闷热的气流。

当时广岛人口为34万多人，当日死者计8.8万余人，负伤和失踪者为5.1万余人；全市7万多幢建筑物全被毁坏的有4.8万幢，严重毁坏的2.2万幢。

当天，美国总统杜鲁门发表声明宣称："一架美国飞机在日本的一个重要军事基地——广岛，投下了一颗炸弹。"接着他补充说："这不是一般的炸弹，而是一颗原子弹，其威力超过了2万吨也梯恩梯当量。"

这确实不是一枚普通的炸弹，而是一枚超常的毁灭性武器。美国开始研制原子弹时，主要目标并不是针对日本，而是针对纳粹德国。可是，当原子弹制造出来后，德国已经投降了。美国第一批只制造出 3 颗原子弹。第一颗试验性的原子弹于 1945 年 7 月 16 日在新墨西哥州爆炸成功，被命名为"瘦子"，第二颗和第三颗分别叫"胖子"和"男孩"。当时，还在参加波茨坦会议的杜鲁门总统得知原子弹试验成功，非常高兴。他在 8 月 2 日的回国途中，决定立即对日本投掷原子弹。

但是，广岛的悲剧并未使日本立即同意接受波茨坦最后通牒，无条件投降。日本竭力掩盖广岛被炸真象，把希望寄托在苏联的调停上，但苏联政府接受联合国的要求，宣布从 8 月 9 日起对日宣战。就在苏联出兵这天的上午 11 时 30 分，美国又在日本长崎投下第二颗原子弹"男孩"。长崎全城 27 万人，当日便死去 6 万余人，从而酿成了广岛以来的又一次悲剧。

原子弹在日本广岛、长崎两市造成的巨大灾难，不仅使美国政府看到原子弹的巨大杀伤破坏作用，也使其认识到原子弹的重要军事意义。美国认为，拥有原子弹这种毁灭性的杀人武器，就可以将其作为一种讹诈手段，称霸全球。因此，垄断原子弹的制造技术，保持唯一的核拥有国地位，成了美国的当务之急。然而，科学知识是任何国家和个人也无法垄断的，原子弹裂变的理论早在 1939 年就公诸于世，要想长期垄断制造原子弹的秘密是不可能的。此后，苏联、英国、法国、中国相继研制原子弹，美国的核垄断终于被打破了。

历史上许多科学技术的新发现，往往首先被用于军事目的，这似乎成了一条亘古不变的规律。核武器的发展，再一次雄辩地证明了这一点。许多技术上的任何新发现既可以造福于人类，也可能给人类带来巨大的灾难。最先提出研制原子弹的科学家爱因斯坦、西拉德等人的动机是无可指责的：防止纳粹德国首先研制出原子弹，避免给人类造成无穷无尽的灾难。然而结果与他们最初的愿望并不一样。当核武器出现并已在实战中使用后，世界从此就被笼罩上了核武器的阴影，人类安全受到蘑菇云的困扰。

核武器的出现，标志着人类历史上一个崭新的时代——核时代的到来。作为一种武器，其超杀伤能力和毁灭能力，是以往历史上的任何武器所无法比拟的。它不仅极大地改变了传统的战争形态，而且对传统的战争观、作战样式和作战原则等产生了强大的冲击波。

18. 历史宿怨——阿以之间的持续冲突

1948 年 5 月 14 日 6 时，在巴勒斯坦的最后一面英国国旗悄然落下，标志着英国在此地的殖民统治的结束。

当日下午，犹太人领袖本—古里安在特拉维夫博物馆宣布以色列国的成立，向全世界发布了《以色列国独立宣言》：

"以色列国土是犹太人出生的地方。他们的精神、宗教和种族特征是在这里形成的。在这里他们取得了独立并创造了一种具有民族意义和世界意义的文化。在这里他们写出了并给予世界以《圣经》。

今日，在这个英国终止托管巴勒斯坦的日子，根据犹太人自然的与历史的权利和联合国大会的决议，召开庄严的会议。

我们特此宣布巴勒斯坦犹太国的建立，并命名为麦边纳以色列（以色列国）。"

顿时全场爆发出雷鸣般的掌声、欢呼声，颠沛流离千百年的犹太人终于实现了长期以来重建犹太国家的愿望。

然而，就在本—古里安宣布成立以色列国12个小时之后，黎巴嫩、叙利亚、伊拉克、外约旦（后来叫约旦）和埃及的远征军就分别从北方、东方和南方滚滚而来。沙特阿拉伯也派出一支部队在埃及指挥下与以色列作战。这些国家的军队共约4万人，他们高呼消灭以色列的口号，进入了以色列的领土，巴勒斯坦战争爆发了。

巴勒斯坦位于亚洲西部地中海东岸，为约旦河和死海以西狭长地区，面积约2.7万平方公里。北邻黎巴嫩，东北接叙利亚的戈兰高地，东邻约旦，南端一角临红海亚喀巴湾，西南与埃及的西奈半岛接壤。巴勒斯坦和西奈半岛地处亚、非、欧三大洲汇合处，扼三洲、两洋、四海的交通要冲，战略地位非常重要。苏伊士运河是波斯湾各主要产油国经阿拉伯海、红海、地中海通往欧美各国的主要通道。

巴勒斯坦在早期历史上是犹太人、阿拉伯人和其他民族混居的地方。公元1世纪罗马帝国入侵后，犹太人被大批屠杀和逐出，流散到世界各地。中世纪末期以后，欧洲排犹运动掀起，犹太人为寻找出路发起犹太复国主义运动，不断组织犹太人返迁巴勒斯坦。

1917年英国入侵巴勒斯坦，扶植和利用犹太复国主义，使巴勒斯坦境内的民族矛盾不断加剧。英国在1947年2月宣布把巴勒斯坦问题提交联合国，联合国通过了分别成立阿拉伯国和犹太国来分治巴勒斯坦的决议。以色列发表独立宣言11分钟后，美国便宣布承认以色列国，尔后苏联也宣布承认，而阿拉伯联盟国家对联合国的分治决议案一直持反对态度。尽管阿拉伯联盟内部矛盾严重，但在对待阻止建立以色列国，甚至不惜以武力阻止联合国分治决议的实施等问题上意见一致。于是，犹太人宣布成立以色列国，便成为第一次中东战争的导火索。

这次战争又称巴勒斯坦战争，以色列称"独立战争"。结果，以色列占领了除加沙和约旦河西岸部分地区以外的巴勒斯坦大部地区，其中包括联合国分治决议划归阿拉伯国家的约 6 700 平方公里土地，使近百万巴勒斯坦阿拉伯人被赶出家园。

1956 年 7 月，埃及宣布将受英法资本控制而在战略和经济上都具有十分重要价值的苏伊士运河收归国有。英法为了夺回对运河的控制权，伙同以色列发动了第二次中东战争，企图重新控制运河，推翻埃及总统纳赛尔领导的民族进步政府，镇压阿拉伯民族解放运动。

10 月 29 日 17 时，以军首先在埃及西奈半岛战略要地米特拉山口空降 1 个加强伞兵营，随后出动 10 个旅的兵力，以坦克部队为先导分四路实施快速突击，一周内占领了西奈和加沙地区。

10 月 31 日下午，英法联军（100 余艘舰艇、约 650 架飞机以及大量海军陆战队和其他地面部队）出动飞机和舰艇袭击埃及空军基地和港口，掌握制空制海权，使拥有 250 余架作战飞机的埃及空军遭到毁灭性打击。

11 月 5 日，英、法空降兵在塞得港和福阿德港地区空降，并大量使用直升机实施机降作战。6 日，英法登陆部队 2.2 万人占领埃及塞得港和福阿德港，随后沿运河向南推进约 30 公里，但遭到埃及军民的顽强抗击。战争期间，世界人民掀起了反对英、法、以侵略和支持埃及斗争的浪潮，侵略战争也使英法的财政经济状况恶化，在埃及人民抗击下，英法被迫于 6 日深夜同意停火和撤军。英法和以色列军队分别在 12 月和次年 3 月撤出加沙地区和西奈半岛。

这次战争宣告了英法在中东殖民统治的崩溃。战争中，埃军亡约 1600 人，损失飞机 210 架；以军亡约 200 人，损失飞机约 20 架；英、法军队损失很小。以军和英法联军的主要作战特点是：陆海空三军协同作战，夺取制空制海权；使用伞兵和直升机载运部队实施空降作战；装甲部队大纵深快速突击。第二次中东战争又称苏伊士运河战争或英法以侵埃战争，以色列称之为"西奈战役"。

1967 年 6 月 5 日，以色列在美国的支持下，对阿拉伯国家又一次发动蓄谋已久的战争，即第三次中东战争。战前，以色列为了隐蔽对阿方发动全面进攻和首先对埃及空军实施突然袭击的战略企图，对阿方成功地实施了一连串战略欺骗，麻痹了对方。

6 月 5 日晨，以色列趁埃军吃早饭和军官上班前戒备松懈之机，集中使用 200 架作战飞机袭击阿拉伯国家 25 个空军基地，击毁埃军绝大部分飞机，给埃空军以毁灭性打击。同时还击毁叙利亚飞机 50 余架、约旦飞机约 20 架、伊拉克飞机 10 余架。

首次空袭半小时后，以色列地面军队 22 个旅在空军掩护下实施多方向快速突击，4 天内就在西线占领西奈半岛和加沙地区，东线占领那路撒冷东城区和约旦河西岸全部地区。9 日，以军将大量兵力转移集结到叙以战线，兵分三路向叙利亚具有重要战略地位的戈兰高地进攻。在付出极大代价后，占领了戈兰高地的大片地区。

随后，埃、约、叙分别先后同意与以停火。这次战争虽然只打了 6 天，但以军以闪电战使三个阿拉伯国家遭受了巨大的损失，至此，以色列共侵占阿拉伯国家领土约 6.5 万平方公里，把联合国分治决议规走的犹太国版图扩大五倍多，数十万巴勒斯坦阿拉伯人被赶出家园，阿以矛盾更加尖锐。这次战争又称"六·五战争"，阿拉伯国家称"六月战争"，以色列称"六天战争"。

第三次中东战争后，埃、叙为收复失地，进行了长达 6 年的军事准备。苏、美为控制中东国家，都竭力维持阿以之间"不战不和"的局面。埃、叙军民对此十分不满。1973 年 10 月，埃、叙领导集团决定向以色列开战，从而爆发了第四次中东战争。

10 月 6 日下午，埃、叙两军乘以军过赎罪节之机，从西、北两线同时向以军发动突然袭击。西线埃军先头部队在地面炮火和空军支持下，强渡运河成功，并出动 200 余架飞机突袭运河东岸被以军号称"钢墙铁壁"的巴列夫防线及其纵深。埃军击退了以军装甲部队的 3 次反扑，控制了运河以东 10 至 15 公里的地区。北线叙军以 3 个师的兵力于埃军发动进攻的同一时刻，在空军、防空部队和炮兵火力掩护下，在戈兰高地分 3 路向以军阵地发动全面攻击，当日突破以军防线，并以空降兵占领被以色列称为"国家的眼睛"的赫尔蒙山哨所（其电子侦察范围覆盖叙利亚大部地区），进逼战略要地库奈特拉。

在埃、叙两军的猛烈攻势面前，以军损失惨重。为了改变两线作战的不利局面，以色列决定先稳住叙以战线，解除对以色列本土的威胁，然后集中力量对付埃及。

10 月 10 日，西线埃军停止进攻。以军抓住这一战机，在北线集中约 10 万人对叙军实施猛烈突击，突破叙军阵地，叙军被迫退出戈兰高地。以军随即越过1967 年停火线，进犯到离叙首都大马士革约 30 公里地区，并沉重打击了援叙的伊拉克和约旦的装甲部队，掌握了北线战场主动权。

13 日埃军又发起进攻后，以军增援西线（双方在运河东岸展开了一场大规模的坦克交战，埃军作战失利。15 日，以军发现西岸埃军两个军团的结合部防卫薄弱且后方空虚，立即派出一支装甲特遣队偷渡到运河西岸），摧毁了埃军的地空导弹阵地和高炮阵地，后续过河部队沿运河向南发展进攻。埃军西岸兵力不足，东岸部队不敢调回，处境十分被动。

24 日，以军完成了对苏伊士城、埃军第 3 集团军的包围，从而控制了西线战场主动权。阿拉伯国家在战局不利的形势下，与以色列达成停火协议。

第四次中东战争在政治上是一次冲击，打破了阿以关系的僵局。战后双方开始就用土地换和平的可能性举行了谈判。它是第二次世界大战后最具备现代化特点的战争之一，双方分别使用苏、美先进的武器装备，并通过苏、美战略空运及时得到补充，同时利用苏、美侦察卫星获取对方军事情报，使广大的战场成为苏、美新式武器的实验场。这场战争在军事上则显示出战争的导弹——电子时代的到来，导弹在战争中充分发挥了作用，双方损失飞机的 60% 以上、舰艇的80% 和大部分坦克都是被导弹击毁的，地面、空中、海上作战与电磁战场相互渗透，电子技术得到广泛运用并取得显著效果。这次战争又称十月战争，阿拉伯国家称"斋月战争"，以色列称"赎罪日战争"或"十八天战争"。

19. 身陷泥潭——越南战争

继朝鲜战争之后，美国又在印度支那发动了一场战争。这次战争历经三任总统，历时十余载，是美国侵略战争史上历时最长、损失最大的一次战争。早在第二次世界大战结束时，美国就开始插手印支地区。

战后，美国乘法国撤出印度支那之机，大量向南越派遣军事人员，将"美驻印支军事援助顾问团"改为"美驻南越军事援助顾问团"，大力扶植西贡吴庭艳政权，支持其发动"诉共"、"灭共"运动，残酷镇压和屠杀爱国的南越人民。在敌人屠刀的逼迫下，越南南方人民于 1959 年开始了英勇的反抗美伪统治的革命武装斗争。

1960 年 12 月 20 日，越南南方成立民族解放阵线，并着手建立主力部队和地方部队。

1961 年 2 月 15 日，越南南方民族解放阵线把各地的人民武装统一组成了越南南方人民解放武装力量。

美国为了防止吴庭艳集团垮台，1961 年 5 月，派 100 名"特种部队"（代号为"绿色贝雷帽"）进入越南南方，从此开始了对越南的"特种战争"。

美国派特种部队进入南越，实际上进行的是一种由美国出钱、出枪、出顾问，协助南越伪军进行的"反游击战"，其根本目的在于维持西贡政权的反动统治，推行美国新的殖民主义政策，为其全球战略服务。为此，美国积极扩充南越伪军，提供大量武器装备，协助其频繁"扫荡"，大力建立"战略村"和无人区。所谓"战略村"，就是以自然村为单位，把居民用工事围起来，实行严密的控制，以断绝他们与人民武装的联系，进而把各村联成一片，形成封锁地带，以分割解放区。在"战略村"内成立了反动武装，实行"联保制"，镇压革命力量。

为了粉碎美国的"特种战争"计划，越南南方人民武装在民族解放阵线的领导下发动人民群众，坚持全面的、长期的游击战争的战略方针，执行"小打稳吃"、积小胜为大胜的作战指导思想，广泛开展游击战争，至1964年年初，武装力量发展到20多万人，解放了南方五分之四的土地和三分之二的人口，逐步形成了农村包围城市的有利战略态势，宣告了美国"特种战争"的破产。

1964年6月1日，美国政府召开檀香山会议，确定了"逐步扩大"侵越战争的计划，进行以美军为主体和各仆从国军队相配合的局部战争。为了制造扩大战争的口实，美军"麦道克斯"号驱逐舰于8月2日驶入北部湾挑衅，与越方鱼雷快艇发生遭遇战，制造了第一次北部湾事件。8月4日，该舰和另一艘驱逐舰再次驶入北部湾挑衅，蓄意制造了第二次北部湾事件。次日，美国政府悍然出动64架飞机空袭了越南北方的广溪、宜安、沥长、鸿基等地。这是美国把战火由南越扩大到北越而遍及整个越南国土的转折点。

美国在侵略越南的局部战争阶段，按其主要作战方式大致分成南打和北炸两个战场。在南打战场，美军首先推行"墨渍"战略，即以北纬17度线至西贡的沿海基地为据点，构成环形防御圈的战役布势，逐步向解放区"渗透"，诱寻人民武装主力进行"决战"。越南南方人民武装力量积极开展机动作战，采取奇袭、伏击、攻点打援等灵活战法，粉碎了美伪军第一个"旱季攻势"，使其"墨渍"战略破产。美伪并不甘心失败，于1966年2月再次召开檀香山会议，决定强化南打，加强北炸，在南方发动第二个大规模"旱季攻势"，采取"搜索与摧毁"战略，即以南越伪军和仆从军守点保线，美军集中主力和优势装备，对南越人民武装的根据地进行长时期的反复"扫荡"。美军一系列的"扫荡"和"清剿"，使南越解放区遭受巨大损失，这一阶段斗争最为激烈。南越军民充分发挥人民战争的威力，在艰苦的战争条件下，扬长避短，声东击西，连续开展反"扫荡"作战，粉碎了美伪第二个"旱季攻势"。此后，为了不给敌人以喘息之机，南越人民武装于1967年雨季刚结束就先机制敌，主动出击。在南越人民武装的抗击下，美伪自1968年起转而实行"固守与清剿"战略。南越军民抓住敌人调整部署、缩短战线的有利时机，于1968年春、夏季在南越全境连续发动大规模攻势，取得重大胜利。

美国对越南北方的空袭，是美国侵越战争的重要组成部分。从1964年8月5

日至 1968 年 11 月，历时 4 年零 3 个月，美对越南北方空袭达 10.77 万次（平均每次出动 3 至 4 架次），投弹 258 万余吨。在面积约 15.9 万平方公里的越南北方，平均每平方公里投弹 16.2 吨。其飞机出动量，在 1966 年以前日出动量为 100 至 200 架次；1966 年以后，日出动量约 300 架次，最多时一天达 749 架次。在此阶段，越南北方军民实行军队防空与群众防空相结合，开展全民防空运动，共击落敌机 3 300 多架，有效地挫败了美国的北炸企图。

美国在战争泥潭中越陷越深，国内反战运动迅猛发展。1968 年，美国政府被迫放弃战争升级政策。宣布部分停止对越南北方的轰炸。5 月，越南民主共和国与美国在巴黎举行和谈。

11 月，美国宣布无条件停止对越南北方的轰炸和炮击。

1969 年 1 月，尼克松取代约翰逊就任美国总统，美国的侵略战争方针也发生了戏剧性的变化。

1969 年 7 月，尼克松在关岛宣布，美军将逐步撤出南越。同时，美国加强了南越伪军在南越推行绥靖计划的手段，以实现"以当地人打当地人"的企图，从此，美国的侵越战争进入了战争"越南化"阶段。美军兵力逐步减少，至 1970 年年底共撤出 21 万人，西贡军队则增加到 100 万人，开始接替美军承担主要作战任务。

1970 年 3 月，美国在柬埔寨策动军事政变，颠覆西哈努克政府，扶植以朗诺为首的右翼政府，4 月以摧毁"越共庇护所"为名出动 8 万美军侵入柬埔寨。4 月 24 ~ 25 日，印度支那三国四方（越南南方、北方、柬埔寨，老挝）领导人举行最高级会议，组成联合抗美统一战线。

1971 年 2 月初，美国为了分割越、柬、老三国武装斗争的联系，切断"胡志明小道"，使用 3 万南越政府军和 1.5 万美军，以九号公路为轴线，分三路进攻老挝南部地区。越、老人民武装集中 5 万兵力，采取诱敌深入、各个歼灭战法，激战 44 个昼夜，歼敌 2 万余人，使美国的战争"越南化"政策严重受挫。1972 年 4 月，美国政府恢复对北越的全面轰炸，企图达到"以炸迫和"的目的，但由于越南北方军民英勇抗击，美国被迫在结束战争、恢复和平的巴黎协定上签字，此后，越老柬三国继续战斗，终于在 1975 年先后取得了战争的彻底胜利。

越南战争是美国战后陷得最深、拖得最久、代价最大的一次以失败告终的侵略战争。美国战争开支共 2 000 多亿美元，伤亡 36 万多人，其中亡 5.6 万余人，损失飞机和直升机 8 612 架。

美国发动的侵越战争，正是由于其非正义性质，不仅遭到越南军民的英勇抗击，而且招致了包括美国人民在内的世界上一切爱好和平的人民的强烈反对，政治上陷入内外交困的被动局面。回首200多年前的美国独立战争，小小的北美13州人民依靠自己艰苦奋战和国际援助打败了当时世界上最强盛的大英帝国。200多年后，美国侵略者在越南恰好犯下当年英国殖民主义者的错误，这是历史对美国侵略者无情的嘲讽，也是严正的惩罚。毛泽东主席在1970年5月20日声援越南人民抗美救国战争的声明中指出："无数事实证明，得道多助，失道寡助。弱国能够打败强国，小国能够打败大国。小国人民只要敢于起来斗争，敢于拿起武器，掌握自己国家的命运，就一定能够战胜大国的侵略。这是一条历史的规律。"

游击战与反游击战、伏击和反伏击、扫荡与反扫荡是这场战争的主要作战形式。面对优势装备之敌，越南人民坚持持久的人民战争，建立民族游击队、地方部队、主力部队相结合的武装力量，造成陷敌于灭顶之灾的人民战争的汪洋大海，运用灵活机动的战略战术，从而大大抑制了敌人的长处，创造了以劣势装备打败优势装备之敌的宝贵经验。

20. 野心勃然——"新沙皇"的铁蹄

1968年8月20日23时，一天的暑热退去，凉风习习。在捷克斯洛伐克首都布拉格市郊区的鲁齐内国际机场，一架并非班机的苏联民航飞机突然飞临机场上空，向地面发出信号，要求紧急降落，理由是机上仪器发生故障。

按照国际惯例，这个请示无法拒绝，而且苏联是友好邻邦，又是社会主义大家庭的"家长"，客机降落有何不可？客机平稳着陆后，地勤人员才知道大事不妙，原来跳下舱门的不是和平友好的游客，却是几十名手执自动步枪、杀气腾腾的苏联突击队员。机场工作人员莫名其妙，但在无情的枪口面前，只好束手就擒。机场很快被苏军控制，接着天空中又响起了隆隆的马达声，大批运输机飞抵机场上空，连续降落。配有轻型坦克、装甲车和反坦克炮的苏联空降部队一批接一批地相继着陆。

一辆苏联驻捷大使馆的黑色汽车引导着这支机械化部队直奔布拉格市内各重要目标，不一会儿，伏尔塔瓦河上的重要桥梁、捷共中央大厦、总统官邸、政府各部的办公楼、布拉格广播电台等均被苏军包围。其时已21日凌晨，布拉格全城还沉浸在梦乡之中。

与此同时，早以演习为名集结在捷克斯洛伐克四周边境的以苏军为首的五国（苏联、保加利亚、民主德国、匈牙利、波兰）联军共50万人，数千辆坦克，成千架飞机，分18路从四面八方向捷境内推进。不到24小时，入侵大军已闪电般占领了捷克全境。这样大规模的入侵，又是如此神速，在战争史上实属罕见。当年希特勒在欧洲发动闪电式进攻，占领捷克斯洛伐克也还费了一番周折，苏联人却如入无人之境。

就在苏军入侵的这天晚上，布拉格的捷共中央大厦的一间会议厅里灯火通明，捷共第一书记亚历山大·杜布切克正在主持党的主席团会议，讨论筹备党的第十四次代表大会事宜。大约 11 时 30 分，总理切尔尼克起身去接国防部长楚尔打来的电话。几分钟后，总理步履蹒跚地回到会议室，告诉大家说以苏联为首的华约部队已开进捷克斯洛伐克，即将占领全国。会场的空气顿时凝结了，大家几乎无法相信自己的耳朵。杜布切克泪流满面，哽咽着说："我万万想不到竟会有人采取这种手段来对待我们！我一辈子致力于同苏联合作，他们却这样对待我们，这真是我一生中最大的悲剧。"

苏联为何以这种极端手段来对付自己的盟国？原来，杜布切克 1968 年 1 月上任后，捷克斯洛伐克"自由化"趋势急剧发展。3 月底至 4 月初杜布切克主持召开的捷共中央全会通过的《行动纲领》强调要立即"着手建立新的、十分民主的、符合捷克斯洛伐克条件的社会主义社会"，并采取了许多措施。这些措施得到国内群众拥护，却使整个东欧国家对苏联的离心倾向日益增长。苏联极其担心和害怕捷克斯洛伐克的改革将导致捷脱离所谓的"社会主义大家庭"轨道，动摇其在东欧的控制地位。为此，苏联对捷施加了一系列政治、经济压力，均告失败。最后，苏联决定诉诸武力，以突然袭击的方式，对捷克斯洛伐克进行了武装占领。

8 月 21 日，捷国民议会决定不对占领军采取任何暴力行动，但在当时的情况下，苏联领导人勃列日涅夫根本无法在捷直接组成一个亲苏政权，于是改变手法，迫使已被带至莫斯科的杜布切克等人在 8 月 26 日签署了《苏捷会谈公报》。

10 月 16 日，苏联又强迫捷政府签署了《苏联军队暂时留驻捷克斯洛伐克的协定》，为苏联在捷长期驻军提供了法律基础。第二年 4 月，在苏联的压力下，捷共中央免去杜布切克的第一书记职务，由胡萨克接替。

以勃列日涅夫为首的苏联领导集团无视国际准则，公然出兵干涉一个主权国家内政的行径，暴露了他们推行霸权主义政策的真正面目。它在军事上大获成功，却在政治上彻底失败，遭到世界各国人民的普遍反对。

苏联这一招既已得手，就难以遏制迅速膨胀的野心。果然又将炮口对准了位于亚洲中西部的一个多山国家——阿富汗。

阿富汗是个山地内陆国家，面积 65.2 万平方公里，是苏联"南方战区"的一部分。南方战区对苏联具有非常重要的战略地位，苏联一直想在这一地区实施分阶段战略推进，以实现在印度洋寻求暖水港和出海口并切断欧洲和远东联系的战略。

控制阿富汗是苏联实现南下战略的重要步骤。苏联在阿富汗苦心经营多年，对阿富汗已有一定程度的影响和控制。1978 年 4 月，苏支持阿人民民主党军官发动政变，夺取政权。1979 年 9 月，阿人民民主党内部发生火并，政府总理 H. 阿明杀死党的总书记 N. M. 塔拉基，自任革命委员会主席兼总理。阿明上台后试图摆脱苏联控制，声称要与美国实现关系正常化。苏担心失去对阿富汗的控制，决定采取军事行动，进行战争准备。苏联认为，当时美国因人质问题卷入了与伊朗的争端，采取军事干预的可能性很小，西方国家根本利益没有受到侵害也不会有强烈反应，苏联占领并控制阿富汗易于取得成功。苏军经过精心策划和周密准备，终于发动了对阿富汗的侵略战争。

1979 年 12 月 27 日晚 7 时 30 分，先期在喀布尔机场空降的苏军空降师经过集结整顿，在克格勃的配合下，迅速占领阿首脑机关、国防部、电台等要害部门。苏军与阿富汗总统卫队和首都驻军激战 4 个小时，击毙总统阿明，逮捕了阿富汗政府重要官员，解除了阿政府军抵抗部队的武装。苏军将 B. 卡尔迈勒扶上台并宣称阿富汗发生政变，苏军"系应邀进入阿境"。

此后不久，苏军集结在边境的 6 个师分东、西两路对阿富汗发动钳形攻势。为保障地面主力部队的推进，苏军还动用了前线航空兵团进行空中支援。

1980 年 1 月 2 日，进行地面主要突击任务的东路集群第 360 摩步师一个团和担任辅助突击的西路集群第 357 摩步师主力在坎大哈会师。一周内，苏军基本完成对阿主要城市和交通要道的占领，并控制了阿富汗与巴基斯坦、阿富汗与伊朗的边境要地。

苏军占领阿富汗，遭到阿富汗各族各阶层人民的强烈谴责和广泛反抗。阿富汗人民有着三次抗英斗争的光荣历史。在 1978 年 4 月苏联支持推翻达乌德政权的军事政变之后，阿富汗人民就开始逐步开展游击战争。当时的游击战只具有内战性质，打击目标主要是亲苏执政党所把持的各级政权和政府控制的力量。苏军武装入侵后，游击战的性质就由以反政府为目的的内战很快转变为抗苏民族解放战争。游击组织多达几十个，游击活动遍及全国各个省，抗苏斗争广泛开展。侵阿苏军为巩固占领地位，大力镇压阿富汗各族人民的抗苏运动，从此阿富汗开始了一场持久的抗苏游击战和苏军反游击战的较量。

苏军进占阿富汗，进来容易，守着却是活受罪。阿富汗境内五分之四是崇山峻岭，机械化部队难以施展，小股游击队却如鱼得水。

10 余万苏军虽然训练有素，装备精良，却经不住游击队长期软磨硬缠。阿富汗这个多山之地，成了苏军望不到边的泥潭。从 1979 年开始后的 4 年中，苏用于侵阿的费用达到 400 亿美元，死亡达 1.5 万人，伤 3.6 万人。苏军官兵对这场没完没了的战争也逐渐失去信心，国内反战情绪不断增长。

苏军在阿富汗用尽所有的军事手段，仍未达到预期目的。苏共总书记戈尔巴乔夫说："这是一个大泥潭！"

1988 年 2 月，戈尔巴乔夫发表了从阿富汗撤军的声明。

1989 年 2 月 15 日苏联撤出最后一批侵阿苏军。至此，这场致使 500 多万阿富汗人背井离乡的苏军侵阿战争，以双方军事力量处于僵持状态告终。

苏联入侵阿富汗是苏联第一次在其东欧盟国之外大规模地直接使用本国的军事力量，表明苏联的扩张主义进入了新阶段。这场战争加剧了亚大地区的紧张局势，因此遭到国际舆论的普遍谴责，苏联的国际声誉因此而大大下降。

阿富汗战争，以阿抵抗力量为反对军事占领而进行的民族解放斗争为主线，作战行动主要围绕城镇的争夺、交通线的控制、围剿与反围剿、空袭与反空袭而展开。阿人民的游击战争和苏军为实施占领而进行的反游击战，构成了这场战争的明显特点。

战争初起时，苏联占尽优势，7 天之内便占领阿全国，但是，尽管苏军使用大量先进武器，采取多种战略战术，并未能在长达 9 年的时间里，实现对阿富汗的最后征服。究其原因，一是低估了阿富汗人民的抵抗决心和能力；二是错误判断了国际社会的态度和反应；三是战争花费巨大，力不从心。

从某种意义上说，这场战争使战后崛起的苏联跌入了衰败的深谷，是促成苏联解体的一个重要原因，这场战争表明，任何一个超级大国，不管其政治、经济、军事实力多么雄厚，如果穷兵黩武，肆无忌惮地推行战争政策，妄图以武力称霸天下，最终都会落到兵败自毁的下场。同时也证明，任何一个弱小的民族或国家，尽管可能面对的是一个十分强大的敌人，但是只要它高举正义战争的旗帜，讲究斗争的艺术和方法，就必然会赢得全世界的同情与支持，最后取得民族解放的胜利。

对阿富汗来说，这场战争是阿富汗人民为争取民族解放而进行的一场胜利斗争，也是阿富汗人民对世界反霸斗争作出的卓越贡献。如果说有什么不足的话，那就是阿富汗的抵抗运动，由于缺乏明确的目标和纲领，缺乏一个坚强的有权威的领导核心，没有把各派力量统一起来，结果是在应该庆祝胜利、和平重建家园的时候，反而开始了骨肉相残的内部厮杀。至今，阿富汗内战的硝烟还未散去，战火未熄。

21. 祸起萧墙——印巴战争

1971年11月21日，星期日的夜晚，印度利用东巴基斯坦发生动乱的局势，在苏联的支持和纵容下，向巴基斯坦发动大规模突然袭击，最终将独立的巴基斯坦肢解为巴基斯坦和孟加拉国两部分，并且侵占了西巴基斯坦信德省和萨克加尔地区3 600平方公里的领土。

印巴冲突的祸根从根本上来说是由英国殖民主义者种下的。历史上，印巴同为英属印度，是英国最大的殖民地。第二次世界大战后，随着民族解放运动的蓬勃发展，印度人民反帝反殖斗争日益高涨，英国首相艾德礼不得不于1947年2月20日宣布，至迟将于1948年6月把政权交给印度人。为了达到在撤走后仍能控制印度的目的，英国极力在由其一手造成的印度教和伊斯兰教两大教派政党对立的基础上，继续推行"分而治之"的政策，极力在印度各民族、各教派、各党派之间制造矛盾，扩大分裂。1947年3月24日，蒙巴顿接替魏菲尔出任印度总督，6月3日发表了英国政府称之为"印度独立法"的新宣言，即"蒙巴顿方案"。

"蒙巴顿方案"将印度分成两部分，即印度教徒的印度斯坦国家和伊斯兰教徒的巴基斯坦国家，新成立的两个国家都给予自治领的地位。又授予各王公土邦有权按自愿原则选择加入印巴，或保持同英国的旧有关系。当时，印度国大党力主全印统一，而穆斯林联盟则要求建立一个独立的巴基斯坦国家。这样一来，印度两大教派政党，即国大党和穆斯林联盟围绕国家统一还是分治及争夺各王公土邦，展开激烈斗争，两大教派间发生大规模仇杀事件。这种矛盾的日益加深和激化，为尔后印度与巴基斯坦发生武装冲突埋下了祸根。此外，克什米尔、边界归属和飞地等问题，也是印巴长期对立的重要原因。

1947年8月，印度和巴基斯坦正式分治，但查漠和克什米尔地区（简称克什米尔）的归属问题悬而未决。1947年10月，两国为争夺克什米尔大开杀戒。

克什米尔位于印度、巴基斯坦、中国、阿富汗、苏联之间，原为英属印度的一个自治邦，面积约19万平方公里，战略地位十分重要。据史书所载传说，克什米尔古代是一片大湖，里面住满了妖魔，专以食人为业。为了消灭这些恶魔，仙人迹西那布修行整整1 000年，感动了雪山神女，她投出一块石头，砸死了魔王，大小妖怪纷纷逃往他乡，迹西那布便把湖水排出去，让人住进来。从此这里便称迦西耶布·迈鲁，后讹化为迦西米尔，即汉译名克什米尔。

印、巴分治时克什米尔士邦大君、印度教徒哈里·辛格是个暴君，他和他的宗室荒淫享乐，对手下臣民特别是穆斯林无情迫害，在印巴分治时又拿不准主意是加入印度还是加入巴基斯坦，显得昏庸无能，引起朝野上下不满。分治后的印、巴两国政府却对克什米尔各有打算，印度认为克什米尔的大君是印度教徒，应划归印度；巴基斯坦认为当地居民五分之四是穆斯林，应加入巴基斯坦。

同年 10 月 22 日，在印度教徒聚居的查谟地区，大批穆斯林居民——包括妇女、儿童和老人——都死于屠刀之下，激起巴基斯坦境内的穆斯林的满腔悲愤，亚克巴·汗准将率领普什图民军 2 000 人进入克什米尔，向克什米尔首府斯利那加推进。

辛格见势不妙，急忙请求印度紧急援救，26 日达成克什米尔加入印度的协议。

27 日，印度军用飞机即成群结队飞往克什米尔，空投两个营到斯利那加，击退了普什图民军。巴基斯坦政府当即宣布不承认克什米尔加入印度，全力支持克什米尔穆斯林居民进行战争，随后又派政府军开进克什米尔。于是，这美丽的人间天堂霎时间又成了两国鏖兵的战场。

1948 年，印巴军队发生旅以上规模武装对抗。在互相攻城夺地、拼力厮杀的同时，两国代表在联合国也互相攻击，各执一词，吵得不可开交。安理会左右为难，费尽口舌进行调停，直至 1949 年 1 月 1 日，印巴才实现停火，7 月 27 日签订停火协定。印度所占地区约为克什米尔的五分之三，人口约 400 万；巴基斯坦所占地区约五分之二，人口约 100 万。

1965 年 8 月 24 日至 9 月 23 日，印巴双方因争夺克什米尔再次燃起战火，巴军装甲兵略居优势，印军炮兵稍占上风，双方动用了大量坦克、飞机争战不休，后在联合国敦促下实现停火，但矛盾并未解决，并为两国爆发更大规模战争埋下了火种。

1971 年 3 月，巴基斯坦政局动荡，东巴基斯坦宣布独立。巴基斯坦政府派兵镇压，大批东巴难民逃往印度。印度乘机干预，支持东巴独立，积极准备入侵东巴。战前，印军在东巴方向部署 7 个师 16 万余人，在西巴方向部署 13 个师 30 万人；东巴守军为 4 个师 9 万人，西巴守军为 12 个师 25 万人。

11 月 21 日，印军向巴基斯坦突然发起进攻，战争爆发。23 日，巴总统叶海亚宣布全国进入紧急状态，巴军全力抗击印军。战争在东巴和西巴两个战场展开。印度的战略企图是东攻西守，以夺占东巴为最终目标。巴基斯坦的战略指导方针则是全力固守各战略要地，粉碎印军的突击行动。

在东巴战场，印陆军在海、空军密切配合下，集中兵力，从东、西、北 3 个方向，对东巴实施"多路向心突击"。

　　12月15日，印陆军完成对达卡的合围，海、空军则从海上和空中实施严密封锁，完全切断了东巴与西巴以及与外部的任何联系。在这种情况下，东巴守军于12月16日向印军投降，东巴守军被俘9.3万人。

　　在西巴战场，双方进行了以空战为主的交战，印军凭借其空军力量优势，力图重创巴空军，破坏巴交通运输线，孤立巴军各战场间的相互联系，阻止巴地面部队机动和集结，达到削弱与钳制西巴地面部队的目的。巴军则努力加强要地防空，钳制与削弱印空军作战力量，阻止或限制印空军的空袭行动，保障地面作战的进行。交战结果，双方均未取得决定性战果。后来，印度考虑到印军已在东巴战场取得胜利，遂于12月17日宣布，在西巴地区实行"单方面停火"。战后，东巴脱离巴基斯坦，1972年1月成立了孟加拉共和国。

　　印巴战争是战后南亚地区发主的一场较大规模的局部战争，其胜负结局是由交战双方一系列主客观因素决定的。从总的方面看，印度在军事力量上占有优势，在政治、外交等方面均采取了积极灵活的指导方针和策略，战略目标明确，计划周密，重点突出，陆海空三军配合默契，主攻方向形成兵力优势，地面部队快速穿插，因而取得了战争的主动权。而巴军准备不足，分兵把口，消极防御，终致失败。

　　从印巴的几次战争来看，殖民主义推行"分而治之"的政策，是爆发战争的历史根源，而民族、宗教矛盾与领土争端则是印巴战争的现实根源。

22. 鹬蚌相争——两伊战争

　　20世纪80年代初，在世界热点地区——中东爆发了一场举世瞩目的战争，即伊朗和伊拉克之间的战争。

　　这场战争从1980年9月爆发，至1988年8月20日落下帷幕，整整持续了8年之久。这是二战后持续时间较长、规模较大的局部战争。它不仅使两伊双方都蒙受巨大损失，还殃及海湾地区其他国家的经济利益和安全稳定，致使海湾局势一度空前紧张，成为国际社会广泛关注的焦点。

　　伊拉克和伊朗均为海湾地区强国，但长期存在民族宿怨和边界争端，曾多次为阿拉伯河下游地区的归属问题兵戎相见。1979年2月，伊朗伊斯兰革命成功，以宗教领袖霍梅尼为代表的什叶派穆斯林上台执政。伊拉克是什叶派发源地，占人口55%的什叶派穆斯林中反政府势力活跃，从而成为伊朗输出革命的首要目标。伊拉克国富兵强，极力谋求海湾地区霸权，企图趁霍梅尼政权立足未稳之际对其进行打击，以消除所面临的威胁并彻底解决边界争端，这便使两国关系日趋紧张，边境冲突加剧。

战前，伊拉克总兵力 24.2 万人，另有民兵约 10 万人；伊朗总兵力 24 万人，另有革命卫队约 9 万人。伊朗经济困难，政局动荡，国际处境孤立；武器装备不足，军队几经清洗，军队与革命卫队之间不够协调，战斗力不能充分发挥。伊拉克在经济上有阿拉伯富国作后盾，武器装备供应充足，然而国土只有伊朗的四分之一多一些，人口约为其三分之一，兵员严重短缺。

1980 年 9 月 22 日拂晓，伊拉克为夺取有争议的边境领土，攻占伊朗南部阿拉伯人聚居的阿巴丹等重要经济地区，萨达姆总统下达了对伊朗的军事目标发动"威慑性打击"的命令。接着，伊拉克出动大批作战飞机，袭击了伊朗首都德黑兰等 15 个城市和 7 个空军基地。

23 日凌晨 3 时，伊拉克的地面部队 5 个师又 2 个旅近 7 万人，1 200 余辆坦克，越过边境，分北、中、南三路向伊朗境内大举推进。

经过一周激战，伊拉克军队占领了伊朗约 2 万平方公里的土地和边境全部哨所，控制了阿拉伯河东岸长 600 公里、宽 20 公里的狭长地带，深入伊朗境内 10～30 公里，南部战线最长入侵纵深达 90 公里。

面对伊拉克咄咄逼人的攻势，伊朗军队仓促应战。其空军对伊拉克首都巴格达等目标进行报复性轰炸。地面部队调整部署，急调增援部队阻滞对方进攻。1981 年 9 月 27 日，伊朗开始全面反攻。9 月底，伊朗集中 10 余万兵力，发动大规模的阿巴丹反击战，解除了伊拉克对阿巴丹的包围。

1982 年 3 月下旬，经过周密部署，伊朗又发动了"胜利行动"攻势，全歼伊拉克 2 个旅，重创 2 个师，共毙伤伊拉克士兵 2.5 万人，俘虏 1.5 万人，击毁坦克 360 辆，击落飞机 20 余架，缴获了上百辆坦克和装甲车。

4 月 20 日，伊朗又集中 10 万余人，发起以收复霍拉姆沙赫尔市为目标的"耶路撒冷圣城行动"攻势。经过 25 天激战，终于将其收复。6 月，伊拉克单方面宣布停火，并从伊朗撤军。

伊朗拒绝伊拉克的停火建议，不给伊拉克以喘息之机，1982 年 7 月 13 日晚，出动 10 万兵力发起"斋月"战役，突破伊拉克防线，深入到伊拉克境内 20 余公里。伊拉克利用本土作战的有利条件，动用 10 万兵力进行反击，对进攻的伊朗军队进行围歼，挫败了伊朗军队的攻势。此后，双方你来我往，战争进入僵持状态。

1984 年 2 月，伊朗不顾伊拉克的停战要求和国际调停继续进攻，企图迫使萨达姆下台。伊拉克采取"以战迫和"方针，在地面和海上连续发起主动出击，多次使用化学武器，还利用其空中优势发动了举世震惊的"袭船战"。

1986 年，两伊战争再趋激烈。伊朗一反过去打消耗战的方针，力争速战速决。1986年2月初，伊朗出动9万余人，发动了规模较大的代号为"曙光—8号"的攻势，攻克了伊拉克南部主要出海口法奥。与地面战场相呼应，两伊"袭船战"一再升级，遭到袭击的船只达106艘。

由于两伊"袭船战"影响到非交战国的利益，科威特先后向联合国的5个常任理事国提出租船和护航要求。伊朗对科威特进一步施加压力，仅1987年的头4个月，袭击出入科威特港口的船只就达16艘。苏美相继同意为科威特油轮护航并以此为由不断向海湾派遣军舰，从而使原来就很紧张的海湾局势增添了更大的危险。

为避免战争进一步升级，联合国安理会1987年7月20日通过决议，要求两伊双方立即停火，但是，由于两伊积怨甚久，在停火问题上分歧较大，谁也不愿主动作出让步，因而联合国决议迟迟得不到贯彻落实。

1988年是两伊战争出现重大转折的一年。2~4月，双方使用数百枚导弹袭击对方城镇，掀起了一场空前规模的"导弹袭城战"。在相持中，伊拉克渐渐占了上风，4月17日对法奥地区的伊朗守军发动了代号为"斋月行动"的攻势，于18日全部收复被伊朗占领两年之久的法奥地区。

伊拉克收复法奥地区，拔掉了伊朗赖以进攻伊拉克南部地区的重要据点，是伊拉克在两伊战争中取得的最大的战役性胜利，成为"两伊战争的转折点"。

伊朗在欲战不能、欲罢不忍的境况下，被迫于1988年7月14日宣布，同意接受联合国安理会关于和平解决争端的第598号决议。8月20日，两伊双方在联合国军事观察团监督下实现停火，长达8年的两伊战争终于落下了帷幕。

两伊战争在被称为"石油宝库"的海湾腹地进行，由于旷日持久，规模浩大，使两伊双方都蒙受了重大损失。伊朗伤亡100多万人，被俘3万多人，损失作战飞机150架、坦克1 500辆、火炮1 200门、舰艇16艘；伊拉克伤亡40多万人，被俘5万多人，损失作战飞机250架、坦克2 000多辆、火炮1 500门、舰艇15艘。两国军费开支近2 000亿美元，经济损失约5 400亿美元。战争使双方的综合国力受到很大削弱，客观上削弱了伊朗输出伊斯兰革命的势头，推迟了阿以争端和平解决的进程，刺激了中东地区各国对地对地导弹、化学武器等大规模杀伤破坏性武器的追求，引起了新的军备竞赛。伊拉克在这场竞赛中略占上风，以致很快忘记战争教训，停火两年后贸然入侵科威特，酿成了规模空前、给伊拉克带来灾难性打击的海湾战争。

两伊战争是双方大量使用先进或较先进武器的现代局部战争。战争爆发前，两伊不惜巨资购置了大批先进武器设备。战争爆发后，更不惜血本，向美、苏等国进口武器。在战争中，双方频繁使用先进飞机实施狂轰滥炸，然而，由于两国军队训练水平低，人员素质、指挥能力不能满足现代化战争的要求，先进武器没有发挥应有的作用。如那些价值昂贵、数量有限的地地战术导弹，往往被用于袭击普通城镇，没能在战场上充分发挥其战斗威力。因此，西方一些军事评论家称这次战争为"现代化武器打的低水平战争"。

两伊战争给世人留下了有益的启示：任何再富有的国家，都承受不起一场拼国力的长期消耗的战争，而巨额资金能够买到现代化武器，但买不来军队的现代化水平。

第二节　箭龙问天——高科技战争

1. 悄然兴起——高技术战争出现

核武器的超杀伤性限制了它的实用性。因此，世界各国，特别是主要大国逐渐将注意力向发展高技术、常规武器方向转移。同时，现代科学技术发展的广度和深度，也给常规武器变革提供了可能。大约20世纪80年代以来，人门把注意力从"核时代"延伸到"核后时代"，"高技术局部战争"作为一种新的战争形态受到广泛重视。

高技术武器装备涌进战场，并在战争中大逞成风，极大地改变了战争的面貌。

1981年6月7日，以色列悄悄出动8架F—16战斗机在6架F—15歼击机掩护下，绕过约旦等国的雷达监视，躲过美国预警飞机的探测，向伊拉克首都巴格达郊外的"乌西拉克"核反应堆投掷炸弹，"轰炸的精确性令人目瞪口呆"，使伊拉克苦心经营数年、造价4亿美元的核反应堆被彻底摧毁。整个袭击时间仅2分钟，以军飞机往返2 000多公里安全返回。

同年8月，美军两架F—14战斗机从"尼米兹"号航母上突然升空，发射两枚"响尾蛇"导弹，分别击落利比亚执行巡逻任务的两架苏—22战斗机，前后不过1分钟就结束了战斗。

1982年4、5月间，英国和阿根廷在马岛及其附近海域开展了一场封锁与反封锁、空袭与反空袭、登陆与抗登陆的大较量，导弹战、电子战格外引人注目，特别是阿根廷空军的"超级军旗"式飞机用"飞鱼"导弹击沉英"谢菲尔德"号驱逐舰，不仅震惊了英国朝野，而且也震惊了全世界。

1982年6月，以色列空军出动先进战斗机袭击叙利亚贝卡谷地的导弹阵地，使叙利亚19个"萨姆—6"导弹阵地在6分钟内化为乌有。

1986年4月，美国数十架战斗机、电子战飞机和空中加油机，数千里长途奔袭，对预先选定的利比亚5个军事目标进行了"外科手术式"的空中袭击。

1989年12月，美军首次使用F—117隐形战斗机，向巴拿马发起了猛烈的突然袭击，推翻了诺列加政府。

1991年初爆发的海湾战争，则是高技术武器的大汇展，被公认为典型的高技术局部战争。

高技术战争的出现绝非偶然。20世纪60年代，人类迎来了科技革命蓬勃兴起的时代。从那时起，一大批高技术新技术日益崛起，促进了生产力的发展，同时也极大地改变着人们的思想观念。许多现代科学成果必然会反映到军事领域，产生许多军事高技术和一系列改变传统战争样式的武器装备，如精确制导武器、隐形飞机、电子战设备等，使战争呈现出许多新的特征。英阿马岛战争、以色列入侵黎巴嫩战争、美国入侵格林纳达和巴拿马、美军空袭利比亚、海湾战争等都是有代表性的高技术战争。

当然，20世纪80年代以来发生的局部战争并不都是高技术战争，有些战争如斯里兰卡内战、阿富汗内战、非洲的战乱等，严格地说是一种低强度的武装冲突。特别是冷战结束后，全球性军事对抗程度进一步降低，爆发世界大战的危险越来越小，而由于领土、资源争端，民族、宗教矛盾，政见分歧与利益冲突，以及霸权主义扩张等原因而引起的武装冲突和局部战争此起彼伏，持续不断，成为影响地区安全和稳定的重要因素。这说明，即使在高技术战争登上舞台后，有些国家和地区由于受各种条件的制约，仍然要用一般的武器装备准备和进行战争。

然而，高技术战争代表着战争的发展趋势，引起了世界各国的广泛重视。目前，世界主要国家相继确立了"高技术建军"的方针，将此作为质量建军的重点，一场新的军事革命正在世界范围内悄然兴起，它必将使未来的战争呈现崭新的面貌！

2. 开创先河——以色列对黎巴嫩的电子战

时间：1982年6月9日下午2时14分。

目标：黎巴嫩境内的叙利亚贝卡谷地防空导弹基地。

以色列埃齐翁空军基地的美制F—15、F—16战斗机，一架接一架地呼啸而起，飞上湛蓝色的天空，进行高空掩护。

F—4、A—4 型飞机载着沉重的美制激光寻的制导滑翔炸弹、集束炸弹也飞上天空，实施低空轰炸攻击。

贝卡谷地拉响了凄厉的紧急战斗警报。

驻贝卡谷地的叙利亚指挥官、士兵奔向自己的战斗岗位，密切注视着天空。

"以色列飞机！"一个担负瞭望任务的士兵大声吼道。

"雷达开机！"指挥官下达了命令。

雷达是萨姆—6 导弹系统的眼睛。只要"眼睛"捕捉到目标，敌机就休想跑掉。

可是，以色列人太狡猾了。叙利亚人看到的飞机实际是一种由无线电遥控的、无人驾驶的"诱饵"飞机。以色列用它们来引诱敌人发射导弹。

叙利亚军队果然中了圈套。导弹相继发射，山谷里红光闪闪，而此时，在距离贝卡相当遥远的地中海上，以色列的 E—2C 型"鹰眼"预警与战斗控制飞机在盘旋。

叙利亚的雷达一开机，其天线电波频率和导弹指令发射频率就源源不断地被"鹰眼"飞机接收了，并迅速运算出来，通知已在空中的以色列战斗机。

以色列空军的空对地导弹和高爆炸弹需要这几种频率，它们拥有能沿着萨姆—6导弹的雷达波束准确攻击目标的激光制导装置。

当叙军看到以色列"飞机"接二连三地被击中、坠地而在阵地上一片欢腾的时候，以色列空军的第一攻击波已悄悄来到贝卡空域。

几个叙利亚士兵发现坠落的飞机竟是塑胶制作的，连忙报告指挥中心。指挥官马上明白中了诡计，紧急下令："雷达关机！"

可是，一切都晚了。叙利亚在贝卡谷地的 19 个萨姆—6 导弹阵地，在 6 分钟内成为一片火海。叙利亚人引以自豪的萨姆—6 导弹已不复存在。

轰炸结束了，但空战还在继续。

叙利亚空军紧急出动 60 架米格—21、米格—23 战斗机，这些飞机与 90 架以军 F—15、F—16 搅作一团。在蓝天白云之间，150 架先进的超音速作战飞机疾如流星、快如闪电，你追我赶，穿梭往来。只见炮声隆隆，火光闪闪，左一架飞机拖着烟栽下，右一架凌空爆炸。飞机发动机的轰鸣声、导弹的呼啸声、飞机的爆炸声响彻天空。

到底是以色列空军实力雄厚、技高一筹，短短 10 余分钟，叙利亚的米格飞机损失几近一半，这是中东战史上规模最大的一场空战，也是以色列入侵黎巴嫩战争中最精彩的一幕！

以色列之所以发起入侵黎巴嫩的战争，有着复杂的背景。第四次中东战争中，以色列空军共损失飞机 109 架，有 71 架是被防空导弹和高射炮击落的，其中大部分是被萨姆—6 导弹击落的。这是以色列空军创建以来受到的最沉重打击。惨重的损失，败北的耻辱，使以色列当局对驻黎叙军及其部署的萨姆—6 导弹恨之入骨，发誓要报一箭之仇。就在第四次中东战争中，巴勒斯坦解放组织武装力量成立了 2 600 多人的突击队，支持埃及和叙利亚反对以色列，所以以色列一直把巴解组织武装力量视为心腹之患，一心想使用武力消灭巴解游击队。巴解总部和其领导的游击队主力从 1970 年由约旦进驻黎巴嫩后，逐步控制了黎巴嫩南部和首都贝鲁特地区，成为"国中之国"。所以，用武力消灭巴解游击队，驱逐黎境内的叙利亚军队，建立一个亲以的黎巴嫩政府，成为以色列蓄谋已久的既定政策。

1982 年 4、5 月间，机会终于来了。两伊战争进入紧张阶段，英阿在马岛交战，而黎巴嫩基督教和伊斯兰教两大教派矛盾尖锐，国内处于无政府状态，而以色列归还西奈半岛后，与埃及达成和解，埃及不会介入战争。

6 月 3 日，以色列借口驻英大使被暗杀，内阁批准入侵黎巴嫩的命令。

6 月 4 日，以军悍然出动大批 F—15 等战斗机对大量目标进行了 48 次袭击，巴解游击队也炮轰了以色列北部地区。

巴解游击队的兵力不足以军的十分之一，他们顽强抵抗，虽然给侵略军的推进造成了巨大障碍，但以军毕竟有泰山压顶之势，三天便攻占了贝鲁特。巴解遭到毁灭性打击。以色列国防部长沙龙自信地宣称：巴解已不再是一支有效的武装力量了。

以色列军队的下一个目标是贝卡谷地。沙龙要消灭部署在那里的叙利亚空军和导弹。

此前，以色列通过各种渠道要叙利亚人相信，以色列只打巴解，绝不动叙利亚一指头，因而在以军向黎巴嫩南部推进过程中，只与驻黎叙军发生几起小小的侧面冲撞和磨擦。不过，从叙军标绘的以色列入侵黎巴嫩态势图上，则可明显地感到，以军对驻黎叙军的地空导弹阵地形成了包围态势。

叙利亚开始感到战争形势十分严峻，以色列咄咄逼人。不过，他们太相信苏联老大哥，认为有世界上先进的苏联作战飞机，有苏制萨姆防空导弹系统，这是以色列空军难以逾越的障碍，十月战争中，以军不就是被萨姆导弹打得落花流水，狼狈不堪，饱尝苦果的么？认为有这把安全保护伞，就不会有来自空中的威胁。有苏军顾问的虎威，以军也不敢轻举妄动。正是叙利亚对战争形势的错误判断和决策上的优柔寡断为驻黎叙军的悲剧埋下了伏笔。

6 月 9 日凌晨，以色列召开内阁会议，国防部长沙龙耐着性子，说服议员们批准他提出的袭击贝卡谷地的计划。其实，在内阁会议前，沙龙就已开始执行攻打贝卡谷地计划的准备工作。以军在沙龙等人的授意之下已推进到贝鲁特一大马士革公路一线，袭击了一些孤立的叙军据点，并从南、西两面对贝卡谷地迂回包围，施加军事压力。以军在围攻贝鲁特市西区巴解游击队总部的同时，逐步把作战的重点转向贝卡谷地周围的叙军。其后在贝卡谷地南端的吉金地区，同叙军第85装甲旅首先交火，双方均有数十辆坦克被毁，以军逐步地逼近贝卡谷地。

叙利亚还想再凭萨姆导弹壮胆、制敌，但万万没有想到以色列人已经掌握了制服萨姆导弹的方法。就这样，19个萨姆—6导弹阵地在6月9日下午的以色列空袭下顷刻化为乌有。叙军于当日夜间补充的4个萨姆—6导弹连和3个萨姆—8导弹连，第二天也被以军摧毁。

美军《航空周刊》报道6月9、10两日交战双方的损失情况称：叙利亚损失81架战斗机，以色列损失飞机10架。

贝卡大空战挫伤了叙利亚空军的元气，陷入重围的巴解部队更无望解救，6月11日被迫同意停火。此后，以军继续围困贝鲁特市区，双方边打边谈，直到8月21日才达成巴解撤离贝鲁特、多国部队进驻黎巴嫩的协议，双方军事行动基本停止。

9月15日，以色列军队以黎巴嫩总统希尔·杰马耶勒遇害为由，再次派兵进驻贝鲁特，对巴勒斯坦两个难民营进行了持续40个小时的血腥屠杀，数以千计的巴勒斯坦难民丧生。在国际舆论的压力下，以军被迫于9月29日开始撤离贝鲁特西区，由多国和平部队维持秩序。

1983年5月17日，黎以签定了撤军的协议，但由于该协议在黎巴嫩南部问题上作出了有利于以色列的决定，使以色列基本达到了侵略目的，所以叙利亚、巴解组织都反对这一协议。此后，以色列单方面声称分阶段从黎巴嫩撤军，直至1985年6月才撤出黎巴嫩。

这次战争是第4次中东战争以来进行的最大规模的现代化战争。双方使用了当时最先进的飞机、导弹、电子战设备、新型的坦克、装甲车等。尤其是以军，充分发挥了先进武器装备和电子战的作用。

以空军的胜利表明，电子战已成为高技术战争的主要作战样式之一。为了压制叙军在贝卡谷地的防空导弹和同叙空军作斗争，以军事先制订了周密的电子战计划。进攻发起后，以军首先发射大量遥控无人驾驶飞机从西部和南部进入叙防空区，诱使叙发射萨姆—6导弹，从而探测其指挥雷达的电波频率，再派出电子干扰飞机实施干扰，使其导弹不能准确命中目标；同时由改装的RC—707和E—2C"鹰眼"式预警与控制飞机搜索敌情，派出情报支队搜集叙军机场指挥塔和叙军使用的无线电和雷达电波频率，迅速指挥以机进入有利阵地，同时积极实施电子干扰。以空军F—15、F—16战斗机上的干扰台针对出现的威胁自动开机，施放欺骗干扰；当对方发射雷达制导的空对空导弹时，以机则施放偶极子反射体，诱开来袭导弹。日本有的学者称"黎巴嫩战争是未来电子战争的先例"。国际评论认为以空军空袭贝卡谷地是"电子战的胜利"。

叙军却满足于第4次中东战争中萨姆—6导弹曾击落过大批以机的"成就"，自恃装备先进，未能根据新的情况（即萨姆—6导弹已不是首次使用，而且以军也早已研究对付它的办法）研究新的对策，以致在遭到突然袭击面前束手无策，被动挨打。

3. "杀鸡骇猴"——美国入侵格林纳达和巴拿马

1983年10月13日，位于加勒比海的一个小岛国格林纳达爆发了军事政变，以政府军司令奥斯汀为首的一伙军官，占领了总理府，手无寸铁的莫里斯·毕晓普总理遭到软禁。19日，数千群众在首都圣乔治游行支持毕晓普，并将毕晓普解救出来。其后，这些人与政变者发生冲突，毕晓普又重新落到政变者手中，当天便被秘密处决。

20日，军方接管政权，成立了以奥斯汀为首的"革命军事委员会"，格政权落入亲苏古的强硬派手中。

在美国白宫，关于格林纳达局势的会议正在秘密进行。这是里根任总统以来秘密程度最高的一次会议，参加者除总统、国务卿和国会领导人外，只有里根的几位高级助手。

靠墙的地方挂起了一张南加勒比海地图。即使在这张放大了250倍的地图上，格林纳达仍然显得渺小，似有若无。在地图的下方，还有一行提示性的文字：格林纳达，距美国3 000公里。人们不禁要问，美国这么一个具有世界头号军事和经济实力的超级大国，为什么会对小小的格林纳达那样感兴趣呢？

原来，格林纳达陆地总面积虽仅为344平方公里，但其战略地位十分重要。它位于加勒比海东部的小安的列斯群岛南端，西濒加勒比海，与巴拿马运河遥遥相对，东临大西洋，扼加勒比海出入大西洋的东部门户，历来为兵家必争之地。格林纳达独立后，成为英联邦成员国，由统一工党执政。以埃利克盖里为总理的统一工党政府奉行亲西方和亲美的政策，引起了在野党"新宝石运动"的不满，1979年3月13日发动政变，推翻了盖里政府，成立了以莫里斯·毕晓普为总理的新政府。该政府在外交上奉行向苏联和古巴"一边倒"的政策，大量接收苏联和古巴的经济和军事援助，引起美国的极大不满。美国认为，格林纳达如果被苏古完全控制，由格林纳达、古巴和尼加拉瓜三国的机场构成的"铁三角"将使作为美国传统"后院"的中美洲加勒比海地区处于苏古作战飞机的威胁之下，美国海上运输线和本土的安全将受到严重威胁。由此，美国不断向毕晓普政府施加压力，试图推翻格林纳达的亲苏古政权，将其纳入"民主"国家之列。

在美国的压力下，毕晓普开始采取措施缓和与美国和其他西方国家之间的紧张关系。

1983年6月7日，毕晓普还亲自访问美国，并与美国达成一项"谅解"。毕晓普的上述行动引起了政府内部以副总理科尔德和政府军司令奥斯汀为首的亲苏古"强硬派"的激烈反对，最终导致政府军发动军事政变推翻了毕晓普政权。

格林纳达政变给里根政府出兵提供了借口。为了做到"师出有名"，里根政府陈述了三条理由：一是保护在格林纳达圣·乔治大学的几百名美国学生；二是保护在岛上的英国总督；三是根据原总理毕晓普合法政府和加勒比六国政府的紧急请求。其实，美国的战略企图是力求集中优势兵力，速战速决，推翻政变政权，扶植亲美新政府，同时慑服其他中美洲国家亲苏古的政治势力，以对抗苏联和古巴在中美洲的"渗透"和"扩张"。

为实现这一企图，美国参谋长联席会议制订了代号为"暴怒行动"的作战计划，出动地面部队8 000人、海空军1万人、飞机230架、航空母舰2艘、其他舰船13艘，而格林纳达仅有陆军2 000人。21～23日，美海军"独立"号航母编队和"关岛"号两栖攻击舰编队隐蔽驶抵格岛海域，在该岛周围50海里范围内设立了海、空封锁区。

1983年10月25日清晨4时30分，美国舰载航空兵对珍珠机场实施航空火力准备。5时，400名海军陆战队从集结于珍珠机场以东水域的"关岛"号两栖攻击舰搭乘直升机，直接在珍珠机场跑道上登陆。经2小时战斗，美国完全控制了珍珠机场。

5时30分，一场激烈的战斗在格林纳达西南部的萨林斯角机场打响。美"独立"号航母出动A—6、A—7攻击机对萨林斯角机场实施火力压制，不等守军喘过气来，又由武装直升机护送本身就具有攻击能力的AC—130武装运输机进行人员空降。特种部队和空降师各2个营控制机场后分兵两路向圣乔治推进。

格军大部溃散，但正在帮助修建机场的古巴人却顽强抵抗。两个机场失守之后，格岛之战的格局就基本确定了。至28日下午，南北两路美军经激烈巷战后占领圣乔治城，战斗结束。

整个战争过程呈现一边倒的趋势。美国在战争过程中始终掌握着战争主动权，并最终以很小代价在短时间内完成了对格林纳达的占领，达成了战略目的。格林纳达方面处处被动，处处挨打，8 天之内就落得个丧权辱国的局面。战争结束，美军仅 18 人阵亡，90 人受伤，损失直升机 10 余架。格军亡 40 余人，被俘 15 人，其余逃散；古巴人亡 69 人，伤 56 人，被俘者达 642 人。

这场战争是以大凌小的侵略战争，遭到了包括美国的西欧盟国在内的世界多数国家的一致反对，美国的国际形象大受损害，但是，这场体现现代化样式岛屿作战的战争，是越南战争结束后美国进行的第一次大规模军事行动，而且是一场代价小、收益大的速决战。美军战前准备仅 4 ~ 5 天，反应快速，发挥海空军优势封锁、控制格林纳达的领海和领空；海军陆战队、空降兵和特种作战部队登陆和空降后，快速突击，速战速决，在战略指导上有许多成功经验。

这场战争还是一场高技术条件下的局部战争。美军三军出动，上有卫星、现代化作战飞机和各种直升机，下有包括航空母舰在内的大型水面舰艇、坦克和各种装甲车辆，有大量的精确制导武器，有先进的 C3I 系统等。格林纳达方面既没有飞机、舰艇也没有坦克、大口径火炮，其高技术装备几乎等于零。格美对抗，实质上相当于拿棍棒的人与拿着自动步枪的人打仗。

6 年以后，也就是 1989 年 12 月，美军为了维护其在巴拿马运河区的殖民利益，又大兵入侵巴拿马，进行所谓的"正义事业行动"，再一次表演了"杀鸡用牛刀"的把戏。

美国和巴拿马的主要矛盾是巴拿马运河问题。

1903 年，美国政府强迫刚刚独立的巴拿马签订了美开凿和永久租借巴拿马运河区的不平等条约。

1914 年运河通航后，美国把运河西岸 16.1 公里范围划为运河区，设立美军南方司令部，不许巴拿马人入内，运河区成了"国中之国"。巴拿马人民为了收复运河区，进行了长期斗争。

1977 年，美、巴签订新约规定美国于 1999 年年底将运河区主权归还巴拿马。

1983 年，诺列加少将任巴国防军司令后，要求美国提前归还运河区。为此，美国多次想除掉诺列加，美巴关系趋于紧张。

1989 年 12 月，美、巴在提名运河管理委员会主任问题上出现争端，关系急剧恶化。

15 日，巴全国民众代表大会任命诺列加为政府首脑。

16 日，一名美军军官在与巴士兵冲突中丧生，美国随即以此为借口入侵巴拿马。

1989 年 12 月 20 日凌晨 1 时，2.6 万美军趁着夜暗，兵分 5 路，向巴拿马军队的 27 个重要目标同时发动了猛烈的突然袭击。美 F—117 隐形战斗轰炸机投下的重磅炸弹、AC—130 直升机发射的导弹、坦克炮弹和迫击炮弹，暴雨般地倾泻到目标上。接着，C—141、C—130 和 C—5 等大型军用运输机掠过天空，伞兵从天而降。巴国防军司令、政府首脑诺列加指挥巴军及准军事部队"尊严营"奋起抵抗，战斗十分激烈，终因寡不敌众，仅 8 小时就失去了组织的抵抗能力。

15 个小时美军就控制了巴军的大部分兵营，推翻了诺列加政府。1990 年 1 月 3 日晚 8 时 48 分，诺列加被迫向美军投降。

美军入侵巴拿马，以较小的代价顺利地达成了作战目标。

在此次战斗中，美军早有准备，计划周密，战前向巴增派了很多兵力，并利用驻巴的便利条件进行了现场演练，使参战部队熟悉作战地形、环境，掌握应该采取的战术。同时，美国注意隐蔽作战部署，严格保密，使用优势兵力，选择有利时机；发挥空中优势，快速部署部队，从而保证了入侵行动的隐蔽性、突然性，增强了打击的力度。F—117 隐形战斗轰炸机和 AH—64"阿帕奇"攻击直升机等都首次应用于实战，机组人员都装备有现代化的航空夜视系统。诺列加则错误地估计了形势，明知美军战前活动频繁，却认为美军故作姿态，在美军入侵的头天晚上，诺列加还在军官俱乐部寻欢作乐，致使最后被美军抓获。

美军入侵格林纳达和巴拿马，虽然在军事上取得胜利，但在政治上却陷入被动，其侵略行径遭到世界多数国家的强烈谴责，也使全世界人民更清楚地认识到：美国虽然极力把自己装扮成主持正义和维护世界和平的世界警察，但实际上却在推行强权政治，肆意践踏联合国宪章和国际法，成为对世界和平的主要威胁。格林纳达和巴拿马的战败再一次说明，落后就要挨打这条古训在战争已经进入到高技术阶段的今天，仍值得引起深思！

4. 空中突袭——美国对利比亚的"外科手术式"打击

1986 年 3 月 23～24 日和 4 月 15 日，美国以打击国际恐怖主义为由，出动大批作战飞机，在海军舰艇配合下，对利比亚发动了两次代号分别为"草原烈火"和"黄金峡谷"的突然袭击，在非洲北部的锡德拉湾挑起了令人瞩目的战火，爆发了以空袭和反空袭为主要内容的军事冲突。

利比亚是非洲北部以阿拉伯人为主的国家，为北非的重要石油生产国。

1951 年利比亚独立后，伊德里斯王朝推行亲美政策，同美签署了一系列军事与经济技术合作协议。美在利比亚不仅有数家石油公司，拥有价值数十亿美元的租借地，还设立军事基地，驻有数千名军事人员。因此，利比亚是美国的重大利益之所在，为美全球战略中的一个重要立足点和战略基地，系与苏联争霸地中海，对苏南下战略动向实行监视的前沿哨所。

1969 年卡扎菲发动政变并出任利比亚革命指挥委员会主席后，推行亲苏反美的外交政策，先后收回在利的空军基地，废除同美签订的军事、经济技术协定。1981 年，美、利断交。

1985 年 12 月 27 日上午，意大利首都罗马达芬奇机场和奥地利首都维也纳施威夏特国际机场同时遭到恐怖分子的袭击，死伤 100 余人，其中美国亡 5 人，以色列亡 1 人。

美国认定利比亚"支持恐怖分子制造了流血事件"，里根总统当即宣布要对肇事者进行最严厉的惩罚，并授权国家安全顾问波因德克斯特制订制裁卡扎菲的行动计划。

1986 年 1 月 3 日，美第 6 舰队"珊瑚海"号航母编队奉命驶往利比亚附近海域，对利实行军事威胁。美东海岸的"美国"号航母编队也作好了部署到地中海去的准备。美所有海外军事基地亦进入半戒备状态。

1 月 7 日美宣布对利实行贸易禁运和全面经济制裁，撤离在利比亚的近 200 名美国工程技术人员。次日，里根又下令冻结利比亚在美国的全部资产。

1 月中旬，美"萨拉托加"号航母编队由印度洋驶入地中海，与已在地中海的"珊瑚海号"航母编队一起在利比亚近海举行演习。

面对美国的步步紧逼，利比亚进行紧急动员，征召 4 万名预备级人员入伍，在首都的黎波里实行灯火管制，全国进入战争戒备状态。1 月 26 日卡扎菲总统宣布锡德拉湾北纬 32 度 30 分为"死亡线"，美国的任何军用飞机、舰只只要进入或越过这条线，利比亚就要实施理所当然的反击，把锡德拉湾变成"血海"。

卡扎菲关于"死亡线"的宣布，给美国提供了一个实施军事打击的口实。美国称，按国际法规定，各国领海不超过 12 海里，12 海里之外为国际水域，各国都有航行自由权。卡扎菲关于"死亡线"的划定，实际上将利的领海延伸到了公海 150 海里外的整个锡德拉湾，这是违反国际法规定的，美国绝不承认。美决心向卡扎菲"死亡线"挑战，引诱利军开火，然后以优势兵力对利实施惩罚性打击。

3 月 14 日，美国总统里根召集国家安全委员会会议，制订了"草原烈火"作战计划，拟以 3 个航母编队在锡德拉湾举行"自由通航演习"，以部分舰、机穿越卡扎菲宣布的"死亡线"，引诱卡扎菲"先动手"，以便还击。还根据利比亚可能作出的不同反应，制作了 3 个行动方案。整个作战由里根总统实施战略控制，凯尔索中将负责战场指挥。

24日1时，美第6舰队3艘战舰和100多架飞机以演习为名，越过利宣布的"死亡线"，进入苏尔特湾活动。利军发射6枚防空导弹无一命中，起飞2架战斗机亦遭拦截返回。

21时26分，美机开始空袭，先后发射空舰导弹和反雷达寻弹12枚，击沉利导弹艇5艘，摧毁苏尔特附近的导弹基地。美对利的第一次打击完全达到了目的。

利比亚遭受美打击后，卡扎菲表示将采取一切措施与美对抗，包括打击"一切美国目标，不论是美国货物、船只，还是美国飞机或人员"。

一波未平，一波又起。4月2日美军环球航空公司1架波音727客机在从罗马飞往波恩的途中，发生爆炸，炸死4名美国乘客。炸伤9名其他国籍的乘客。

4月5日凌晨，西柏林拉贝勒迪斯科舞厅发生爆炸，炸死炸伤155人，其中45名是美国军人。爆炸者宣称这两起恐怖行动是对美国3月24~25日袭击利比亚的报复。

4月6日上午，美中央情报局向里根呈交了截获和破译的利比亚同其驻东柏林人民办事处之间有关西柏林拉贝勒舞厅爆炸事件的全部往来电报。美宣称有确凿证据表明利比亚直接策划了针对美国的恐怖事件，西柏林拉贝勒舞厅爆炸案是卡扎菲4月4日亲自下达"立即行动"的指令后发生的。根据上述"证据"，美国决心再次对利比亚采取军事行动，并制订了"黄金峡谷"行动计划。

该计划提出，以第6舰队"珊瑚海"号和"美国"号航母编对的A—6舰载攻击机和美驻英拉卡希斯基地的F—111F战斗轰炸机为主，对利比亚的五个目标实施夜间空中突袭：的黎波里的阿齐齐耶兵营（据称是卡扎菲的指挥部，也是卡扎菲的住处）；西迪比拉勒港兵营（据称是利比亚突击队训练中心，培训巴勒斯坦"蛙人"潜水）；的黎波里机场军用区（据称停放着9架伊尔—76运输机）；班加西民众国兵营（据称是卡扎菲的备用指挥所）；班加西贝尼纳军用机场（据悉该处停放有米格—23飞机）。

计划还有两个目标，即美认定的恐怖分子阿比尼达尔的驻利办事处和利比亚情报局总部大楼，因靠近居民区，在征询撒切尔夫人意见后放弃。

4月12日，美派出特使游说欧洲盟国支持美袭击利比亚，再三磋商，英国同意美国使用其驻英空军基地。

4月13日，美向驻英空军基地增派KC—10型空中加油机10架，向塞浦路斯派去F—4型战斗机30架。美"企业号"航母由印度洋驶入阿拉伯湾，准备支援第6舰队；驻南欧各地美军亦进入战备状态。

"黄金峡谷行动开始！"4月14日7时整，利比亚人好梦正酣时，美国各海、空军基地、海上舰群和驻英的战斗机部队同时接到了负责这次作战的总指挥凯尔索中将的命令。

巨大的探照灯把英国拉肯希思和朱登霍尔等机场的跑道照得通亮。装着激光制导炸弹的F—111战斗机、E—2C"鹰眼"预警飞机相继起飞了。大型空中加油机KC—10A也吻别了跑道，扑向茫茫的夜空。

这是第二次世界大战以后在英国上空集合的最大规模的空袭机群。分驻英国4个机场上的美军所有参战飞机1个小时内全部升空完毕，准时飞抵英吉利海峡远离陆地的第一集合点。

北大西洋公约组织司令部的计算机对所有军事行动均有备案。此时值班军官面前荧光屏上的字符特别引人注目："军事演习，代号——老练的民族。"

对于有准备的一方来说，战争不过是一场演习，而对另一方，演习却意味着战争。

4月15日零时20分，由16架F—111组成的空袭机群飞抵距利比亚海岸约500公里的美航母编队上空。此时美国各型飞机100余架，先后从"珊瑚海"号和"美国"号航母上起飞，与远航到达的空军机群顺利会合。至此，在利比亚北部上空会合的飞机达150余架，组成有攻击机、战斗机、战斗轰炸机、电子战飞机、预警机、侦察机、反潜机、加油机、搜索救护直升机及其他支援飞机等15种机型的空中集群，实现了空中密切协同。

凌晨2时整，伴随"攻击开始"的一声令下，一双双早已等待的手按动了按钮。美机分4个波次对的黎波里和班加西及附近的5个军事目标进行袭击。投弹约100吨，严重摧毁卡扎菲的指挥部、2个机场、一个港口和1个训练基地。计摧毁利比亚防空雷达站5座，炸毁利军用飞机14架，重创波音—727飞机1架，炸伤米格—23、米—8、米—24、伊尔—76飞机多架。炸死100多人，炸伤600多人。卡扎菲本人无恙，但他年仅1岁半的养女哈娜被炸死，两个儿子受伤。

美参战飞机完成预定作战任务后，于2时13分开始撤离战场。空军飞机除1架F—111F被地面炮火击落坠入地中海，另1架F—111F因发动机故障返航时被迫降于西班牙外，其余全部安全返回驻英空军基地，此次奔袭，往返航程万余公里，共航行14小时34分，空中加油6次。

在两次空袭作战中，美军大量使用先进的精确制导武器，大大提高了命中精度，对于实现美军作战目的起了重要作用。特别是在"黄金峡谷"行动中，美军集中使用GBU—10型激光制导炸弹、"哈姆"高速反辐射导弹和MK20"石眼"激光制导集束炸弹等。据报道，美空袭作战中，激光制导炸弹的命中率为

75%，"哈姆"和"百舌鸟"反雷达导弹的命中率更高。利比亚军队虽发射了SA—5等导弹数十枚，但无一命中，难以与美对抗。

美军空袭利比亚表明，"外科手术式"打击已成为高技术战争的一种重要样式。由于现代远程武器、精确制导武器的出现使现代战争有可能从"地毯式"战争转变力"外科手术式"的打击。这种打击发起突然，距离遥远，持续时间短，打击目标小，作战效果明显。美对利比亚的空袭仅十几分钟，同时对利比亚两大城市进行了"开肠剖肚"似的"肢解"，"手术"异常顺利，展示了这种"外科手术式"打击的图像。在两极冷战体制终结、世界核大战爆发的可能性日益减少、地区冲突此起彼伏的情况下，某些拥有高技术优势的军事强国为实现特定的战略目的，将会越来越多地采用这种方式对相对弱小的对手实施这类打击。

美、利之战在某种意义上讲也可以说是现代电子技术的较量，"制电磁权"的争夺日益具有战略意义。由于美军掌握了压倒的电子优势，完全控制了战区的"制电磁权"，获得了极大的战略主动权和行动自由度，以极小的代价，成功地达到了作战目的。利军则在美军的电子打击下，"耳聋""眼瞎"，只能进行盲目的对空拦阻射击，发射的SA—2、SA—5导弹无一命中。从这次作战可以进一步看到电子对抗已发展为一种有效的战斗力，电子战是总体战斗力的倍增器。夺取"制电磁权"同夺取制空权、制海权具有同等重要的战略意义。电子战广泛渗透到战争的各个领域和各个方面，成为现代高技术战争的先导，并贯穿战争的全过程，已经由战役战斗的保障性行动发展成为具有战略意义的相对独立的作战形式。

5. "斩首行动"——从"沙漠盾牌"到"沙漠风暴"

1990年8月2日凌晨，沉睡中的科威特被一场恶梦惊醒了：海湾军事大国伊拉克在集结10余万兵力的基础上，出动5个师的精锐部队，在海军陆战队的配合下，突然越过伊、科边境，直奔科威特首都而来。

科威特军队仅有2万余人，在毫无准备的情况下来不及组织有效的抵抗，防线很快被伊军突破。几个小时后，伊军攻入科威特城并包围了埃米尔王宫。当日下午4时伊军基本控制了科威特全境，埃米尔国王乘直升机逃脱，其弟法赫德亲王则在保卫王宫的战斗中阵亡。

伊拉克在对方毫无准备、兵力相差悬殊的情况下，公然吞并科威特，就像晴天霹雳，极大地震惊了世界，并引发了战后世界最大的一场局部战争——海湾战争。这场战争是在东西方关系缓和、两极格局走向瓦解、各种力量分化组合的大背景下发生的，对冷战后国际新秩序的建立产生了深刻的影响。这场战争又是一次广泛使用高技术兵器的现代化战争，展示了现代高技术战争的新特点，对军事战略、战役战术和军队建设等问题带来了许多启示。

号称"巴比伦雄师"的伊拉克总统萨达姆之所以断然采取入侵行动，有着复杂的背景。历史上，由于种种原因，伊、科两国围绕主权和边界问题存在争端。伊拉克对科威特觊觎已久，1961年科威特宣布独立时，伊拒不承认，并陈兵边界，企图武力占领，因遭英国干预和其他阿拉伯国家反对，才于1963年承认科威特独立。

80年代末，随着两伊战争的结束和美苏关系的缓和，伊、科之间的矛盾突出起来。伊拉克希望解决长期困扰它的出海口问题，要求科威特免除伊在两伊战争中欠下的巨额债务。

1990年7月，伊拉克在向科威特提出一系列要求遭到拒绝后，定下了以武力吞并科威特的决心。8月2日武装占领了科威特全境。

伊拉克入侵的8月2日当天就激起了一片谴责的声浪。接着，伊拉克最大的军火供应者之一苏联宣布停止向伊拉克发运武器；美、英、法三国宣布冻结科威特在这三国的资产以便保护；瑞士政府指示银行加强对科威特财产的保护，以防伊拉克侵吞；阿拉伯联盟理事会在开罗召开紧急会议，黎巴嫩总理胡斯要求谴责伊拉克；联合国召开紧急会议，一致同意谴责伊拉克，要求伊无条件撤军；欧共体、以色列、中国、澳大利亚、日本、西德、挪威、南斯拉夫等国家也分别作出了程度不同的反应。

在美国白宫，布什总统得知伊拉克大军如涛似浪杀进科威特去了，不禁怒骂一声，立刻召开国家安全委员会紧急会议，商议对策。会议最后决定，采取大规模军事部署行动，以迫使伊拉克撤军，并为必要时采取军事打击行动作好准备。根据这一精神，负责中东地区防务的美军中央总部拟订了"沙漠盾牌"行动计划。

"沙漠盾牌"行动计划拟分两个阶段向海湾地区部署部队。第一阶段用3至4个月时间（17周），部署24万人的部队及其建制装备，以使该地区美军和其他出兵国家部队兵力达到同伊军大致相抗衡的水平。第二阶段将视形势发展继续增兵，以使兵力达到足以将伊军赶出科威特的水平。第一阶段部署，又将根据伊军有可能在短期内向沙特发动进攻的形势，首先在沙特的朱拜勒和宰赫兰一线部署快速反应部队和空中打击力量，建立机动防御，采取"以空间换时间"战略，挡住伊军可能的进攻，保证后续部队陆续抵达和部署。

美国为何要如此大动干戈呢？长期以来，海湾地区在美国全球战略中占有十分重要的地位。海湾地区是美国和西方国家经济赖以生存的主要能源供应基地。20 世纪 80 年代末期，美国进口石油的 20%、西欧的 35%、日本的 70% 都来自这一地区。

由于这里的石油经由海上运输，所以海湾通往世界各地的运输线又被西方称为"生命线"。第二次世界大战后，美国在这里组织军事联盟，建立军事基地，防止苏联在该地区扩张。1958 年伊拉克爆发民族主义革命，1979 年伊朗伊斯兰革命成功，使该地区亲西方的联盟解体，伊拉克和伊朗相继脱离了西方轨道，只剩下沙特阿拉伯和科威特等海湾西岸产油国仍与美国保持着良好的关系。伊拉克对科威特的入侵，直接触动了美国和西方国家的根本利益，对美国的全球战略提出了挑战。

伊拉克的侵略行径遭到世界上绝大多数国家的反对，同时也为美出兵海湾提供了借口。美国出兵海湾的战略目的是：控制海湾石油资源，维护西方的经济命脉，巩固其超级大国地位；长期驻足海湾，在中东建立以美国为主导的"新秩序"；制服地区强国伊拉克，保持海湾地区力量均衡，维护美国全球利益。伊侵科当天，美"独立"号航空母舰即奉命驶往海湾。8 月 6 日，美总统布什下令实施"沙漠盾牌"行动，向海湾部署军队。

其后联合国安理会通过了要求伊无条件撤出科威特并对伊实施贸易禁运等决议。美国则以执行联合国决议的名义建立多国联盟。英、法等 38 个国家出于不同目的派遣 20 余万人的战斗部队或支援部队，日本等 10 多个国家向美国捐款 540 余亿美元。

罕见的军事大调动开始了。

10 多个国家军队组成的多国部队从四面八方向海湾集结，真是大军云集，战将如林。开战前夕，多国部队总兵力为 69 万（其中美军 45 万人）、坦克 3 500 余辆（其中美军 2 000 余辆）、装甲车 3 000 余辆（其中美军 2 200 辆）、作战飞机 5 000 余架（其中美军 2 000 余架）、舰艇 250 余艘（其中美军 140 艘），部署在伊拉克——科威特周围地区，对伊军呈包围态势。多国部队总指挥、美军中央总部司令 N. 施瓦茨科普夫上将通过"联盟协调通信与一体化中心"，与阿拉伯联合部队司令沙特阿拉伯的哈立德·苏尔坦中将协调行动。多国部队的作战企图是：以连续不断的高强度空袭，摧毁伊拉克的战争潜力和战略反击能力，震撼其士气民心，重创其地面部队，瘫痪其防御体系，尔后在海空军支援下以出其不意的地面进攻、快速坚决的纵深穿插和迂回包围，将伊军主力歼灭于科威特北部和伊拉克南部地区，迫使伊拉克接受联合国有关决议。与此同时，给以色列足够的军事援助，以免以色列卷入战争，导致多国联盟破裂，给伊可乘之机。

伊军总兵力 120 万人、作战飞机 770 余架、坦克 5 800 余辆、装甲车 5 100 余辆、火炮 3.8 万余门、地对地导弹 800 余枚、在南部战区（伊科战区）部署有 43 个师约 45 万余人（司令部在巴士拉），并在科沙边境地区构筑了包括两个防御地带的"萨达姆防线"：其共和国卫队 8 个师为战略预备队，部署在伊科边界以北地区。在北部地区部署有 2 个军约 17 ~ 18 个步兵师，以备美军在土耳其方向开辟第二战场。在中部地区部署有 1 个军 3 个步兵师。另有 1 个师和 4 个旅（含共和国卫队 2 个旅）部署在首都巴格达周围。伊军由总统萨达姆·侯赛因直接指挥，其战略企图是：以藏避炸保存实力，以有限反击拖住对方，以导弹袭击分化瓦解多国联盟；依托既设阵地，发挥兵力优势并利用日益严酷的天候，使战争长期化、复杂化，最终迫使多国部队撤出海湾，以永久占领科威特。

美国是多国部队的主力军。

海湾成为世界性阅兵场，又是现代化武器的大展厅。

双方大军对峙，怒目相视，横刀相向。外交官们奔走如梭，使尽各种招数，力图平息事端，勿动干戈，但是，伊拉克拒不从科威特撤军，双方最终还是走向了决战！

美军在开始执行"沙漠盾牌"计划时，即已估计到伊拉克拒不撤军的情况，拟订了代号为"沙漠风暴"的军事打击行动计划。

12 月 20 日，美国国防部长切尼和参谋长联席会议主席鲍威尔批准了这一计划。该计划的要点是，实施进攻作战，以瘫痪伊拉克国家指挥当局；将伊拉克军队赶出科威特；消灭伊拉克共和国卫队：尽量摧毁伊拉克的弹道导弹和核生化武器；帮助恢复科威特合法政府。

美军根据这一决心拟定了作战方案：实施协调一致的多国、多方向、空中、海上和地面攻击，首先以空中袭击摧毁伊拉克重要军事目标，尔后逐步转移空中作战的重点，在科威特战区实施地面作战，消灭伊拉克共和国卫队，用阿拉伯部队解放科威特市。"沙漠风暴"行动分为空中战役阶段和地面战役阶段。

11 月 29 日联合国安理会通过第 678 号决议，规定 1991 年 1 月 15 日为伊拉克撤军的最后期限。

1991 年 1 月 9 日美国国务卿贝克和伊拉克外长阿齐兹在日内瓦举行战前最后一次会晤，但是，双方都认为没有妥协余地，会谈没有取得结果。1 月 16 日美国东部时间上午 10 时 30 分，布什总统签署了给美军中央总部司令施瓦茨科普夫的国家安全指令文件，命令美军向伊拉克开战。

1 月 17 日当地时间凌晨 2 时，海湾大地突然颤抖起来，多国部队的空袭开始了。成群的飞机一批接一批起飞，直扑巴格达，投下成千上万吨炸弹，"战斧"

导弹也拖着火舌腾空而起，飞向既定目标。美国的激光制导炸弹，一炸一个准，命中率很高。伊拉克防空炮火像节日礼花一样灿烂夺目，但未能击中几架美军轰炸机。在天亮前的几轮轰炸中，伊拉克仅有的两架预警飞机和大部分防空雷达被摧毁，这使多国部队掌握了制空权。

伊拉克空军飞机只要起飞拦截，便难得生还，因此大都逃往伊朗。苏联造的"飞毛腿"导弹逞了一下威风，伊拉克三天一枚，两天一发发射过去，竟搞得多国部队惶恐不安。最受气的是以色列，伊拉克一吃亏就拿"飞毛腿"攻击以色列。以色列总理沙米尔何时受过这种窝囊气！他不断叫着要还击，却被美国人按住手脚不让动弹。以色列一开火，麻烦就大了。美国拒不向以色列提供电子通迅密码，以色列飞机便不敢飞往战区。因为没有密码会被当成敌方飞机打掉。于是伊拉克继续发射"飞毛腿"，打得有滋有味。美国的"爱国者"防空导弹将"飞毛腿"斩断不少，但到底不能万无一失。

就在多国部队发挥空中优势时，伊拉克于1月29日居然以一支奇兵攻占了多国部队控制的小城海夫吉，但未能改变多国部队继续空袭的决心。此外，伊军曾试图以向海湾倾泄石油、点燃科威特油井和威胁使用化学武器等手段阻滞和遏止多国部队的军事行动，亦未成功。

空中战役包括战略性空袭、夺取战区制空权和为地面进攻作好战场准备。

11天后，多国部队已完全掌握制空权。进入第三周后，空中行动的重点转入科威特战区。至2月23日，多国部队共出动飞机近10万架次，投弹9万吨，发射288枚"战斧"式巡航导弹和35枚空射巡航导弹，并使用一系列最新式飞机和各种精确制导武器，对选定的目标实施多方向、多波次、高强度的持续空袭，极大地削弱了伊军的电子对抗能力、战争潜力和战略反击能力，使科威特战场伊军前沿部队损失近50%，后方部队损失约25%，为发起地面进攻创造了条件。与此同时，各种停战谈判、和平呼吁、外交斡旋和战争升级的恐吓也在进行。久战不决，世界都不得安宁。

2月22日，美国总统布什提出"最后通牒"：伊拉克必须从美国东部标准时间23日12点起开始从科威特撤军，限一周内撤完。伊拉克声称，对此通牒"不予理睬"。

2月24日当地时间4时，以美军为主的多国部队发起地面进攻，海湾战争进入最后决战阶段，也称"沙漠军刀"行动。

多国部队在沙科、沙伊边界约500公里正面上由东向西展开5个进攻集团，很快攻入伊拉克和科威特境内。伊拉克大军已在长期的狂轰滥炸之下元气大伤，斗志衰退，加之指挥不当，兵败如山倒，仓皇撤退，损失惨重。

26 日清晨，巴格达电台宣布，萨达姆总统已下令伊军从 27 日起撤退，撤至 1990 年 8 月 2 日以前的位置，伊军迅即崩溃。

2 月 28 日，布什总统宣布从当天早上格林威治时间 5 时起停止进攻性作战行动，规模空前的海湾战争终于落下了帷幕。

据战后统计，伊拉克有 36～38 个师丧失战斗力，伤亡 8.5～10 万人，被俘 8.6 万人，损失坦克 3 874 辆，装甲车 1 450 辆，火炮 2 917 门，飞机 324 架（包括被伊朗扣留的 109 架），87% 的海军作战舰艇遭重创或被击毁，损失达 2 000 余亿美元。

美军亡 390 人，伤 3336 人，被俘 21 人，失踪 45 人，损失战斗机 34 架，直升机 22 架，坦克 35 辆，2 艘海军舰只触雷负伤；英军亡 36 人，伤 34 人，失踪 8 人，被俘 12 人；其他国家损失轻微。美国耗资 600 亿美元。

海湾战争是一场典型的高技术战争。在此前的几场局部战争中，高技术战争的特征已初露端倪，其最为突出的标志是高技术兵器的使用，但是，就使用的广泛程度来说，那几场战争都无法同海湾战争相提并论。在海湾战争中，多国部队尤其是美军使用的高技术兵器几乎包括陆、海、空的各个方面。其中主要有军用卫星、全球定位系统、精确制导弹药、夜视器材、新型坦克、隐型飞机、巡航导弹、防空导弹系统、电子战武器、军用计算机和指挥、控制、通迅及情报系统，等等。高技术兵器的使用，使战争出现了许多前所未有的情况。"爱国者"与"飞毛腿"导弹的大格斗轰动一时，成为世人的热门话题；精确制导武器的使用，使"百步穿杨"这个成语难以表达其超凡表现；F117—A 隐形战斗机的大量使用，使奇袭可以在光天化日之下进行；而夜视器材的先进技术可将夜晚变成"白天"……

海湾战争表明，掌握电磁空间的控制权，对取得战争胜利具有重大意义；战略空袭已成为战争的独立阶段，空中战役的时间占整个战争的十分之九，对战争进程影响很大；在地面战斗中，实施战役欺骗、加强海空协同、实施大纵深迂回包围、重点打击对方重兵集团，对迅速达到战役目的起了重要作用；传统的作战方式（如构筑坚固的地下掩体和人防工事，大量布设水雷、地雷和开展心理战）在现代条件下，仍未失去其意义；高技术武器装备虽然在战争中发挥了巨大威力，但如果没有可靠的技术保障和后勤保障，没有高水平的人员素质，则难以充分发挥其作用。

当然，此战是在国际条件和地理条件特殊、双方实力对比悬殊的情况下进行的。美国科学家联合会的约翰·派克说，这场战争是："硅片击败钢铁的胜利"，指出了双方实力差距的本质所在。因此，既要充分重视海湾战争给战争带来的新变化和新特点，又要注意其经验教训有一定局限性。

6. 狼烟滚滚——冷战后的低强度冲突

1991年年底，苏联解体，标志着第二次世界大战后建立起来的"雅尔塔格局"宣告终结，国际形势总体缓和的趋势持续发展，全球性军事对抗程度进一步降低，爆发世界大战的可能性越来越小。然而，就在以美国为首的西方国家自认为取得了冷战的胜利，可以而且应该享受"和平红利"时，世界各地的武装冲突和局部战争此起彼伏，这些"热战"成为世人关注的"焦点"和"热点"。

巴尔干历史上曾是几大王朝的拉锯之地，也是有名的"火药桶"。冷战后，其战乱主要集中在前南斯拉夫地区。南斯拉夫是一个多民族国家，由6个共和国和2个自治省组成：塞尔维亚、克罗地亚、斯洛文尼亚、波斯尼亚与黑塞哥维那、马其顿、黑山和隶属于塞尔维亚共和国的科索沃和伏伊伏丁那自治省。

20世纪80年代后期，南斯拉夫面对东欧国家铺天盖地的多党制狂潮，西方国家的频频施压，国内一部分反对派从后台跳到前台，向现行党政领导和政治体制公开挑战。南党政领导招架无力，只得步步退让。开始时，只同意成立各种政党，想把反对党的活动限制在统一战线组织、"劳动人民社会主义联盟"的范围之内，但南党政领导人想得太天真了，没过多久，形形色色的政党如雨后春笋在全国各地涌现，到1991年，全国共有250多个政党。紧接着，斯洛文尼亚、克罗地亚、马其顿、波黑相继宣布独立，引发内战。战火于1991年3月在克罗地亚境内燃起，6月斯洛文尼亚因宣布独立与南人民军发生冲突，1992年3月波黑爆发全面战争，成为南斯拉夫内战的主战场。

波黑位于原南斯拉夫联邦共和国中部，毗邻克罗地亚、塞尔维亚、黑山共和国，面积5.1万多平方公里，人口436万（1991年）。波黑是一个信奉不同宗教的不同民族混居的共和国，境内信奉东正教的塞尔维亚族占人口的32%；信奉天主教的克罗地亚族占人口的18.4%；最大的民族集团是穆斯林，占人口的39.5%，信奉伊斯兰教。穆斯林原本也是塞尔维亚人，但在奥斯曼帝国时被迫改信伊斯兰教。南斯拉夫到20世纪70年代初把他们正式列为民族。今天，波黑的穆斯林在风俗习惯上与塞尔维亚族已大相径庭，在政治利益上矛盾很多，他们之间唯一的共同点就是都讲塞尔维亚语。

波黑于1990年年底举行二战后的首次多党制选举，三个民族政党获胜，实行联合执政，总统伊泽特贝戈维奇是穆斯林。1991年10月，波黑共和国的穆斯林和克罗地亚族议员在塞族议员抵制的情况下，宣布波黑共和国从南斯拉夫联邦中分离出来独立。对此，塞族人坚决反对，局势随之日益紧张。此后，在欧共体调解下，波黑穆斯林、克罗地亚族、塞尔维亚族三方就波黑边界不变、以三个民族实体为基础组成独立国家达成了协议，但是在新的国家国体问题上各方仍尖锐对立。穆斯林主张建立统一的国家，克族主张成立联邦制国家，塞族则主张组成松散的邦联制国家，并要求自己有权与塞尔维亚共和国结为邦联。

波黑穆斯林和克罗地亚族领导人为欧共体承认其独立提出的条件，于1992年2月29日至3月1日就是否赞成波黑为独立主权国家进行全民公决，这一公决得到穆斯林和克罗地亚族的赞成，但却遭到塞尔维亚族居民的坚决抵制。全民公决结果是赞成独立，波黑总统伊泽特贝戈维奇认为共和国议会1991年宣布该共和国为主权国家是正确的。塞族领导人则指责这次公决不合法，并警告说，任何对波黑"独立"的承认都会使该共和国的局势恶化。欧共体在3个主要民族未达成协议的情况下，号召共和国就独立问题举行公民投票，这实际上成为波黑形势恶化的导火线。

1992年3月3日，波黑共和国主席伊泽特贝戈维奇正式宣布，波黑共和国现在成为一个独立的希望得到国际承认的国家。他说，在公民投票中，虽有约占1/3的塞尔维亚族进行了抵制，但仍有63.4%的人投了票，其中99.43%的人主张独立，3月下旬，波黑穆斯林武装在素有"波斯尼亚门户"之称的波斯尼亚布罗德与南斯拉夫人民军展开激战。穆斯林扬言，如果南人民军不撤出波黑，他们将邀请克罗地亚共和国武装部队援助。3月25日，波黑共和国主席勒令南人民军12小时内撤出萨拉热窝，否则就宣布南人民军为侵略军，然而遭到了南人民军的拒绝。

正当战火在波黑境内蔓延之际，欧共体国家和美国于4月6日和7日先后宣布承认波黑共和国为独立主权国家。这无疑是火上浇油，使波黑内战骤然升级。4月6日，穆斯林、克罗地亚族与塞尔维亚族发生大规模武装冲突，萨拉热窝市内枪炮声昼夜不停，其他城市情况也十分严峻，老百姓纷纷逃命。南人民军同克罗地亚共和国武装力量在波黑战场进行了大规模激战，各民族也在自己的领地组建大批准军事部队，波黑共和国陷入了全面危机和内战之中。

波黑战争是一场典型的民族战争。它主要由复杂的民族矛盾引起，又以塞尔维亚族、穆斯林族、克罗地亚族三大主体民族为角色进行较量。战场形势错综复杂，跌宕起伏，三大主体民族的关系更是发生了戏剧性的变化。据此，波黑战争大致可分三个阶段。

第一阶段，从1992年3月波黑内战爆发到1993年4月，波黑穆、克两族由于在独立问题上有共同语言，结成军事同盟联合对塞族作战；而塞族依靠南人民军留下的武器装备和军事力量，不断发动攻势，连连得手，占领了许多领土。

第二阶段，从1993年4月到1994年3月，在军事上基本实现了战略目的的塞族人和克族人开始采取固守战术，减少攻势；塞、克两族达成了在波黑全境停火和撤军的协议，并提出了"三分波黑"的新建议，共同向穆族施加压力；而穆、克两族矛盾激化，昔日盟友反目成仇，穆、克交战成为波黑战场上的主旋律。波黑穆斯林为争夺领土与克族发生激战，穆斯林族在战场和谈判桌上陷入孤立的劣势地位。

第三阶段，从1994年3月至1995年11月，穆、克两族在美国撮合和包办下建立波黑联邦，并与克罗地亚共和国结成邦联。穆族在免除了两面作战的后顾之忧后，集结兵力在克族武装配合下向塞族发起强大攻势，塞族顽强进行反击，双方为争夺地盘经常发生激战。后在联合国、五国联络小组的斡旋下，特别是在美国的打压下，波黑冲突三方于1995年11月达成和平协议。

波黑战争打了近4年，无情的战火已吞噬了数十万人的生命，450多万人沦为难民，数千亿美元的财富化为灰烬，它不仅使波黑各族人民陷入了苦难的深渊，而且像梦魇一样困扰着美欧大国，严重影响到巴尔干地区的和平与欧洲安全。它打破了欧洲40多年无战事的状态，成为欧洲最大的热点。

在苏联地区，原来被禁锢的诸多矛盾突出地显露出来，致使战乱不断，热点频生。据统计，自苏联解体后，苏联地区共发生各种规模的战乱11起，其中多数为酝酿已久的危机，随着局势失控而升级为战乱。如格鲁吉亚与阿布哈兹的冲突、阿塞拜疆与亚美尼亚之间围绕纳戈尔一卡拉巴赫地区归属问题的战争、塔吉克斯坦内战、俄罗斯与车臣的武装冲突等。

中东地区是世界上最大的"热点"之一。阿拉伯国家和以色列、巴勒斯坦和以色列之间几十年的战争和冲突，使这一热点在冷战时期久热不退。冷战后，中东和平进程出现了历史性突破，对缓解整个中东地区紧张局势产生了积极的影响，但中东问题盘根错节，民族、宗教矛盾和领土纠纷十分复杂，因而中东地区战与和的交织局面还将继续维持。

在非洲，由于受西方"民主化"的冲击以及"多党民主制"的实行，使许多国家的内部矛盾重新暴露并激化，各派政治力量之斗争十分激烈，有的陷入严重的内战，有的发生残酷的部族仇杀，如安哥拉内战、索马里内战、利比里亚内战以及卢旺达、布隆迪种族仇杀等。

在亚太和其他地区，爆发了一些武装冲突和局部战争，如阿富汗、柬埔寨、斯里兰卡以及危地马拉内战、海地危机等。

据不完全统计，1990年世界各地发生武装冲突和局部战争28起，1991年29

起，1992 年 30 起，1993 年 34 起，1994 年 38 起，1995 年 37 起。这些武装冲突和局部战争，有的是前一年或前几年遗留下来的，有的是当年新发生的，有的当年已经结束，有的还在继续进行。其原因主要是两级格局解体后，世界上各种新、旧矛盾交织在一起，有些矛盾激化，有些危机失去控制，从而导致热点增加，冲突不断。这些冲突和战争绝大多数属国家内部的冲突，也有一些是国家之间在边界或争议地区的冲突。只要没有大国的直接插手和参与，往往强度低，具有"非正规性"，而且有的是打打停停，谈谈打打，形成了"高温不至，低烧不退"的局面。大国一旦直接干预，则战争强度明显增加，如北约国家在波黑设立禁飞区，对波黑塞族进行空中打击等行动，就使用了空中顶警机、先进导弹、激光制导炸弹等高技术武器装备。

值得注意的是，冷战后的地区武装冲突和局部战争虽不像冷战时期那样受超级大国的直接控制，但也受到国际力量特别是一些大国的插手和干预。联合国、地区组织以及第三国在促进地区武装冲突的和平解决上发挥着一定的积极作用，但是一些西方大国从各自的利益出发，试图通过联合国，为其插手地区武装冲突甚至军事干预披上"合法"的外衣。他们在涉及其重大战略利益的冲突地区，往往通过外交斡旋、武器援助，或以经济制裁甚至军事干预等手段，插手地区武装冲突和局部战争，这是导致局势复杂的一个重要原因。

地区武装冲突和局部战争虽不大可能导致新的世界大战，但严重危及地区的和平与发展。由于长期的战乱和冲突，造成相当一部分国家和地区经济困难，人民生活苦不堪言，难民危机日趋严重；有的国家政权动荡不定，甚至波及毗邻的国家和地区。

从总体上说，地区冲突趋向缓和，一些热点的解决不断取得进展，有的已经取得了历史性突破。如 1995 年俄罗斯政府代表团和车臣杜达耶夫代表团签署了和平解决车臣危机的军事问题协议，从法律上确定了停止车臣战争、解除车臣武装和俄撤军等内容，向车臣实现和平迈出了重要一步。协议签署后，车臣形势出现好转迹象，首府格罗兹尼局势相对平静，交火事件明显减少。

1995 年 9 月 28 日巴以双方经过艰苦谈判在华盛顿签署了巴勒斯坦第二阶段自治协议，进一步扩大了巴勒斯坦在约旦河西岸的自治权。尽管发生了以色列总理拉宾遇刺事件，但中东的和平进程难以逆转。经受长期战乱的波黑迎来了和平的曙光。还有一些冲突也趋向缓和，如卢旺达和布隆迪的种族仇杀已渡过了恶性阶段，索马里和利比里亚的局势趋于平静，安哥拉内战双方罢战言和，格鲁吉亚内战基本结束，朝鲜半岛核危机趋缓。地区热点问题取得的突破性进展，反映了当今世界和平的大势和人民的愿望，是世界军事形势缓和的主要标志之一。

但是，地区冲突的和平解决不会一帆风顺，不能排除出现反复的可能。波黑问题涉及政体和领土划分等重大问题，牵涉错综复杂的民族矛盾、宗教矛盾、领土纠纷和政见分歧，加上几年内战所造成的民族之间的仇恨和恩怨不可能一下子得到解决，因而波黑前景不容乐观。巴以和平进程中还有一些争端需要解决，而且新动乱也不断出现，如厄瓜多尔和秘鲁的边界冲突、土耳其对其库尔德人的大规模越境清剿、埃及和苏丹的边界冲突等。从发展趋势看，地区冲突的政治解决仍是大势所趋，但由于引发地区冲突的根源在相当长的一段时间内难以消除，因而地区冲突仍将呈此消彼长、此起彼伏之势。

第三章　科技产物——现代武器博览

第一节　尖端利器——现代武器攻略

1. 一鸣惊人——"飞鱼"导弹威震马岛

1982年4月2日黎明，一阵清脆的枪声打破了马尔维纳斯群岛（简称马岛）的沉寂。人们纷纷从被窝里爬起来，用惊奇的目光注视着四周的情形。在乳白色的曙光中，岛上英国籍居民发现，在该岛首府斯坦利港的大街小巷，到处都是荷枪实弹的阿根廷士兵。

常驻马岛的英军仅198人，不可能将突然袭击占领该岛的4 000余名阿根廷军人赶下海去。英军的抵抗只是象征性的，零星的枪声响过之后，英国士兵很知趣地放下了枪，有的还没来得及摸到枪。

就这样，马岛易主，重新回到阿根廷手中。4月3日，阿根廷军占领南乔治亚岛，英守军被迫缴械投降。

英阿两国围绕马岛主权的争执由来已久，它是历史上殖民主义遗留下来的一个长期悬而未决的问题。马岛又名福克兰群岛，位于南大西洋南端，由索莱达岛（东福克兰岛）、大马尔维纳岛（西福克兰岛）以及附近200多个小岛组成，面积为1.28平方公里，人口约2 000人，首府为阿根廷港（英称斯坦利港）。该群岛距麦哲伦海峡东部入海口约450公里，距阿根廷大陆南部海岸最近处510公里，距英国本土约13 000公里。该岛扼南大西洋和南太平洋的航道要冲，在军事上是南大西洋的重要据点和南美大陆南部的海上前哨。在两次世界大战中，英国曾以马岛为海军基地，成功地袭击德国舰船。马岛距南极大陆较近，是到南极进行探险和科学考察的前进基地和理想的物资中转站，也是将来开发南极大陆的重要出发地。

马岛居民几乎全是英国移民的后裔，讲英语。

英阿主权争议的焦点是谁最早发现和有效占领马岛。英国认为,马岛是英国人最先发现的:1592 年,英国航海家约翰·戴维斯的船"希望"号因遭暴风雨袭击而偏离轨道,偶然进入该群岛;两年后,另一个英国人理查·豪金斯爵士又到达那里,将该群岛称之为"豪金斯的处女地"。阿根廷和其他国家的一些历史学家则认为,首先发现马岛的是麦哲伦的探险队:葡萄牙著名航海家麦哲伦于1520 年路过南美时,探险队的一个葡萄牙人戈梅斯第一个发现了这些岛屿。还有的考证说,这些岛屿的最早发现者是荷兰人塞巴尔德·德韦尔特,他于 1600 年 1 月发现马岛西北端的岛屿,并用自己的名字把它命名为"塞巴尔德群岛"。还有人认为,发现马岛的可能是一位不知名的北欧海盗;也可能是漂泊不定的斐济人。上述说法在早期的正式文献中均无记载,而且没有为世界公认。对于南乔治亚群岛和南桑德韦奇群岛,英阿双方也在谁最先发现这些群岛上有争议。

据文字记载,马岛直到 17 世纪才被人们发现,荷兰人、法国人、英国人等先后涉足过这块土地。

1768 年至 1771 年,西班牙和英国曾为争夺该岛进行过战争,结果西班牙人占据该岛。

1816 年阿根廷脱离西班牙宣布独立。1820 年阿根廷正式接管该岛。1833 年,英国以该岛最早为英国人发现为由,武装占领了马岛。阿根廷政府对此曾经多次提出抗议,从未放弃过马岛的主权要求。

1958 年,马岛问题开始被提到联合国。1964 年,联合国非殖民化特别委员会审议了马岛问题,建议由该委员会邀请英阿双方政府举行谈判,和平解决争端。

1965 年,联大第一次审议马岛问题。阿根廷强调马岛是西班牙殖民体系的组成部分,应根据反殖宣言中确认的领土完整原则将马岛归还阿。而英国强调它自 1833 年以来一直对该群岛合法地行使主权,坚持其对马岛的主权。大会最后通过决议,敦促双方立即进行谈判,和平解决争端。在此后的十几年里,联大多次作出类似的决议。

1971 年,英阿签署协定,英国同意逐步把岛上居民并入阿根廷,解决了岛上居民的身份证问题,使他们可以在阿各地通行,甚至可在一些城市上中学和大学(马岛只有初等教育)。1972 年,阿在离阿根廷港 5 公里处修建了机场,班机定期往来,从此在机场上飘扬着英阿两国国旗。

20 世纪 70 年代初,勘查发现马岛南部海域可能储有丰富的石油、天然气和其他矿藏资源,英阿双方因而都不愿轻易放弃该岛。

1975 年,英派贸易代表团到马岛,阿对此提出抗议。

1976 年阿召回驻伦敦大使,两国关系陷入僵局。到 1978 年,两国恢复谈判,但未取得进展。

1980 年，英外交官在纽约与阿政府代表谈判时，提出设想：马岛主权移交阿根廷，但要阿把马岛长期租借给英国。阿对此表示反对。随后，英国政府表示，马岛居民对该群岛的归属问题应有最后决定权。

1981 年，英国议会要求"冻结"英阿关于马岛问题的谈判。

1975 年至 1981 年间，不结盟国家外长会议或首脑会议的 5 个文件提出，应将马岛的主权归还给阿根廷。

1982 年 2 月，英阿两国又在纽约举行正式谈判。3 月 1 日在阿根廷首都布宜诺斯艾利斯和伦敦发表的联合公报中说，这次会谈是"诚挚和积极的"，但是，在布宜诺斯艾利斯发表的公报中多了一句话，即"阿根廷保留终止运用谈判办法并自由选择最符合其利益的程序的权利"，双方关系因此急剧恶化。

阿根廷出于内政外交考虑，决定采取包括军事行动在内的各种手段来结束英国殖民主义者对马岛、南乔治亚群岛和南桑德韦奇群岛的武力统治。并在国内开始了积极的备战活动。阿军方早在加尔铁里就任阿根廷总统后不久，就制定了旨在武力收复马岛的"罗萨里奥行动"计划。

1982 年 3 月 19 日，阿根廷斯科蒂斯公司一行 60 人，根据同英方的协议，乘海军运输船来到南乔治亚岛利斯港，拆除一个旧鲸鱼加工厂。上岛工人在岛上升起了阿根廷国旗。

3 月 22 日，英国外交部就此事向阿根廷提出抗议照会。次日，阿根廷军人执政委员会举行会议，讨论马岛主权和应付事变问题，作出了将"罗萨里奥行动"计划付诸执行的决策。3 月 26 日，阿根廷出动三支海军特混舰队，向任务区开进。

4 月 1 日上午，阿根廷总统兼陆军总司令加尔铁里在国会大厅里宣布："我们不愿再等一个 150 年了。阿根廷军队的使命就是用武力收回该岛，实现我们对该岛的主权。"第二天和第三天，阿军实施登陆突击行动，一举夺取了马岛等 3 个群岛。

马岛陷落，使英伦三岛像遭遇强烈地震一般被震惊了。此时的伦敦，笼罩着一片蒙受耻辱的浓厚阴云。当天，伦敦《每日邮报》在头版用两个大字作为社论的标题："可耻！"

马岛被占的当天下午，英国首相撒切尔夫人召集紧急内阁会议，作出了同阿根廷断交并派出特混舰队收复失地的决定。"铁女人"撒切尔夫人呼吁："为了大英帝国利益，对阿根廷宣战！"

4 月 3 日，英国成立了以撒切尔夫人为主席的战时内阁。战时内阁决定，成立联合作战司令部，并在其下建立第 317 特混舰队司令部、登陆部队司令部和第 324 潜艇特混部队司令部，具体负责收复马岛的作战行动。

50 岁的海军少将伍德沃德和 54 岁的海军陆战队少将穆尔，分别被任命为特混舰队司令官和登陆部队司令官。

随后，英国进行紧急出征准备。英国国防部和海军计划出动海军各型舰船 61 艘，约 49 万吨。同时，为了满足从英国本土到马岛长途补给的需要，还制订了征用商船的计划。经过三大的紧张工作，特混舰队第一梯队于 4 月 5 日由英本上各港口和直布罗陀出航。

英国国防部于同日发布了经英国女王签署的征用商船命令，征用各类商船达 67 艘，100 余万吨。在完成上述步骤之后，英国于 4 月 7 日宣布，自 4 月 12 日格林威治时间 4 时起，对马岛周围 200 海里海域实行海上封锁。

针对英国的反应，阿根廷也进入了占岛后的战略展开阶段。其战略企图是以向岛上增兵的行动压制英国的强硬态度，迫使英国接受既成事实。为此，阿根廷 4 月 7 日正式宣布把马岛列为阿根廷的第 24 省，在岛上建立行政机构，任命前陆军作战参谋长马里奥·本哈明·梅嫩德斯少将为马岛最高军事长官兼岛上行政首脑；成立南大西洋战区司令部，任命海军作战参谋长胡安·何塞·隆巴多海军中将为司令。从 4 月 2 日到 12 日，阿根廷从海上和空中向马岛紧急空运人员和物资，使岛上兵力达到 1.3 万人。阿军还按照东重西轻，即重点防守地处马岛最东面的首府斯坦利港的原则，进行防御部署。

4 月 22 日，经过长途航行的英特混舰队先头部队驶抵南乔治亚岛海域。南大西洋湛蓝的海面上，十几艘军舰像巨鲸般向距马岛 716 海里的南乔治亚岛逼近，很快夺取了阿军防守薄弱的南乔治亚岛。

4 月 28 日，英军特混舰队进入马岛海域并迅速展开，两天后完成了对马岛的海空封锁。

这是一种环形和立体的封锁：天上有战斗机，随时有导弹从天而降；海上有各种军舰，黑洞洞的炮筒直指每一个可能出现的目标；水下是核潜艇，封锁区的阿军舰船无一不受到监视，导弹弹头在日夜搜寻目标。此外，"海鹞"式战斗机还在外层进行巡逻警戒，内层部署有 114 毫米的舰炮和近程防空导弹火力。

5 月 1 日，英海、空军飞机联合对马岛进行首次空袭。从阿森岛起飞的 1 架"火神"式中程轰炸机携带 21 枚千磅炸弹，经空中加油后直扑马岛而来，对斯坦利港附近的一个简易机场进行突击。从"赫姆斯"号和"无敌"号上起飞的英军"海鹞"式舰载战斗机又对马岛发动第二次空袭。当日黄昏，英舰驶进马岛，以 112 毫米口径火炮猛轰阿军阵地，并对马岛首府以东 60 公里的古斯格林机场实施轰炸，基本切断了驻岛阿军的补给钱。

5 月 2 日，英核潜艇攻击阿根廷巡洋舰"贝尔格拉诺将军"号。阿根廷唯一的万吨级巡洋舰，终于抵挡不住现代化的鱼雷攻击而沉没，舰员亡321人。

作为反击措施，阿出动海军航空兵寻击英舰。5月4日上午10时整，阿根廷3架"超级军旗式"战斗机腾空而起，直向正以30节速度向马岛北部水域行驶的英"谢菲尔德"号导弹驱逐舰扑去。

"超级军旗"式飞机是超音速海上攻击机，能在航空母舰上起降。阿根廷共有这种飞机5架，全都是从法国购买，装载于"五月二十五日"号航空母舰。"飞鱼"式导弹也是从法国购买的。它具有精确电子制导系统，体积小，射程5~45公里，可掠海面飞行。

在距"谢菲尔德"46公里处，"超级军旗"突然一个急升，发射了两枚"飞鱼"式导弹。一枚导弹在受到干扰的情况下飞向邻近水域爆炸，一枚击中了"谢菲尔德"号的机械操作、探测和装备中心。

这是一个疯狂的瞬间，顿时火光飞升，炸声如雷。在索尔特舰长指挥下，英军官兵同大火搏斗，抢运弹药，试图进行自救，但打击是灾难性的：控制舱被导弹击毁，舰上的电力和动力系统全部遭到破坏。5个小时后，索尔特舰长下达了弃舰的命令。

这艘造价达1.5亿美元、1971年才下水的现代化战舰，顷刻之间变成一堆被烧焦的废铁，徐徐沉入海底，而击沉它的"飞鱼"式导弹，价值仅为20万美元。

5月12日，英阿双方在马岛附近海域进行激烈的海空战斗。阿方称，这次战斗中，英军两艘护卫舰受重创，一架"海王"式直升机被击落。英方称，阿根廷两架"天鹰"式战斗轰炸机被"海狼"式舰空导弹击落，另一架坠入大海。

5月19日，英战时内阁的命令通过美国人的太平洋卫星，传到了特混舰队指挥部：

"同意特混舰队计划，可在近日对马岛实施登陆作战。"

当天，伍德沃德少将召集特混舰队高级军官讨论作战计划，宣布将于21日拂晓在马岛登陆。伍德沃德选定的登陆点，并不是马岛首府斯坦利港，而是不为人注意的圣·卡洛斯港。这是阿军防守最弱的环节，阿根廷军已被完全吸引在斯坦利港。为了迷惑阿军，英国战舰一直在斯坦利港一带游弋；皇家海军陆战队突击队员却化装成牧羊人，大摇大摆从斯坦利港附近的海滩走向阿根廷阵地，在滩头口打了个小小的奇袭仗。

5月20日深夜，一支由40艘舰船组成的庞大舰群驶抵圣·卡洛斯港水域。

21日凌晨，英登陆行动全面展开。至上午10时许，第一批2 800名官兵和大部分装备上陆完毕。英军上陆后，立即构筑防御阵地，并以舰炮及各种防空导弹和高射机枪组成防空火力网。

　　阿根廷总统加尔铁里愤怒了，他紧急召见空军司令多索，命令空军不惜一切代价将立足未稳的英军赶下海。5月21日，阿军出动各型飞机70多架次，击沉英军"热心"号护卫舰，击伤其他舰船4艘。5月22～25日，阿军平均每天出动飞机约120余架次，先后炸沉英军"羚羊"号护卫舰、"考文垂"号驱逐舰和"大西洋运送者"号集装箱货船等。阿根廷航空兵的反击给英军造成严重损失，但由于力量对比悬殊，英军节节抗击，并没能起到完全破坏英军登陆的作用。

　　英军在猛烈空袭配合下，继续扩大登陆成果，至5月25日晚，第一梯队5 000多人连同3.2万多吨作战物资全部上陆完毕，登陆场面积达到150平方公里。从这时起，激烈的战斗就从海上移到了陆地。

　　英军登陆后，根据地形和阿军防御态势，定下决心南北两路分进合击，向斯坦利港外围发动钳形攻势，待后援的步兵第5旅上陆后，向斯坦利港发起总攻。当时，阿军在斯坦利港外围共设有三道防线，最后一道以无线岭、欲坠山、威廉山、工兵山等高地为依托，阿根廷自称为"加尔铁里防线"。

　　英军行动开始后，北南两路分别于5月31日和29日到达斯坦利港外围指定地域，完成陆上对斯坦利港的包围。后续部队第5步兵旅则于5月30日在圣·卡洛斯登陆。

　　6月11日黄昏，英特混舰队的10艘驱逐舰和护卫舰，所有的火炮和大批"鹞式"战斗机对斯坦利港周围的阿军阵地实施"地毯式"炮击和轰炸。地面部队随之向阿军的第二道防线发起攻击。至12日晨，伞兵第3营占领了浪顿山，陆战队第45营占领了两姐妹山，第42营占领了哈里特山。

　　6月13日，英军向阿军第三道防线发起总攻，经数小时激战夺取无线岭、欲坠山、威廉山，并于14日晨占领最南面的工兵山。

　　由于第三道防线的失守，斯坦利港完全暴露在英军面前，攻城和守城都已没有必要。在这种情况下，阿根廷守岛部队通过无线电向英军提出停火请求。6月14日下午，英军登陆部队司令官穆尔少将同阿根廷守岛部队司令官梅嫩德斯少将举行会晤，同意自格林威治时间当日19时起实行正式停火。6月19日，英特混舰队派出一支特混小队又夺取了南桑德韦奇岛。至此，历时74天的马岛战争宣告结束。

　　马岛之战是第二次世界大战后在大西洋上进行的规模最大的海空大战，耗资几十亿美元，英阿双方投入兵力达10万，飞机690架，舰只151艘。尽管英国取得了战争的胜利，并重新控制了马岛，但对马岛主权的争端并未解决，阿根廷一直没有放弃对该岛的主权要求，阿根廷还把每年的6月10日定为"马岛主权日"。

　　马岛战争是一场领土主权争夺战，争夺海上制空权、封锁与反封锁、登陆与抗登陆是此战的主要作战样式。战争中，双方都有一些成功地使用精确制导武器的例子。最突出的是，阿根廷海军航空兵用"飞鱼"导弹击沉了英国特混舰队的"谢菲尔德"号导弹驱逐舰，英国海军潜艇用"虎鱼"式鱼雷击沉了阿根廷海军的"贝尔格拉诺将军"号巡洋舰。精确制导武器的使用，使传统海战"大炮巨舰"的模式发生了变化。英国决策果断，反应快速，以核潜艇和舰载机对驻马岛阿军实施封锁，显示了高技术武器的威力。英军巧妙选择登陆场，以佯动和利用夜暗达成登陆突然性，海上多点登陆和直升机垂直登陆相结合，诸军兵种协同作战，取得了登陆的巨大成功。阿方动员体制不健全，军队战备程度低，战争后劲不足，军队素质参差不齐，以致处于被动。此战证明了掌握制空权在现代海战中的决定性作用，电子战和预警机在夺取制空权的斗争中占有重要地位。

2. 陆地霸王——坦克

在第一次世界大战中的索姆河战役，英德两军对垒在索姆河畔。1916 年 9 月 15 日清晨，战地薄雾迷漫。7 时半，德军阵地前爆发出"轰隆、轰隆"的巨响，震动着大地。几十辆巨大的"怪物"向他们爬来。这些"怪物"身披钢甲，形如房屋，脚底没有轮子却能自动行走。德军士兵惊呆了，他们慌忙集中所有机枪和步枪向这些"怪物"猛射，但没有用……战斗只有两个半小时就结束了，英军大获全胜，而且伤亡微乎其微。

这就是坦克第一次投入到实战中时的场景。那时的坦克叫做"水柜"。这种现在看来十分"原始"的坦克在第一次世界大战中使敌人闻风丧胆。后来，到第二次世界大战时，坦克的装甲厚度、火炮攻击力及速度都得到了很大的提高。在当时的欧洲战场上，多次出现了德方的坦克集团军与苏方或英国的坦克集团军之间的大规模战斗。军事家们认为，坦克在二战陆地战斗中的作用几乎可说是首屈一指的。

二战结束到现在已近半个世纪了，但坦克这一陆战武器不仅没有被淘汰，而且得到了越来越大的改进和发展。坦克的火炮口径由 20 世纪 40 年代的 60～70 毫米一直发展到现在的 125 毫米。坦克的装甲则发展为复合钢甲、间隔钢甲、屏蔽钢甲等，1985 年，英国在新研制的"挑战者"型坦克上装备了"乔巴姆"装甲，使这种坦克几乎达到"无坚可摧"的地步。

坦克的控制系统、发动机系统、通讯系统也在不断改进。近年来，美国科学家运用高新科技，正在研制 21 世纪的实战坦克——智能坦克。

未来的智能型坦克不仅将具有传统坦克的强大火力、大马力发动机和防弹装甲等性能，还将配备电子弹道计算机、激光测距仪、光学瞄准镜、夜视瞄准仪、自动装弹器等先进设备。尤其突出的是，它将是轻巧灵活、封闭式，整个操纵、控制系统都是全自动化，由一台智能型计算机进行综合控制，遇上所有突发情况都可自行调整行驶路线、速度及采取防御、攻击等手段。甚至与指挥部的通讯联络也实行了自动化、智能型。

这样看来，这种新型坦克实际上只需要一个专门的电脑操纵人员即可控制，而不是像传统坦克上那样需要 3 至 5 个人员。专家们指出，这种智能型坦克将成为真正的陆战"明星"。

3. 智能超群——第三代地雷系统

二次大战前，制式地雷已有发展。在二次大战期间，由于坦克大量参战，促使反坦克地雷迅速发展。当时德国生产的 T—29 圆形铁壳反坦克地雷处于领先水平，其特点是体积大、装药多，毁伤坦克履带效果很好，这仍属于第一代地雷。

第二代地雷诞生于 20 世纪 60 年代末，这种地雷体积小、重量轻，对坦克而言，既能炸履带又能炸车底，此外还有全宽度两用地雷和撒布自毁型地雷等。由于高科技发展到 20 世纪 80 年代中期，地雷向系列化、标准化、智能化方向发展。一些具有广域、自动寻标功能的第三代地雷机相继出现。这是由于智能技术在地雷上的运用，使地雷能"有意识"地寻找目标，如"广域地雷"、"自寻标地雷"、"反直升机地雷"、"声控增程地雷"等。美国研制的反直升机地雷采用 4 个声传感器，覆盖范围为 360°。当探测器一旦发现目标后，信号处理机便计算出正确的截距角，然后抛射器将战斗部抛向目标，由被动式红外传感器瞄准目标，利用多个爆炸成型弹丸形成的弹丸束来攻击目标。这种地雷可防御半径 400 米、高度 200 米以下的空域，战斗部有效作用距离超过 100 米。

自寻标地雷研制的最高水平就目前来看要数美国的 XM—93 广域地雷和法国的"玛扎克"声控增程反坦克地雷。XM—93 广域地雷专门用来攻击坦克顶甲，当传感器探测到坦克到来后，即进行跟踪并测出坦克的行进方向、速度等参数，然后控制弹药发射装置使其处于正确的发射角度，并旋转对准目标，适时点火起爆，通过爆炸成型战斗部击穿坦克顶甲。"玛扎克"声控增程反坦克地雷上安装有声探测器和微处理器。当声探测器探测到坦克的声音时，即把信号送给微处理器，由微处理器计算出目标进行速度并以 50 米/秒的速度自动跟踪，到接近目标时，即射出弹丸攻击顶甲，使坦克当头开花。

有一种反坦克两用雷，又称"钻心剖腹"反坦克全宽度地雷。过去的反坦克雷只要坦克履带不压上它就不会起爆，而全宽度地雷由于采用了先进的磁、声、震动、红外等非触发与复合引信新技术，只要坦克在一定宽度内通过，不论是否压上地雷，它都会起爆，而且既炸履带，又炸车底。由聚能装药所形成的自锻破片可轻而易举地击穿坦克的底甲，破甲碎片还能杀伤车内人员并毁坏设备，甚至可引起车内油料起火或弹药爆炸。

综上所述，第三代地雷的"大脑"是一种具有电子控制电路或微处理器芯片的引信。由激光、红外、声和毫米波组成的单独或复合式探测系统是第三代地雷的"耳朵"和"眼睛"。

总之，第三代地雷是高科技地雷，它的出现改变了地雷"守株待兔"的形象，使传统的地雷发生了革命性的变化。

4. 深水"怪物"——世界上最早的潜艇"乌龟"号

1776年夏天的一个深夜，美国纽约港内寂静无声。一艘担负警戒任务的英国巡逻艇，突然发现一个"怪物"正在水面缓缓移动，便赶紧接近察看。还没等巡逻艇靠近，那个"怪物"却发出了一声震耳欲聋的巨响。爆炸没有伤着英国人，却让他们受到了莫名其妙的惊吓。

这个"怪物"便是世界上最早的潜艇——"乌龟"号。"乌龟"名称的由来，是因为这艘潜艇用木料模仿水桶的样式制成，浮在水中就像一个尖端朝下的鸡蛋，其外形多少有点像用两块巨大的乌龟壳咬合而成。

"乌龟"号潜艇由美国耶鲁大学毕业的D. 布什内尔于1775年设计建造。它以手摇螺旋桨为动力，只能单人驾驶。因没有氧气再生装置，故一次只能在水下逗留30分钟。该艇的舱口和通风孔设有水密舱盖，下潜时能自动关闭；舱内有压载铅块，以保证潜艇的直立；艇内装有水深仪和磷光标志的罗经。潜艇通过脚闸注水的铜制压力水泵排水，使潜艇潜浮自由。

"乌龟"号此行的攻击目标是英国战舰"鹰"号。由于布什内尔生病，而临时改由埃兹拉·李上士驾艇攻击。可不幸的是，李氏对潮流判断错误，又因选择摇钻位置不当，无法将艇上近150磅的火药桶型"水雷"固定在英舰底部，致使攻击计划"流产"。

尽管用今天的眼光来看，这艘"乌龟"号潜艇显得原始而又粗糙，可它在兵器史上却毫无愧色地占有一席之地，因为它开拓了工程师们的思路，为现代化的潜水艇打下了一块小小的基石，而且它在潜浮的原理上几乎与现代潜水艇已有异曲同工之妙。事隔100余年之后，德国人把"乌龟"号的原理运用到现代潜水艇的制造过程中，使英国人在二战初期的海战中大大地吃了亏。

5. 海空蛟龙——"水轰5"战机

我国有广阔的海域，为了保卫海疆，发展水上飞机，航空工业部于 1968 年开始筹建水上飞机设计所。同年 12 月，国家批准了命名为"水轰5"的研制方案。研制工作由水上飞机设计研究所和哈尔滨飞机厂共同承担，此一方案首批试制三架。

初次见到这种飞机，真出乎意外。它那奇特的外形格外引人注目。硕大的机身呈现船形，好似一艘快艇，宽大的机翼两端各悬挂着一个小舟般的浮筒，机身后部吃水线下还有一个水舱。这些独特的设计是为了保证飞机在水中滑行、起降时个有良好的水动、安定和操作性能。它的两个垂直尾翼分别安设在水平尾翼的外侧，呈现"H"形状。这种垂直尾翼结构也为一般飞机所不常见。机头凸出的圆包如同鼻子，内行人一看就知道里面安装着雷达。而尾部伸出的一个长尾巴却少有人知道它的用途，原来这里安设着一种磁性探测设备，用于探测水下的磁性异物，是海洋资源勘察、海上监测的重要设备。

1970 年 2 月，"水轰5"飞机总体设计完成。同年 10 月发出生产图纸，并开始试制。1971 年，装出供静力试验用的样机，1973 年 12 月，供试飞用的"水轰5"飞机总装完成。1974 年 10 月运抵试飞现场。航空工业部和海军司令部联合组成试飞办公室，具体领导试飞工作。1975 年 5 月至 1976 年 3 月，先后进行滑水试验 30 小时，完成 28 个项目的静水试验和滑行试验，还成功地进行了 4 次预起飞。

"水轰5"的外形尺寸是：翼长 36 米，机长 38.9 米，机高 9.8 米，机翼面积为 144 平方米。它的最大起飞重量为 45 000 千克，正常起飞重量为 36 000 千克。"水轰5"的性能数据是：最大平飞速度为 556 千米/小时，实用升限 10 250 米，最大航程 4 900 千米，最大续航时间为 11.55 小时，起飞滑水距离 482 米，着水滑跑距离为 653 米。1976 年 4 月 3 日，"水轰5"飞机首飞典礼隆重举行。上午 10 时，飞机下水起飞，承担首次试飞任务的是海军航空兵某部飞行中队长黄星辉等 7 人，首飞时间为 23 分钟，首次试飞获得成功。

"水轰5"首飞之后，又制造出首批 4 架飞机。1985 年年底，4 架飞机均完成了从湖北到湖南的三角航线试飞。1985 年 11 月到 12 月，在 18 个飞行日的试飞中，飞机出勤率和科目试飞成功率达 100%，实现了无故障飞行。1986 年后，该机种交付海军使用。1987 年，"水轰5"飞机荣获国家科技进步一等奖。

这种性能先进、能担负多种海空作战任务的新型飞机受到海军航空兵的喜爱和欢迎，战士们亲切地称它为"海空蛟龙水轰5"。

6. 水中惊雷——深弹武器

在现代海战过程中，舰队常常会遇到突如其来的潜艇攻击，这种新趋势不仅打破了原来水面舰艇一统海洋的局面，而且越来越构成对水面舰艇的巨大威胁，严重毁伤海军大型舰艇的作战能力。因此，在二次大战后期，人们设计生产了种类繁多的深弹武器，这些深弹武器曾受到各国海军的普遍重视。据统计，在1939—1945年的5年间，被深弹击沉的潜艇总数达718艘，占大战期间被击沉的潜艇总数的79.3%。

深弹即深水炸弹，它的性能是逐步提高的。深弹由比较简单的兵器发展成一个包括探测设备等在内的、自动化程度和效能更高的武器系统。同时，深弹的使用范围不断扩大，由初期只有水面舰艇使用扩展到航空兵也加以运用。到了20世纪60年代末，世界反潜武器库中出现了新成员——双平面音响自导鱼雷，改变了深弹在反潜战中的主角地位。

初期的深弹，结构较为简单。一个形状不太讲究的弹壳体，装满烈性炸药，再安放一个能够在水中一定深度起爆的引信就构成了一枚深水炸弹。随着科学技术的发展和现代战争的需求，在潜艇的水下航速、水下续航力、深潜能力、远距离隐蔽观察力和攻击能力等方面都获得大幅度增长的形势面前，初期的深弹及其战斗使用方法已不能满足要求，于是出现了射击距离较远（从数百米到数千米）、一次齐射弹数较多（从数枚到数十枚）的多管式深弹或多联火箭式深弹。同时，为了进一步提高深弹武器的反潜作战效果，水面舰艇还配备了搜索距离更远和效率更高的声纳作为对潜艇的探测器材，配备了指挥仪，将声纳传来的潜艇目标距离和方位、气象信息（风速、风向、温度）、发射舰航行状态信息（航向、航速）及深弹的弹道参数进行综合计算，求解出为命中潜艇发射深弹所需的高低角和方向角；配备好了精度高的深弹发射装置，以固定或赋予深弹初始射角；装备了电子瞄准随动系统，接收指挥仪求出的深弹射击诸元，并带动发射装置实时瞄准潜艇；装备了输弹装置，以保障舰上能高效能地完成重达数十千克或百余千克的深弹的储存和装填……这样的深弹武器系统较之初期的深弹武器已有了飞跃的进步。

深弹的使用可分为两类：一是水面舰艇使用的深弹；另一种是航空兵使用的深弹。在现代作战条件下，反潜战的任务已不能单纯依靠一种兵器完成，必须依靠航空器、水下舰艇、潜艇等各种装备，力求使用各种兵器从空中、水面和水下攻击潜艇才能取得更好效果。二次大战末期，航空兵在反潜战斗中已开始显示其重要作用。

尽管到目前为止，深弹武器仍存在着射击误差较大的局限性，但专家们指出，高科技的发展将会使深弹在前进过程中克服薄弱环节而充分显示其在现代海战中的重要地位。

7. 独领风骚——"阿萨德"轻型护卫舰

20 世纪 90 年代初，海湾战争刚一结束，意大利政府就宣布：原来为伊拉克生产的 4 艘阿萨德级轻型护卫舰由于联合国对伊位克的制裁而无法按原计划出售，意大利将不得不寻找新的买主。消息刚一传出，许多中东国家纷纷派出特使前往罗马，连东南亚一些国家也表示了购买意向。为什么这种护卫舰会引起人们如此广泛的兴趣呢？

原来，阿萨德级轻型护卫舰大量运用了近年来的高新科技成果，特别是其作战系统的电子设备堪称一流。无怪乎排水量仅 705 吨的护卫舰造价竟高达 1.2 ~ 1.5 亿美元。该舰型采取了小而全的布局，它的作战系统除了处理目标容量较小外，在其他方面绝不逊色于一般现代化的大型护卫舰。

阿萨德级轻型护卫舰的攻击力也很强。它拥有几种类型的导弹，舰对空导弹集中在后甲板，左右舷各有 3 座奥托马特 MK2 反舰导弹发射架。这种导弹由意大利、法国联合研制，使用一台涡喷发动机和两个固体燃料助推器，射程达 180 千米。该舰还有与直升机联络的数据链，所以能执行对目标的超视距攻击任务。舰载火炮及弹药库容量也足以保证海战所需。

此外，舰上还装有两组"布利达"L105 轻型箔条发射器，左右舷各一组，每组有 6 管 105 毫米箔条火箭发射炮。炮管的射向均已固定为仰角 45°，舷角 135°，可以分 4 次发射，在舰艇上空形成 4 个箔条云团以干扰、对抗敌方的来袭导弹。

在反潜战方面，该舰拥有一部综合声纳和多种反潜武器。声纳系统还与战略情报中心的数据库保持联网，从而控制两组联装的鱼雷发射器。

阿萨德级轻型护卫舰载有 RTN—10X 跟踪雷达和 2 套 NA21 雷达火控系统。每套系统都包括特制的电视摄像机和"达多"近程武器结构。跟踪雷达提供 24 小时连续波照射，对目标实行自动搜索和显示。整艘舰的控制中心采用最先进的 IPN 指挥控制系统，从而使它成为同类、同级护卫舰中的佼佼者。

正是由于技术先进，在海空两方面都有强大的攻击力和防御能力，所以在竞争空前激烈的世界军火市场上，它能成为许多国家关注的抢手货。

8. 恐怖"黑鲨"——核潜艇

只要地球上还存在核武器，核战争的危险就不会从根本上解除。当今许多常规战争都是以核威胁为后盾的。美国前国防部长温伯格曾毫不掩饰地说："我们的遏制对象必须认识到，常规威慑从哪里失败，核威慑就从哪里开始。"

1995年4月，美、俄、英、法四国分别发表声明只对无核国家安全作出保证，而且是有条件地不使用核武器。可见，核武器绝非永久被锁入"保险箱"，在非常时期，"核按钮"仍有可能被触动。潜基核武器既是有效的核突击力量，又是人所皆知的核报复力量。弹道导弹核潜艇的问世虽然晚于陆基洲际导弹和战略轰炸机，但它后来居上，已逐步成为"三位一体"战略核力量的中坚，对国家安全乃至世界和平有着不可低估的影响。

在卫星侦察等探测技术迅猛发展的今天，一切暴露目标在战争中都将受到严重威胁。而核潜艇采用核能推进，可以利用海水做屏障，在数百米深的水下长期航行，大大减少暴露机会。苏联和美国的核潜艇曾不止一次地从冰层下驶达北极，并曾环绕地球潜航。由于核潜艇可凭借厚厚的冰层隐身，加之有十分广阔的活动海域，特别是随着潜艇降噪措施、吸声材料和水声对抗技术的发展，使目前的探测和反潜技术很难捕捉到它们的踪影。弹道导弹核潜艇隐蔽性好，机动性强，在广阔的海洋中神出鬼没，这样的生存能力使陆基导弹和战略轰炸机"望洋兴叹"。据国外军事专家分析，巡航中的弹道导弹核潜艇，生存概率可达90%左右。可以说，生存能力的提高就意味着军事实力的加强，好的隐蔽性本身就是一种无形的威慑力量。

弹道导弹核潜艇几乎可在海洋中任何位置实施全方位核攻击，既可在己方海域"出门放炮"，又可隐蔽接近对方海域采取"压低弹道"方式和多种突防措施进行突然袭击。这就大大缩短了导弹的投射距离和飞行时间，使对方来不及反应，增加了对方防御系统拦截的难度。

弹道导弹核潜艇是核武器的贮存库和发射平台，核武器作为大规模瞬间毁灭性的武器，已为世人公认，其杀伤破坏程度是当今任何武器无法比拟的。特别是潜航中的弹道导弹核潜艇，在第一次核打击后仍能完好地保存下来，进一步提高了潜基核武器的可信度和威慑作用，因此它被视为目前最有效的核反击力量。英国前国防大臣皮姆认为，即使英国在海上只剩下一艘弹道导弹核潜艇，也能给对方造成难以接受的巨大损失。

对承诺在任何时候、任何情况下都不首先使用核武器国家来说，发展弹道导弹核潜艇的意义更非同一般，因为在遭受核袭击后，核潜艇可以实施有效反击，达到"后发制人"的目的，所以，核潜艇的威慑力量已引起世界关注。

9. 时代骄子——第四代超音速战斗机

第四代超音速战斗机在欧美大体上是 20 世纪 80 年代以后开始研制，20 世纪 90 年代开始服役。这类飞机都采用了先进的气动外形、电传操纵和主动控制技术，结构上都采用了 30% 以上的复合材料。在机载设备和武器方面，具有多目标搜索、跟踪和攻击能力。美国的 F—22，英国、德国、意大利、西班牙四国正在联合研制的 EFA（欧洲战斗机），法国的"阵风"及瑞典的 JAS39"鹰狮"都属于此类战斗机。

欧洲战斗机 EFA 于 1988 年开始研制，计划在 20 世纪 90 年代末开始交付部队使用，预计将生产 700 架左右。EFA 战斗机的起飞总重 21 吨，高空最大平飞速度 2.0M，低空 1.2M，作战半径 460～560 千米。它采用了切尖三角形机翼和近距耦合的鸭式布局，无水平尾翼，机翼前有羽翼。动力装置为两台 EJ200 型涡轮风扇发动机，单台加力推力 90 千牛（9 180 公斤力）。EFA 战斗机在结构设计中广泛采用复合材料、铝锂合金等重量轻、强度大、刚性好的新型材料。机上安装一台 ECR90 脉冲多普勒多功能炎控雷达，最大搜索距离为 148 千米，能同时搜索和跟踪 8 个空中目标。主要机载武器有一门机炮，机翼和机身下共有 15 个外挂点，执行制空任务时可挂 8～10 枚中、近距离空对空导弹，执行对地攻任务时可挂 4.5 吨各种对地攻击器。它还配备了前视红外搜索瞄准系统，可用于夜间作战。

"阵风"是法国达索飞机公司研制的新一代超音速战斗机。"阵风"战斗机的起飞总重为 19.5～21.5 吨，高空最大速度 2.0M，低空 1.13M，作战半径 1 000 千米左右。气动外形与 EFA 战斗机类似，结构上也大量采用复合材料，安装两台法国自行研制的 M88—3 型涡轮风扇发动机，单台加力推力 89 千牛（8 870 公斤力）。机上所装的火控雷达可同时跟踪 8 个目标，并可评估威胁程度，确定优先攻击目标。主要机载武器有一门机炮，机身、机翼下有 14 个外挂架，执行对空任务时可外挂 8～10 枚中、近距离空对空导弹；执行对地攻击任务时最多可带各种对地攻击武器 6 000 千克。

JAS39"鹰狮"是瑞典飞机公司为空军研制的新一代战斗机。这是一种轻型战斗机，正常起飞重量 8 吨，最大起飞重量 10 吨，高空最大速度 2.0M 左右。JAS39 采用了与"阵风"类似的切尖三角翼和近距离耦合的鸭式布局，在结构上采用了 30% 的复合材料，装一台由美国的 F404 发动机改进而成的 RM12 涡轮风扇发动机，单台推力80千牛（8 160公斤力）。机载火控雷达是PS—05多功能脉冲多普勒雷达，主要武器有一门27毫米口径的机炮，共有7个外挂架，执行空战任务时挂4—6枚美制"响尾蛇"近距或英制"天空闪光"中距空对空导弹，将来还可改装美制AIM—120导弹，执行对地攻击任务时可带空对地导弹、炸弹等各种对地攻击武器。

10. 隐形杀手——"F—22"战斗机

1993年夏，美国国防部提出，以同时打赢两场战争的新战略取代冷战时期的核冲突战略，为此，美国必须拥有更强大的常规海空作战能力。摆在美国空军面前的首要任务是，必须尽快完成第四代战斗机——F—22隐形战斗机的研制工作，并使之投入生产线。

众所周知，在海湾战争中，F—15"鹰"式战斗机和F—16"战隼"式战斗机在摧毁伊拉克的空军和防空系统中立下了赫赫战功。但是，军事专家们高瞻远瞩地看到，现代军事高科技的发展趋势决定了新一代战斗机必须集高速度、高机动性和敏捷性、高可靠性以及低可探性于一身。而现役的F—15等战斗机，即使对它们进行改进，也难以满足如此要求。

实际上，早在10多年前，美国空军就开始了F—15的后继机——"先进战术战斗机"的研究工作。1984年空军确定了后继机的战术技术要求，并向美国7家飞机制造厂招标。1986年10月空军选中了洛克希德公司和诺斯罗普公司的方案，并签订了研制合同。1991年4月美国空军宣布新机种的型号将为F—22。

F—22战斗机的设计能力不仅包括制空作战能力，而且还包括支援空对地协同作战能力，即在敌方拥有空中优势的情况下能够进行中空突防、空对地支援作战。为达到这些作战要求，F—22具有以下特点：

一是隐身性能。F—22的气动外形设计采用先进的抵阻力隐身外形，它将雷达吸波材料和雷达吸波结构主要用在边缘部位及诸如进气道那样的空腔，而将吸波涂层涂敷于机身表面。高频率雷达信号可被表面的吸波层吸收，低频率雷达信号则被吸波结构、材料吸收。发动机喷管采用了高温陶瓷基雷达吸波构造。由于F—22采用了上述有效的隐身措施，而且其雷达截面积只有0.08平方米左右，所以双方机载雷达的索距相同时，F—22可以做到先敌发现，先敌攻击。

二是超音速巡航能力。超音速战斗机巡航的速度一般应在1.2—1.3M（马赫数）以上。F—22可在不使用加力推动下以1.58M的速度作超音速飞行，并可持续30分钟以上。这将使它在作战时占据明显的速度优势。

F—22 还有高机动性和高敏捷性，安全可靠率也大大高于第三代战斗机，维护难度却并不高，它同时又能短距起降，电子设备、武器系统、动力装置都是最先进的。

就目前所掌握的资料来看，F—22 确实具有称霸 21 世纪初天空的能力。

11. 空中"黑客"——无人机

在远古战场上，人们用刀、剑、枪、戟进行搏斗；在第一次、第二次世界大战中，人们用坦克、大炮、飞机、军舰进行较量；而现代战争则是海陆空一体的立体战争，是杀伤力极强、危险性极大的战争。在 1973 年第四次中东战争的战场上，以色列使用美国的"鹧鸪"式无人机作为诱饵，欺骗埃军的防空火力，诱使埃及方面将 32 枚苏制"萨姆"导弹对它连续发射，吸引了大量火力。然后，以色列的 F—4 战斗机和 A—4 攻击机紧紧地跟在小型无人机后面，顺利地完成了对埃军阵地的攻击任务。

无人机由于它的体积小、灵活性高、飞行时间长、不载人等特点，特别适用于现代战争。哪里有危险，它就冲向哪里，像一个奋不顾身的勇士，发挥各种特殊作用，人们称这种无人机为"空中多面手"。

无人机常常用于侦察监视、干扰敌方雷达系统、引导己方进攻武器、误导对方火力等方面。在 1991 年的海湾战争中，多国部队共出动各种无人机 500 多架次，飞行时间达 1 600 多小时。多国部队使用最多的是"先锋"式无人机，它可以在近 1 000 千米长的前沿阵地上空实施昼夜侦察，随时掌握伊军动向，发回敌方阵地的实时视频图像信息，侦察对方阵地上的防御障碍和兵力状况，评估轰炸和炮击的毁损效果等。同时，这些无人机还担负着海情监视、水雷探索和预防水下攻击等任务。

"先锋"无人机还装备了全球定位系统，可与卫星和有人驾驶侦察机或电子飞机配合使用，构成立体侦察网，全方位地监视伊军动向。无人机为多国部队在海湾战争中赢得胜利立下了不小的功劳。

无人机不仅能作为诱饵吸引骗取敌方防空火力，它同时还能对敌方施行干扰，使敌方的电子、通讯和光学系统成为"瞎子"或者"聋子"。在越南战争中，美国曾大量使用这种无人机。在海湾战争中，多国部队使用的 ACM—147A 式无人机的尾部装有 36 千克箔条，可分 40 次在空中散布，形成大范围的干扰幕，使伊方的地面警戒雷达屏幕上出现一片"雪花"，雷达系统难以探测目标，电台通讯信号也无法听清。

12. 崭露头角——空中隐形飞机

1989年12月20日，美国对巴拿马采取军事行动中有一架神秘的飞机从美国内华达州的空军基地直飞巴拿马，神秘而突然地光临巴拿马的里奥·哈托兵营，投放了1枚激光制导炸弹进行轰炸，使巴拿马军队惊慌失措，大大地打击了巴军士气。两年以后，这架神秘的飞机在伊拉克上空再现雄姿，将1枚"宝石路"Ⅱ型激光制导炸弹准确地投向伊拉克的通信大楼，拉开了这场高技术战争的帷幕，再一次令全世界震惊。

在神话故事中，那些"来无影、去无踪"的潇洒的隐身人常常会令读者羡慕不已。在空战中，隐身飞机犹如"隐身人"，能很好地隐蔽自己，使敌方难以发现，它的突袭效能十分高，上述那架神秘的飞机就是目前世界上最神秘的一种飞机，是美国人引以自豪的"夜鹰"——空中黑鹰F—117A。在海湾战争中，F—117A出尽了风头。美国空军共派出42架F—117A，仅占多国部队作战飞机总数的2.5%，海湾战争期间，F—117A出动1 300架次左右，占多国部队作战飞机出动架次的2%左右，却轰炸了战略目标清单中40%以上的目标，总投弹2 000多吨，完成了大量高难度、风险大的攻击任务。整个战争期间，没有1架F—117A飞机被对方击落，成了空战中的隐身明星。目前，隐身飞机可分为三类：

一类是"纯隐身"飞机，这种隐身飞机在研制时主要考虑其隐身性能，对于其他性能一般不考虑，如F—117A。

另一类是在飞机的机动性、敏捷性与隐身性能之间进行优化折衷，使其兼有两者优点的飞机，但若从隐身性能来说，这类飞机就不如"纯隐身"飞机了，F—22就属于此类隐身飞机。

第三种是对现役飞机进行隐身性能的改进，在飞机上涂敷一些吸波材料，或者稍微修改一下飞机的外形结构，使它具有一定程度的隐身性能。严格地讲，这类飞机是不能称为隐身飞机的。

隐身飞机是一种不容易被探测到的飞机，也就是一种不易被"看"到的飞机，而不是完全"看"不到的飞机。我们知道，目前探测飞机主要是通过探测它的雷达、红外、激光、目视、声磁等信号特征来达成，所以，准确地说，隐身飞机的含义是：在研制初期把隐身性能放在优先考虑的地位，采用各种手段来降低上述信号特征，使它不易被发现。美国有关部门正在考虑进一步改进F—117A飞机，使它不仅有隐身功能，而且兼有对地面的攻击和侦察能力。这种设想是否能得以实施，人们还将拭目以待。

13. 中国"猎鹰"——"LY—60"地空导弹武器系统

希腊在 1994 年 10 月，举办了一次规模很大的世界各国武器装备展览会，中国精密机械进出口总公司首次展出了我国自行研制的"猎鹰"LY—60 地空导弹武器系统，引起了西方同行和新闻界的极大重视，这标志着"猎鹰"已成为我国防空导弹系列的新成员，并将跻身于国际市场参与竞争。

在世界导弹交易市场上，历来占主要地位的当然是美国、俄罗斯、法国等传统军火工业大国。近年来，我国的地对地导弹开始崭露头角，而地空导弹则相对落后，这一次的"猎鹰"颇受好评，表明在国际上同类型导弹（如美国的小榭树、俄罗斯的萨姆—11、法国的响尾蛇）中，中国的"猎鹰"地空导弹已经以自己技术性能的先进而毫无愧色地占有一席之地。

"猎鹰"的整个系统由导弹、位于发射阵地的作战设备和位于技术阵地的技术保障设备组成。整套作战设备包括：搜索监视雷达车 1 辆，跟踪照射雷达车 3 辆，导弹发射车 6 辆，电源车 1 辆。技术保障设备包括：运输装填车、导弹测试车、电子维修车、机电维修车、工具车、备件仪表车、电源车。

由于采用了微处理器智能模块技术，该系统成了一个具有人工干预能力的指令控制系统。这一技术目前属于世界先进水平，是其他中低空导弹系统所不具备的。

同时，"猎鹰"还具有先进的火控系统、自动化程度高、系统反应时间只有 9 秒等特点，它能同时处理 40 批目标，跟踪其中最具威胁性的 12 批目标，并攻击 3 批目标。"猎鹰"系统有良好的抗干扰能力，即便在复杂的电磁环境中仍能有效投入使用，它的机动性高，适于野战防空，能全天候使用，火力覆盖范围较大，又便于战地维修。

"猎鹰"导弹也是目前世界上同类武器中较先进的，它拦截范围大，低空性能良好，最大飞行速度可达 3 马赫，制导精度高，单发杀伤概率为 60%～70%，采用了多联装发射筒连射方式，导弹拦截范围为高度 30～12 000 米。

由于具有上述种种特点，"猎鹰"可拦截入侵的高机动、掠地飞行的战斗机、轰炸机、武装直升机等空中目标和空地导弹、掠海导弹等。

我国具有辽阔的国土，守卫漫长的边界线需要有各种先进的现代化武器装备，"猎鹰"的诞生无疑为我国的国防事业增添了有生力量，它将成为中国人民解放军的得力"助手"，为保障中国人民在和平的环境中建设自己的祖国作出应有的贡献。

14. 热核聚变——氢弹

众所周知，1945 年美国向日本广岛投掷的一颗原子弹，把整个城市几乎炸成一片废墟，造成几十万人伤亡，幸存者往往还留有后遗症。然而，原子弹的威力还不算最大，当今世界上威力最大的武器应该说是氢弹，一颗氢弹的爆炸力往往是同一级别的原子弹的几十倍以至几百倍。

氢弹是根据核聚变反应的原理研制而成的。这个原理在一定程度上讲，是科学家们在对太阳的研究过程中得到启发的。

早在 20 世纪初期，科学家们就开始了对太阳能的研究工作。他们发现，太阳的光和热绝不是一般的燃烧过程所能产生的，它的巨大能量一定还有其他产生途径。终于，科学家们发现，原来太阳内部每时每刻都在进行氢原子核和其他元素原子核间的热核反应（也叫核聚变反应）。以后，在原子弹爆炸成功的基础上，科学家们就运用这一原理研制出了氢弹。

在氢弹的弹体中装有一个原子"扳机"，实际上就是一颗小型原子弹，它将为热核反应提供超高温的条件；用氘、氘化锂作热核装药，外面则设置中子反射层。当引爆装置点燃原子"扳机"以后，弹体内产生超高温，立即引起热核装药的聚变的反应，氢弹就猛烈地爆炸了。

由于热核装药的数量没有临界质量的限制，所以从理论上讲人们几乎可以制造威力无比巨大的氢弹。1952 年 11 月 1 日，世界上爆炸的第一颗氢弹，它的梯恩梯当量为 1 000 万吨，是第一颗原子弹的 500 倍。

早期的氢弹机当笨重。第一颗氢弹自重达 60 多吨，体积有一辆大型载重卡车那么大。经过几十年来的改进，现代核武库中的氢弹大多已趋向小型化、实战化。氢弹在空中爆炸的外部景象和原子弹大致相同，也有耀眼的闪光、震耳的巨响、伴随着力量极大的冲击波和著名的"蘑菇云"。

氢弹可说是人类有史以来威力最大的武器，它到目前为止还从未在实战中使用过，只不过作为大国的核威慑战略的工具。也正因为氢弹的威力太强大了，但愿人类永远不会真的使用它，相反早日销毁它才符合人类永久和平的愿望。

15. 应运而生——"灵巧武器"和"灵境技术"

近几十年来军界十分关注如何在战争中提高作战能力和作战效果，以及如何在战争中使人员的伤亡率下降到最低程度。"灵巧武器"和"灵境技术"在这方面有所突破，从而引起各国军事专家的高度重视。

灵巧武器是指以精确制导武器为主要标志的新型武器族。灵境技术按直译为虚拟现实技术，是计算机作战模拟技术发展的高级阶段。灵境技术也就是应用高级的传感技术、计算机技术、多媒体技术和三维显示技术等，形象、逼真、实时地模拟或显示真实战场的战斗过程，并可快速进行人工干预和作出指挥决策。各国军界普遍认为：灵巧武器和灵境技术的战场应用将大大改变原有的作战原则。

先进的精确制导武器和可以虚拟战场现实的灵境技术，将首先改变美国国防部对航空母舰编队和战术飞机联队战斗力的评价思路。

美国海军空战局局长布伦特·贝内特将军认为，仅仅两年前，我们还是每天关注部队的出击率，而在今天则不同，我们必须重视和关心每次出击的作战能力和效果如何。这是评价我们部队作战能力有效性的一个思维飞跃。美国军界人士普遍认为，在今后 10 年中，随着各军种装备更多的新一代灵巧武器和导弹，这种思维上的转变将越来越明显。这些新一代的作战武器主要包括增大射程的多用途远距攻击导弹、联合远距攻击武器系统、联合直接攻击武器系统、三军通用远程导弹和新式陆军战术导弹系统。这些新式武器系统与完善的目标技术和通信技术相结合，将会大大增强海军舰队、空军混合编队和陆军兵团等主要作战力量的战斗潜力。如采用新的情报传感器技术和陆军战术导弹系统，可在不多于 7 分钟的探测时间内摧毁 160 千米外的坦克和装甲车等目标。过去曾代表军事装备水平的低阻炸弹对目标的命中率不到 10%，现在的精确制导武器对目标的命中率要超过 50%。现在美军的作战伤亡率为 1:3.5，而在采用远程攻击武器、新一代夜视器材和现代指挥与控制网络后，将使美军伤亡率下降到 1:20。

美国军界认为，除了用新式武器装备提高未来作战能力外，还有能明显提高战场模拟能力的计算机技术。这方面的例子便是美国国防部新的"联合前伸打击技术（JAST）规划"。JAST 规划是探索新技术对空战影响的论证项目中的一项。美国海军的乔治·穆勒将军特别强调了灵境技术在此项目中的重大作用。利用计算机技术建立一个"虚拟打击作战环境和运用费用效能模型"，JAST 规划将能对根据费用最小原则组合武器系统来摧毁同一目标的不同方法进行比较。许多军事专家都认为，必须非常重视新技术、新装备的采用及与作战原则有机结合，这代表了武器装备发展与作战艺术协调的趋势。

16. 巅峰对决——"爱国者"与"飞毛腿"导弹

海湾战争虽然已过去四五年了，但不少人对爱国者导弹在那场战争中的威力还是记忆犹新的。可以毫不夸张地说，美国和多国部队在海湾战争中的胜利与爱国者导弹立下的功勋是分不开的。爱国者导弹在战斗中几乎能百发百中地拦截伊方的飞毛腿导弹，使飞毛腿导弹的杀伤力减少到最低限度。那么，爱国者导弹究竟是如何与飞毛腿导弹争斗的呢？

据《国际飞行》杂志报道，当时伊拉克拥有 500 多枚飞毛腿导弹，伊军的机动发射车每辆可载 1 枚前苏联提供的 SS—IC 飞毛腿 B 导弹。飞毛腿 B 导弹重 6 400 千克，射程 300 千米，精度 450 米。伊拉克军方还将飞毛腿 B 导弹加以改进，研制出射程更远的侯赛因型或阿巴斯型导弹，但基本结构仍和飞毛腿导弹相似。机动发射车上的飞毛腿导弹能够从任何平地发射，但也有些发射基地是预先准备好的，以便缩短导弹的发射准备时间。

爱国者导弹的固体燃料火箭发动机在工作 11.5 秒后，能把 700 千克重的导弹加速到 M3.7（即 3.7 倍音速），在发射后的 8.3 秒钟内，射频近炸引信和 91 千克重的破片杀伤战斗部被引爆。爱国者导弹的最小射程为 3 千米。

在地球同步卫星轨道上的美国早期预警卫星能够为爱国者防空导弹提供至少 90 秒钟的预警时间，以便使爱国者导弹能拦截飞毛腿导弹。美国用于监测伊拉克的国际支援计划卫星上装有红外敏感望远镜，能够在飞毛腿导弹离开其发射架的 120 秒钟时间内发现并跟踪火箭尾焰，进行发射报警并识别可能的目标。这一信息通过美国航天司令部的科罗拉多基地传到海湾，这时，总共飞行7～9分钟时间的飞毛腿导弹背景已飞行了约 5 分钟，并正通过 150 千米高的弹道轨迹最高点，以高达 M8 的速度再次进入大气层。爱国者导弹的发射部门以相控阵雷达就能探测、捕获和跟踪袭来的飞毛腿导弹，爱国者导弹的作战控制中心核实被跟踪的目标。如果发现有若干枚飞毛腿导弹，它就能自动地确定重点拦截的目标，并给发射架分配拦截每枚来袭飞毛腿导弹的任务。美军的一个爱国者导弹连一般有 8 个发射架，每个发射架上安置了 4 枚箱装爱国者导弹。

一部多功能雷达能同时跟踪飞毛腿导弹和爱国者导弹。这部先进的雷达还能为爱国者导弹的被动导引头照目标。导弹通过这部雷达把目标数据传输给控制中心，然后控制中心再经同一部雷达把制导指令传输给爱国者导弹。这种雷达一部就可以同时控制 8 枚爱国者导弹，并且导弹还能以 30g 的机动过载拦截 1 枚或多枚伊拉克飞毛腿导弹。

由此看来，爱国者导弹能屡屡战胜飞毛腿导弹的根本原因实际上只是一个：高科技的先进性。

17. "杀人无形"——"软杀伤"武器

所谓"软杀伤",是指采用光、电等高技术使敌军暂时丧失作战能力,使其枪械、车辆等武器装备失去作用或使罪犯暂时失去活动能力的一种非杀伤性武器。

一辆崭新的"福特"牌轿车正飞速行驶在加利福尼亚第6号高速公路上。突然,坐在轿车后座的一名中年男子两眼露出凶光,从手提箱中拿出一支手枪,准备向聚精会神开车的司机扑去……当他刚刚准备动手时,汽车后座忽然膨胀起来,一时间,使这个中年男子紧紧地贴在后座上动弹不得。原来,司机在反光镜中看到这个男子欲图谋不轨,立即按下开关盘上的按钮,这会使一个装在汽车后座的空气袋充气膨胀,使坐在上面的人被膨胀起来的空气袋紧紧夹住,一动也不能动,从而制服暴徒的任何不轨行为。这就是最近美国正在研制的软杀伤兵器之一。

国外正在研制的软杀伤兵器有:后座空气袋(如上所述);智能手枪:只有熟知密码的持枪主人才能扣动扳机,射出实弹,这使警察与罪犯在搏斗中处于有利地位;带刺塑料毯:可在几秒钟内铺在通衢大道上,其遥控装置会让塑料毯突然伸出尖刺,刺裂车胎,迫使罪犯车辆难逃法网。以上均是有利于警察执行任务的软杀伤兵器。

适合于大规模战争的软杀伤兵器,据说也初露端倪。例如曾在美国洛斯阿拉莫斯国家实验室试验过的微波发射器,能发射低频高压电磁波束,熔化敌方电子设备中的计算机芯片或其他电子元件,并使之陷于瘫痪。在实验室已经完成样品试验的兵器还有闪光致盲弹和手持化学激光步枪等。闪光致盲弹爆炸时,其中的惰性气体发出强烈的白色闪光,强烈得使人致盲或传感器失效,达到瓦解敌方战斗力的目的。同样的道理,化学激光枪射击时,也会使人致盲或传感器失效。能发出人耳听不见的高功率低频波束的低频声学武器也是一种很有前途的软杀伤兵器,它能使人体内保持平衡的前庭系统受到扰乱而烦躁不安,甚至失去知觉。

还有一种现在已能生产但在战场上的实用效果尚未确知的软杀伤兵器,它是用枪射出由粘剂或电化物质构成的网把敌人网住,如果敌人试图顽抗就会因电击而致昏。瓦解敌方机械化部队战斗力的软杀伤兵器有阻燃剂及超滑流体等,现已研制成功。将阻燃剂向敌方机械化部队射去,敌方车辆的引擎若将阻燃剂吸入气缸内就会熄火而动弹不得。同样地将超滑剂喷射到路面上,也会使敌方机械化部队车辆因轮胎打滑而受阻。已经发现的超腐蚀有机酸则可用来破坏敌方桥梁的金属构件或车辆的金属部件。

上述这些软杀伤兵器目前都处在研制阶段,在技术上还有许多问题有待解决，还不能完全取代现在常规的杀伤性武器。但是，随着现代科技的发展，加紧研究并应用软杀伤兵器将会成为今后的一种趋势。

18. 与时俱进——未来飞机武器系统的发展特点

空中力量应如何适应未来国际环境下武装冲突的需求？新的军事技术革命给飞机武器系统及飞机的作战效能带来什么样的影响？这些是人们经常关注的军事航空领域中的重要问题。

实践表明，空中力量的作战效果取决于飞机、飞机武器系统及其作战方法。而飞机武器系统的发展必然受军事战略和战术思想变化的制约；从技术角度看又与飞机的发展、所攻击的目标特性和新技术的发展密切相关。所以，作战飞机的发展既是促进飞机武器发展的动力之一，又会在体积、重量、外形、能源和工作环境等方面制约武器的发展。

从对 21 世纪空中力量的作战环境、目标特性和新技术发展的分析与预测来看，未来飞机武器系统发展的主要特点是内部悬挂、远距（防区外）发射、发射后不管、精确制导、飞机和武器的综合控制以及能对付精导武器、隐身目标和实施信息攻击。

内部武器舱和保形外挂

武器可以安装在飞机内部，也可以悬挂在飞机外部。飞机内部空间有限，只能悬挂少量的武器；外部挂弹受空间限制小，采用三弹弹射弹架（TER）和多弹弹射弹架（MER），能在飞机的有效载重范围内尽量地多挂武器。但是，这种"圣诞树"式的外挂武器方式，不但会使飞机的飞行阻力急剧增加，而且还会增大飞机的雷达反射面积。采用内部弹舱还是采用外部挂弹主要是在增大载弹量与减小飞行阻力和雷达反射面积之间进行折衷。F—105 、F—106 、F—111 和 F—117A 几种战斗机都有一个内部武器舱用于挂弹。而且在使用过程中，F—105 和 F—111 战斗机也充分地利用了外部挂弹的有利之处。F—111 （F—117A 除外）以后的战斗机和攻击机放弃了内部武器舱，全部采用外部挂弹。这种构形一直延续到 F/A—18 战斗机。

武器外挂增加的阻力包括基本阻力、干扰阻力和配平阻力三部分。飞机外挂物对飞行阻力的影响通常用阻力指数（Drag Index）来描述。当飞机外部没有悬挂装置和武器（即飞机外表面很"干净"）时，阻力指数（DI）为零，通常悬挂装置和外挂武器越多，DI 值越大。对同样的悬挂装置和外挂武器来说，飞机的飞行速度越高，则 DI 值越大。也就是说，DI 值的大小通常与飞机的类型、飞行高度、飞行速度、外挂武器（含悬挂装置）的数量、类型和悬挂的位置有关。基本阻力的阻力指数变化很大，干扰阻力对应的阻力指数的最大值为 25 ~ 30，配平阻力对应的阻力指数不超过 5 。例如，F—111 战斗机在高空无外挂时的最大速度可达 2.5M；在弹舱内挂一颗 B43 核炸弹、外部只挂 2 枚 AIM—9 "响尾蛇"空对空弹时，阻力指数为 20 。

外挂 4 颗口径 907 千克 的 MK84 炸弹时，阻力指数为 100；当外部挂 24 颗 MK82 通用炸弹时，阻力指数高达 180 ~ 200，这时的最大速度只有 0.8M 左右。这表明超音速飞机外部挂满炸弹后也只能用亚音速飞行。飞机外挂副油箱和武器后，由于阻力增大和外挂物重量对作战半径所产生的综合影响是，通常使其作战半径比净形飞机减少 50% 左右。武器外挂对飞机飞行性能带来的另一种不利影响是限制了飞机的机动性。一架飞机在净形时过载可以拉到 7 克，加上外挂后很难持续拉到 3 克 。下一代战斗机的飞行速度将比现役飞机的典型速度大，而且将采用超音速机动和超音速巡航。如果把武器挂在飞机外部必将引起更大的阻力。为了防止出现这种不利的局面，可能像 F—22 那样，再次把武器挂在飞机内部。

武器内挂时带来的另一个好处是可以减小飞机的雷达反射面积。众所周知，隐身特性（目标的低可探测性）从攻、防两个方面影响着未来的作战飞机。首先，具有隐身能力的飞机可以明显地改善自身的生存力。例如，战斗机或轰炸机在 370 公里的突防过程中损失率可从 13% 减少到 6.5% 。在其他因素不变的情况下，雷达的最大探测距离与目标的雷达反射面积的四次方根成正比。目标雷达反射面积下降一个数量级，则雷达对该目标的探测距离将降低 44% 。这表明，面对具有隐身能力的目标，攻击飞机必须提高自身雷达探测距离或采用反隐身雷达和采取对付隐身目标的综合探测手段。为减小飞机的雷达反射面积，武器要尽可能地内挂或采用保形外挂。因为减小飞机的雷达反射面积，在外形设计上要尽可能避免三种情况：空腔和角反射器，它们能在较宽的扇区内产生高的雷达反射面积值；镜面入射的平板，它们在窄的扇区内产生高的雷达反射面积；侧圆柱体，它们在所有的方位上都产生高的雷达反射面积。例如，一块垂直雷达波束的 0.01 平方米（10cm ×10cm）小平板，它的雷达反射面积是 1 平方米，是实际面积的 100 倍。而外挂架与机翼或机身的连接处恰好是一个典型的角反射器，应当尽量地避免。分析表明，飞机雷达反射面积减小到原来的十分之一时，将使飞机遭受由雷达控制的地对空导弹截击的概率减小 40%，雷达反射面积小在超视距空战中也相当有利。

减小外挂物飞行阻力和雷达反射面积的另一条途径是采用全埋式保形悬挂法。这种方法是将全部悬挂装置和大部分外挂物埋入飞机内部，外挂物的圆柱形表面与机翼或机身的表面相切，从而保证飞机具有良好的整体流线型。飞行试验表明，在改装的 F—4B 试验机上，保形挂架使总阻力下降 60%，飞机的作战半径大约增加 50%，在目标上空的活动时间增加 1 倍；在 F—15C 飞机上，保形油箱的阻力比两个挂架挂副油箱的阻力减小 50%。

远距（防区外）发射

超音速巡航和在空战中同时与几个目标交战，都要求飞机能在距目标很远的距离上发射武器。如前所述，假定用 1.15 的速比迎头截击 M1.4 的目标时，则双方的接近速度高达 3 倍音速。即使双方相距 250 公里，在 4.2 分钟后也会相遇。所以，在未来的空战中，特别是截击携带核弹头等大规模杀伤性武器的运载体时，超视距作战将是一种主要形式。目前正在研制的中、远距空对空导弹的最大射程已达到 50~185 公里，或更远。

在空对面攻击中，攻击飞机的主要危险是飞越目标上空和被迫进入目标的防御火力范围之内。实践证明，减少攻击飞机损失的最有效方法是从目标防御火力范围之外（Stand – off）发射武器攻击目标。这类武器的发射距离取决于飞机的作战目的、武器弹头的威力、所攻击目标的特性及防御火力的情况等因素，其范围从几十公里到上千公里。在直升机反坦克作战中，实战和模拟都表明，武器的发射距离和直升机与坦克的损失比密切相关。当作战距离为 2 500 米时，两者的损失比为 1∶10，作战距离增大，上述损失比下降；当直升机发射武器的距离超过 4 000 米时，则直升机的损失变得微乎其微。因此，未来反坦克直升机的反坦克导弹的发射距离大约是 4 000~6 000 米。

19. 飞来横祸——智能地雷

在一般人的印象中，地雷既无腿也无翅，是用于对付地面目标的一种防御性、被动性的杀伤武器。而人工智能地雷是"有腿地雷"，既能蹦，也能跳，还能飞，能够主动、准确地探测跟踪坦克、装甲战车，垂直攻击坦克的顶部或腹部。据有关资料介绍，目前已研制成功或接近成功的智能地雷主要有以下几种：

美国 XM2 93 广域地雷

这是专门用来攻击坦克顶甲的一种智能反坦克地雷。该雷布设后展开 8 条稳定支腿和 1 个传感器阵列，传感器阵列由 3 个微音器和 1 个地雷探测器组成。

当传感器阵列在 100 米毁伤半径内探测到坦克到来后即进行跟踪，并测定坦克的行进方向和速度，由微处理机计算出坦克运行轨迹，然后控制子弹药发射装置处于准确的发射角度，同时计算出子弹药飞行轨迹与坦克运行轨迹的交汇点，使子弹药旋转对准目标,适时点火起爆,通过爆炸成型战斗部击穿坦克顶甲。该雷布设后,对目标的探测、识别、确认与击毁均自动进行,最大作用距离为400米,并可远距离遥控。

美国 ERAM 远程反装甲地雷

这种地雷为空投寻的地雷,主要用于攻击坦克顶甲,杀伤车内乘员,破坏车内设备,使坦克丧失战斗力。该雷由发射器、音响探测器、数据处理器和 2 枚带红外传感器的"斯基特"自锻破片战斗部等部分组成。它的药型罩在装药起爆时,能在 100~150 毫秒的时间内被爆轰波的高压锻造成高压弹丸,弹丸飞行速度约 2 750 米/秒。该雷装在美空军 SUU－65/B 战术投弹箱内,离开投弹箱后自动打开降落伞,以 50 米/秒的落速下降到地面上。地雷借助冲击惯性抛掉降落伞,伸出 3 根接收目标音响的传感器天线,探寻进入其作用范围内的目标。一旦发现目标,即自动进行识别和跟踪,自动计算目标未来位置,发射器旋转至 45°沿目标拦截弹道射出第一个战斗部。战斗部上的红外传感器探测、跟踪目标和引爆战斗部内的炸药。炸药爆炸形成高速弹丸,攻击坦克顶部装甲。第一个战斗部发射后,发射器自动旋转 180°,对准第二个目标,准备发射第二个战斗部。

法国的"玛扎克"(Mazac)声控反坦克地雷

这也是一种自动寻的攻击坦克顶甲的智能地雷,作用半径可达 200 米,1 枚地雷的障碍面积相当于 60~100 枚普通地雷。

该雷安装有音响探测器和微处理器,当音响探测器探测并分辨出坦克行驶的声音后即将信息传送给微处理器,由微处理器计算出目标的运动速度并自动跟踪。当目标距该雷 200 米内时,地雷通过指令腾空而起直扑坦克顶甲。由于地雷上装有红外探测器,故能以 50 米/秒的速度自动跟踪目标,当接近目标后即射出自锻破片弹丸攻击坦克顶甲。

美国 AHM 反直升机地雷该雷由传感器与战斗部、指挥与控制两大部分组成,探测与识别系统采用了高技术传感器,具有全天候工作能力。它可以通过声传感器和信号处理器探寻直升机螺旋桨叶片的独特声响,并能分辨直升机的类型,其可靠性达 90%,防御范围为半径 400 米、高度 200 米以下的空域,战斗部的有效距离在100 米以上。这种智能地雷可用人工、火箭炮、陆军战术导弹或"火山"布雷系统布设。当友方部队通过时,它可通过编程传感器关闭雷场,防止造成误伤。

英、法研制的"阿杰克斯"、"阿皮拉"路旁反坦克地雷系统

该系统为自主式远程反坦克地雷系统,设置在路旁。它由"阿杰克斯"探测/火控系统和"阿皮拉"反坦克火箭筒—地雷两大部分组成,"阿杰克斯"探测/火控系统由音响—震动警戒传感器、被动红外寻的传感器和微处理机组成。

作战时，将全地雷系统放在隐蔽处，当装甲车辆接近地雷时，音响—震动警戒传感器报警，红外寻的传感器将目标的距离输入微处理机，由微处理机测定目标的方位，计算出发射地雷的提前角。当装甲车辆以 3~80 千米时的行驶速度接近地雷时，地雷能在2~200 米距离内穿透700 毫米以上厚度的装甲。

英、意联合研制的 ATLS 智能反坦克地雷

这种地雷可自动测定正在接近的坦克速度，并根据车速发出引爆指令，地雷的双锥形装药战斗部即对坦克薄弱的底部进行垂直攻击。

上述智能地雷一旦投放于战场，将给坦克、装甲车辆尤其是集群坦克造成严重威胁。

20. 梦幻"精灵"——纳米武器

这是 2010 年的一场战争。猛然一看作战双方的飞机、坦克、大炮在战场上频繁调动和部署，一副剑拔弩张的样子，与传统的战争并没有什么不同。只有细心的人才能发觉天空中好像多了许多苍蝇、黄蜂等小昆虫，地面上也出现了成群结队的蚂蚁在活动，一些"小动物"，有的在战争上空盘旋，有的则直接进入了敌方的指挥机关、雷达站、弹药库等要害部位，但没有谁去注意。突然一声巨响，弹药库爆炸了，还未弄清这是怎么一回事的人们这时才发现指挥通信系统也已遭到破坏，飞机、坦克和大炮由于得不到指挥和弹药、能源的补给，还未来得及运用，战争就失败了。而制服那些庞然大物秘密武器，原来竟是这些不起眼的"小精灵"。

奇异的纳米技术

纳米是一个长度单位，1 纳米 = 10^{-9}米（即十亿分之一米）。纳米技术是在0.1~100 纳米的尺度空间内研究电子、原子、分子的内在运行规律和特性的崭新技术。它的涵盖面十分广泛，包括纳米电子技术、纳米材料技术、纳米机械制造技术、纳米显微技术及纳米物理学和纳米生物学等不同学科和领域。纳米技术是世纪之交异军突起的新兴技术，它的出现，标志着人类在改造自然方面进入了一个新的层次，即从微米层次深入到原子、分子级的纳米层次，使人类最终能够按照自己的意愿操纵单个原子和分子，以实现对微观世界的有效控制。专家们认为：正像产业革命、抗菌素、核能和微电子技术的出现和应用所产生的巨大影响一样，纳米技术将创造人们想象不到的推动新世纪前进的奇迹，成为 21 世纪信息时代的核心技术。因而纳米技术一出现，许多国家将其列为"关键技术"范围，投入巨资进行研究开发。纳米技术的研究与开发时间虽然很短，但已取得了令人瞩目的成果，向世人展示了其诱人的发展前景。日本 NEC 公司基础研究所利用纳米技术已经制成了新型量子器件——量子点阵列，突破了微电子技术的极限。美国已研制成功可由激光驱动，宽度只有 4 纳米的并具有开关特性的复杂分子。

这将为研制激光计算机提供技术基础。1993 年，日本日立公司宣布，该公司与英国剑桥大学利用纳米技术，研制成功存储达 16 吉拉的"单分子存储器"。将来分子电路和分子电脑一旦研制成功并实用化，就可以研制体积更小、功能更强的计算机。美国研制的纳米隐身技术"超黑粉"，对雷达波的吸收率达 100%，这必将促进隐身技术的新发展。在纳米制造技术方面取得的进展也同样令人振奋，科学家们用微型齿轮和发动机等组成一个蚂蚁大小的人造昆虫或微型机器人已不是什么梦想。在日本，丰田公司组装了一辆米粒大小运转自如的汽车；德国科学家制成了一架直升机。它只有黄蜂大小却能升空飞行；美国研制的微型发动机小得惊人，5 立方厘米的空间里能装下 1 000 台，利用这种微型发动机制造的机器人"医生"可进入人体直肠……这一系列成果向人们显示，纳米技术的发展不但会开创一个科学技术新时代，还将会对社会各领域引发重大变革。有人甚至断言，21 世纪将是"纳米时代"。

五花八门的纳米武器

虽然目前纳米技术尚不成熟，但由于其具有的明显的军事潜力，因此极大地刺激着人们寻求纳米技术在军事上的应用。世界各主要军事大国相继制订了名目繁多的军用纳米技术开发计划。美国开发纳米技术的经费中有一半左右来自国防部系统；日本也认识到纳米技术在军事等方面应用的长远潜力，建成了第一个分子装配器；欧洲有关纳米技术的一项军事研究计划已在法国一个实验室开始起步……目前，纳米技术的军事应用主要集中在纳米信息系统和纳米攻击系统两大类上。

纳米信息系统

纳米信息系统是指以纳米技术为核心的信息传输、存会、处理和传感系统。目前研制的主要有微型间谍飞行器。该飞行器只有 15 厘米多长，能持续飞行 1 小时以上，它既可在建筑物中飞行，也可附在建筑物或设备上进行侦察，收集情报信息，它将成为对敌封闭设施进行侦察和军事对抗的理想工具。

袖珍遥控飞机。它是一种不足扑克牌大小的遥控飞行装置，机上装有感应器，可闻出些油机排出的废气，可在夜间拍摄红照片，把最新情报传回数百千米外的基地，或把敌军坐标传回导弹发射阵地。

"间谍草"。它实际上是一种分布式战场微型传感网络，外形看似小草，装有敏感的电子侦察机、照相机和感应器，它具有人的"视力"，可探测出坦克等装甲车辆行进时产生的震动和声音，再将情报传回指挥部。

高性能的敌我识别器。将用微机电系统制作的微型敌我识别器散布于整个飞机蒙皮上或车辆的外表面，能够以比较低的功率自动对询顺信号作出回答，识别敌我。

有毒化学战剂报警传感器。在特定的微机电系统上加块计算机芯片（售价20 美元），就可以构成袖珍式质谱仪，用来在化学战环境中检测气体。而目前使用的质谱仪，每台的售价为 1 700 美元，重 68 千克以上。

纳米卫星。它是微机电系统与微电子相结合的专用集成微型航天仪器系统。"纳米卫星"实质上是一种分布式的卫星结构体系，或布设成局部星团，或布设成分布式星座。这种分布式体系与集中式体系相比，可避免单个航天器失灵后带来的危害，提高航天系统的生存力和灵活性。

纳米攻击系统

纳米攻击系统是指运用纳米技术制造的微型智能攻击武器，主要有微机器人电子失能系统。它由传感系统、处理和自主导航系统、杀伤装置、通信系统和电源系统等 5 个分系统组成，当微机器人电子失能系统接近目标时，能"感觉"敌方电子系统的位置，并进而渗入系统实施攻击，使之丧失功能。

昆虫平台。它是用昆虫作为微机器人电子失能系统的载体，将微机器人电子失能系统领先植入昆虫的神经系统，既可操纵它们飞向敌方目标搜索情报，也可以利用它们使目标丧失功能或杀伤士兵。

"蚂蚁雄兵"。也称"机械蚂蚁"，只有蚂蚁大小，却具有可怕的破坏能力。它的背中装有一个太阳能微电池作动力，可神不知鬼不觉地潜入敌军司令部，或搜集情报，或用药炸毁电脑网络和通信线路。

"机器虫"。它实际上是一种战地机器人。它有大有小，大的像鞋盒一样大，小的像一枚硬币那样小。它们会爬行、跳跃或飞行，既可以干排除地雷等危险工作，也可到千里之外去搜集信息。

不可思议的超常性能

美国兰德公司和国防研究所在对未来技术进行充分的研究后认为，纳米技术将是"未来驱动军事作战领域革命"的关键技术。与传统武器相比，纳米武器具有许多不同的特点：

武器装备系统超微型化

纳米技术使武器的体积、重量大大减小。用量子器件取代大规模的集成电路，可使武器控制系统的重量和功耗成千分之一地减小。纳米技术可以把现代作战飞机上的全部电子系统集成在一块芯片上，也能使目前需车载机载的电子战系统缩小至可由单兵携带，从而大大提高电子战的覆盖面。用纳米技术制造的微型武器，其体积只有昆虫般大小，却能像士兵一样进行各种军事任务。由于这些微型武器隐蔽性好，它们可以潜伏在敌方关键设备中长达几十年之久。平时相安无事，战时则可群起而攻之，令人防不胜防。

高度智能化

量子器件的工作速度比半导体器件快 1 000 倍，因此，用量子器件取代半导体器件，可以大大提高武器装备控制系统中的信息传输、存储和处理能力。采用纳米技术，可使现有雷达在体积缩小数千分之一的同时，其信息获取能力提高数百倍；能够将超高分辨力的合成孔径雷达安放在卫星上，进行高精度对地侦察……纳米技术还可以使武器表面变得更"灵巧"。利用可调动成特性的纳米材料作武器的蒙皮，可以察觉细微的外界"刺激"。用纳米材料制造潜艇的蒙皮，可以灵敏地"感觉"水流、水温、水压等极细微的变化，并及时反馈给中央计算机，最大限度地降低噪声、节约能源；能根据水波的变化提前"察觉"来袭的敌方鱼雷，使潜艇及时作规避机动。用纳为材料做军用机器人的"皮肤"，可以使之具有比真人的皮肤还要灵敏的"触感"，从而能更有效地完成军事任务。

以神经系统为主要打击目标

与传统的武器不同，纳米武器以打击敌方的神经系统为主要打击目标，这是现代战争的特点和纳米武器的优势所决定的。信息技术的发展使战争形态发生了根本的变化，一方面，打击手段不断智能化、精确化，另一方面，打击目标也从传统的工业生产设施转向信息系统。

纳米武器由于具有超微型和智能化的明显优势，打击敌方的神经系统必然是纳米武器的首选目标，通过纳米武器所焕发出来的巨大战争威力而使敌方宏观作战体系"突然瘫痪"，以致不得不屈服于微型武器所造成的战争压力。

便于大量使用

用纳米技术制造的微型武器系统，一般来说，几乎没有肉眼看得见的硬件单元的连接，省去了大量线路板和接头，因此与其他的小型武器相比，其成本将低得多，而运用也十分方便。

用一架无人驾驶飞机就可以将数以万计的微机电系统探测器空投到敌军可能部署的地域或散布在天空中，十分容易地掌握敌人动向。而利用纳米技术产出的纳米卫星重量小于0.1千克，一枚"飞马座"级的运载火箭一次即可发射数百颗乃至数千颗卫星，覆盖全球，完成侦察和信息转发任务。正因如此，美国战略研究所的一位科学家说："道理简单，如果美国十艘航空母舰毁了四五艘，可能会重创美国军力。如果以这笔钱来发展袖珍武器，那么我们可以以量取胜，毁了一百艘袖珍舰艇或飞机，也无关痛痒。"

许多未来学家和战略家认为：纳米技术在军事上的应用，将改变未来战争的面貌，并引发一场真正意义的军事革命。美国五角大楼的专家们预计，美军5年内将有第一批"微型军"服役，10年内可望大规模部署。可以想象，当这些"微型军"开始广泛应用于战争中时，那些称雄一时、令人生畏的重装备武器系统很可能或被"微型军"所取代，或败在它们的手下。这样，在下个世纪的战场上，就会出现一种"小鱼吃大鱼"、"小妖擒巨魔"的奇异景观。

第二节 以柔克刚——现代战争的防卫装备

1. 装甲卫士——"凯夫拉"坦克防护甲

在子弹呼啸的战场上，战士们常梦想自己成为传说中"刀枪不入"的勇士，现代军事科技的迅速发展，正使得人们的这种梦想越来越接近于现实。

在一次战斗中，A军以数十辆主战坦克掩护步兵向B军阵地发起冲击。B军反坦克部队奋起反击，一发发反坦克导弹准确地射中目标，但是，A军坦克好像只是被轻轻地"挠"了一下，依旧"昂首挺胸"地冲向B军阵地，最终击溃B军，取得了胜利。原来，A军坦克之所以坚不可摧，是由于它的外壳是用一种"刀枪不入"的新型复合材料"凯夫拉"制成的。

"凯夫拉"（Kevlar）材料于1965年在美国杜邦公司诞生。它是一种芳香族聚酰胺有机纤维，我国称它为芳纶。"凯夫拉"由多种化合物质融合而成，它的特点是密度低，重量轻，强度高，韧度好，耐高温，耐化学腐蚀，绝缘性能和纺织性能好。特别是它坚韧耐磨，而且刚柔相济，几乎具有刀枪不入的本领。于是，"凯夫拉"立刻在军事上得到广泛应用，它被制成坦克、装甲车的外壳，防弹衣、防弹背心、头盔等，赢得"装甲卫士"、"防弹新秀"的美称。

对于坦克、装甲车来说，要提高它们的防护能力，必须加厚其外壳，这样肯定会加重坦克和装甲车的重量，影响其速度和灵活性。由于"凯夫拉"材料的比重比尼龙、聚酯和玻璃纤维小一半，在防护力相同的情况下，其重量可减少一半，而且"凯夫拉"层压薄板的韧性是玻璃钢的3倍，经得起反复撞击，所以，用"凯夫拉"层压薄板来代替钢、铝、玻璃钢装甲是最理想的。

据军事专家统计，战场人员伤亡数的75%是由流弹或弹片造成的。为提高作战人员的生存率，人们越来越重视对防弹衣的研制。在众多的防弹材料中，"凯夫拉"后来居上，成为材料技术领域的佼佼者。用"凯夫拉"代替尼龙和玻璃纤维，可使防弹衣重量减轻50%；防护能力增加1倍。用"凯夫拉"制成的防弹衣仅重2~3千克，穿着舒适，行动方便，很受欢迎。在黎巴嫩战场上，以军士兵穿了"凯夫拉"防弹衣，因弹片致伤人数减少了25%。以"凯夫拉"制成的防弹背心，能经受各种距离上的手枪子弹和50米距离上的冲锋枪、半自动步枪子弹的射击。"凯夫拉"同样也是制造头盔的好材料。美国用了6年时间，花费250万美元，研制出用"凯夫拉"材料制成的钢性头盔，从而结束了作为美国陆军象征的"钢锅"式的钢盔时代。新型头盔仅重1.45千克，防弹能力比老式钢盔强33%。

"凯夫拉"是军事材料园地中的一朵奇葩，它将在武器装备方面得到更加广泛的应用。

2. 技高一筹——反坦克武器

美国国防部长威廉·佩里在1995年2月国会所作的报告中指出："在战区作战中阻止敌人入侵的关键是迅速地打击和摧毁大量的敌装甲车辆，用于达到这一目的的灵巧弹药的新技术正在日趋成熟。"这说明新型的反坦克武器正在朝灵巧方向迈进。目前新型的反坦克武器主要有以下几种：

"标枪"肩射式反坦克导弹。"标枪"堪称世界上第一种单兵携带的发射后无须控装的坦克星。当射手一经锁定目标并发射肩射式导弹后便可迅速隐藏起来。"标枪"导弹重约22千克，射程2千米。其射控制置的昼夜瞄准具的目标探测距离可达到更远。"标枪"采用的是红外成像导引头，并沿顶部攻击弹道飞行，向下发射串联式战斗部。

"掠夺者"轻型近程反坦克导弹。其射程为600米，一次性使用的发射管重8.6千克，长89厘米。在对固定目标和活动目标射击的演示中取得了43发40中的命中率。

"超龙"有线制导导弹。"龙"的原型射程为1千米，此距离的飞行时间为11秒。而"超龙"能用8.6秒飞行时间飞抵1.5千米外目标处。该导弹可使用无烟推进剂，它的发射架增加了一个可拆下来的尾帽以减小噪声，使对方不易发现。由于加装了续航发动机，射程可达2千米。

"长弓海尔法"直升机发射反坦克导弹。美陆军正在研制中的"长弓海尔法"反坦克导弹准备用在 AH—64D 武装直升机上。该武装直升机的顶部立柱上安装了雷达。"长弓海尔法"反坦克导弹使用一个雷达导引头代替激光导引头，以提供发射后无须控制和在恶劣气象条件下使用的能力。"长弓海尔法"反坦克导弹在 47 发实弹射击中获得了 44 发命中的成功。26 次直升机发射全部成功。这种导弹拟在 1996 年开始低速生产。

增强型光纤制导导弹。该项目是在一个先进概念技术演示计划下进行的。增强型光纤制导导弹从"汉马"卡车上发射，发射后弹体上拖有一根很细的光缆，光缆向控制台传送导弹在飞行中红外成像导引头观察到的视频图像。该导弹还通过光缆接收射手的指令，射手根据视频监视器上显示的目标图像操纵自动跟踪装置。该导弹能攻击远至 15 千米的目标，每辆车上可装载 8 枚这样的导弹。

"萨达姆"子弹药。它是美陆军装备的第一种发射后无须控制的子弹药。美陆军的 155 毫米榴弹炮每发炮弹装有 2 枚子弹药，多管火箭炮系统的改型计划每枚火箭弹带 6 枚子弹药。每枚"萨达姆"子弹药从在 1 000 米高度的弹丸后部抛出，当降落伞下降时，它能搜索直径约为 150 米范围的自标区，并能向下发射爆炸成型弹丸。

另外，这类武器还有"蝙蝠"智能反装甲子弹药、广域地雷、传感器引爆武器等等。

3. 精确定位——炮位探测器

在第一次世界大战中，人们使用体积很大的可定向反射器来测量和确定敌方火炮的方位。在当时起了一定的作用。但是，这种反射器不能迅速测定对方火炮的方位，而是需要好几天时间，往往贻误了战机。

美国两名研究人员——麦克内利斯和康纳，发明了一种能迅速确定火炮方位的探测器。新的探测装置是在实时内探测和分析伴随超音速炮弹的冲击波，从而立即计算弹道和确定发射炮弹的火炮的位置。因此，这是一种在实时内工作的系统：炮弹一发现，探测器立即提供火炮的坐标和炮弹的飞行方向及高度。

探测器能探测步枪子弹和大口径炮弹。炮弹的大小无关紧要，只要它们不躲开传感器就能被发现。每台探测器至少有三个声波传感器，可探测到炮弹周围形成的冲击波。而每个传感器又有三个对声波敏感的元件。这些元件同石英表和超声波发射器内使用的元件一样是压电晶体。

三个压电晶体由计时电路相连，并有一个连接背景噪声减弱器的放大器。每个传感器探测它接触到的冲击波前波的传播方向。人们可以用三个前波方向重新构成一个完整的冲击波圆锥体。知道了圆锥体，就可知道传播轴。传播轴时刻都与炮弹沿着飞行的弹道相切。由此可推断弹道、炮弹的速度以及炮弹与传感器的距离。

超音速冲击波比较复杂，因为它开始时是一个清晰的圆锥体，实际上是一个过压圆锥体，很快成为一个较模糊的截锥体，即再压缩截锥体。

对这两个锥体的探测和分析，能够确定从探测器附近飞过的炮弹的类型。必须指出，确定弹道不需要三角测量，只需要简单的计算。三个前波方向提供由冲击波和圆锥体顶尖即弹道点形成的球果轴。三个传感器可得到三个弹道点，因而由此可以复原弹道和确定炮弹在经过传感器时的速度。

由于压电石英对压力的突然变化有一段反应时间（以微秒计算），因此，探测器能把周围的甚至很大的噪声同冲击波的撞击音分开。此外，探测器还有一个电路能排除假警报信号和附近爆炸的回波。

这一系统的精确度取决于三个传感器之间的距离，也取决于炮弹和传感器之间的距离。这种探测器的优点之一是造价低（约1万法郎），因为它使用的元件都是容易买得到的。

不大常用的元件是温度探测器和显示系统。前一种元件是必不可少的，因为空气中的音速随着温度的高低而变化。温度低，音速就下降。显示系统是多种多样的。对步兵来说，安装在钢盔上的液晶显示屏能标明火炮位置。在非军事方面，重要人物的汽车可以配备探测器。它不仅能确定射击者的方位，而且还能准确地指出谁首先开枪、袭击者人数及开枪次数。

4. 士兵助手——战场侦察仪

不少人在小说、电影、电视中都接触过那些本领高强、在敌人阵营中神出鬼没地获取机密情报，捕获"舌头"的孤胆英雄。侦察兵，这一充满了神奇色彩的名称对许多青少年都有着极大的吸引力。可是讲到战场侦察仪，大家或许会有一些陌生感。

1993年7月，在美国陆军的西尔堡靶场上进行了一次别开生面的新兵器战术演示。演示的单位是视频成像炮弹研究小组，他们在炮兵的配合下，发射了2发155毫米炮弹，炮弹飞行轨迹长达9500米。新奇的是，炮弹并没有爆炸，而是对预先布置在它们弹道下的4个高对比度的战术目标进行了一番视频成像侦察——这就是新颖的战场侦察仪。

美军炮兵对远距离隐蔽的非直射目标的侦察原来是采用远距离侦察分队、巡逻队、侦察兵或空中侦察机（包括固定翼飞机、直升飞机和无人航空器）等手段，其中空中侦察会受到气象条件的限制，其他的手段也不能实时通观战场的正面和纵深，有时还会造成己方人员的伤亡。

面对高技术灵巧弹药的大量使用，必须尽量提高每发炮弹的最佳实际杀伤效果，美国军方的科研人员开展了一系列研究活动，终于试制出上面所说的新颖战场侦察仪——视频成像炮弹系统。

视频成像炮弹系统用于提供精确的目标位置信息。它由 3 部分组成：视频成像炮弹作为引信组成部分的全球定位系统转发器以及视频成像炮弹地面接收机。视频成像炮弹直径 155 毫米，弹体中装有机械、光学和电子部件，弹体的侧面开有一圆形"窗口"。弹体在自旋中前进，对所飞临的目标进行扫描，将信息通过传感器发送给地面接收机。

全球定位系统集信号接收、发身和处理于一体，能接受 3 个以上的全球定位系统卫星的信号，它有一套复杂的无线电装置，能将视频炮弹发回的动态信息与卫星定位系统的信息结合起来加以分析验证。地面接收机是一部无线电信号处理装置，当它收到来自弹上的模拟射频信号后，立即加以数字化，并校正、删除误差，将信息送至"阿法兹"电脑系统处理分析。

上述整套系统可使炮兵不用前方观察即可实现自动试射，大大提高了现代战争中炮兵的机动性、即时性，提供实时的目标侦察和战斗毁伤评估能力，减少目标定位误差，而炮后射击精度的提高还减少了所需弹药数，从而减轻了后勤的负担，与此同时，这一系统还能为参谋部提供目标区的其他信息数据等等。

专家指出，这种新颖的战场侦察仪作为现代各种侦察手段的补充，有极大的发展潜力，将大大提高炮兵在实战中的地位和作用。

5. 空中"神眼"——预警机

1982 年 6 月 9 日，在黎巴嫩贝卡谷地正在进行激烈的叙以之战。整场战斗只持续了短短的 6 分钟，可是出乎人们意料的是，在这几分钟间，以色列共击落了叙利亚战斗机 81 架，摧毁叙方导弹阵地 19 个，取得了辉煌的战果，而对手却还没有弄清楚是怎么一回事呢！这样速战速决的典型战例实在少见，于是，这场战斗被传媒炒得"火热"，并被蒙上了一种神秘的色彩。后来，许多军事家研究此战例，认为以方取胜的主要原因之一，是他们运用了"鹰眼"式预警机。那天，以方派出了"鹰眼"——E—2C 空中预警机在黎巴嫩西海岸 9 000 米高的上空巡视，严密监视叙利亚的空军基地和导弹发射场。叙利亚的飞机一起飞，E—2C 预警机就把其机型、速度、高度和航向等数据传送给己方的作战机和地面指挥中心。这样，以方就完全掌握了战斗主动权，而叙方则处在被动挨打的位置。

"鹰眼"式预警机于20世纪60年代在美国问世，到目前为止，已生产了170多架，其中绝大部分供美国海军使用，有少数出口。预警机的机载设备非常复杂，主要包括雷达、电子对抗、通信导航、显示设备和中央处理机等。E—2C预警机的性能之所以能达到这样的水平，是经历了一个不断改进和发展的过程。

E—2C预警机的第一种生产型问世后，在越南战场上使用时暴露了一些问题，主要是雷达性能较差，探测距离短，抗干扰能力低，精度不够。发展成第二种机型即E—2B之后，还是不能符合军方要求，直到E—2C出现后，机载设备性能才有了大幅度提高。它的抗干扰能力强，具有一定下视能力，探测距离加大，并且可同时自动跟踪2 000个目标，具有指挥控制40个以上空中截击任务的能力。由此可见，E—2C预警机从问世以来一直在改进和发展，以适应日益复杂的战场环境。

在1991年的海湾战争中，美国派出了24架E—2C预警机10架E—3A和2架E—8A相配合，组成了强大阵势昼夜值勤巡逻，一旦发现敌机马上通知多国部队的巡逻战斗机前往拦截。此外，E—3A和E—2C还负责战场空域的协调和机群指挥任务。当时，海湾上空非常繁忙，每天都有几千架次多国部队不同型号的飞机执行不同的任务。预警机像一个空中指挥中心那样进行协调指挥，使空中来来往往的飞机没有发生撞机和误伤的情况。多国部队的一位飞行员感慨地说："有预警机指挥，我们就有了安全感。"

预警机在现代战争中的重要作用日趋明显。有人说，在战场上交战双方有没有空中预警机大不一样。有了它，知己知彼，在战场上便赢得了主动权；缺了它，就会陷于被动挨打的局面。可见，预警机的名声鹊起，是经过实战检验的，它不愧为"空中指挥控制中心"。

6. "贴身保镖"——防弹衣

现在有许多古代题材的电视剧、电影，我们经常可以看到很多古代的战争场面：身着古装的士兵们摆开阵势，个个穿甲戴盔手持盾牌，面对敌方的飞矢流箭毫无惧色，继续前进……为什么他们能抵挡大部分射来的利箭呢？原因就在于他们有了"护身之宝"——盔、甲、盾牌。这是当人类认识刀、箭等器械能伤害人体的同时，也寻找出某种能作为防身护卫的工具。

古代的盔甲盾牌或用金属或用藤条制成，具有坚韧、轻薄的特点，在战场上为保护将士的生命立下了汗马功劳。不过这些护身之宝仍然比较笨重，穿在身上还会影响人的行动，其防护的能力也有很大局限。

到了现代，这种进攻与防卫的"矛盾"现象，则构筑了现代科技无穷无尽的研究课题。而各种各样的新型"护身之宝"已成为人们祈求人身安全、趋吉避凶的工具。

以防弹衣为例，作为防护枪弹和弹片伤害的特殊服装，是20世纪中叶科技发展的产物。不过，这"护身之宝"的"第一代"由特种钢、陶瓷制作，不仅笨拙而且十分不便；"第二代"则改用合成尼龙、特种塑料做成，但仍然过重，且防弹效果不理想。

20世纪70年代中，世界上有了合成的芳纶纤维，产生了具有高比强度和高比模量的新一代的软质防弹衣。到了80年代末，超高分子量聚乙烯纤维的出现，使制成轻软质地的防弹衣与芳纶配合使用，做成防弹服。

在我国，研制防弹衣起步较晚。上海引进了世界上最先进的特种纤维，研制成我国最新一代的"东威"防弹衣、防刺衣，并于最近获得国家专利。这种防弹、防刺衣经公安部试验，在高速弹丸撞击穿透时，防弹层能有效地遏制与耗散弹丸动能，并变动能为热能，使弹丸熔化变成钮扣状而停滞于防弹层间，其冲击能量又迅速向四周传递，从而减轻和护卫对人体的撞击，确保穿着者的生命。

这类填补国内空白的防弹、防刺衣，轻巧、透气，如KE1型西装马甲防刺衣，就可供广大公安干警、保安人员、出租车司机、金融财会人员等使用。

当然，现代化的护身之宝的种类还很多，如防毒面具、防化服装、避弹汽车等，都可归入这一类中。它们与古代的盔甲盾牌自然不可同日而语。

7. 以假乱真——伪装术

"草船借箭"的故事，大家一定很熟悉。诸葛亮正是利用漫天大雾，隐蔽了自己的真实目标和意图，而以扎制的草人和擂鼓呐喊，显示了他的假目标和假意图，使曹操受骗上当，这就是伪装术。从军事学角度讲，伪装的意思就是隐蔽自己的真实目标和意图，故意显示假的目标和意图。

当然，随着科学技术的发展，侦察的手段也越来越高明，诸葛亮的草人不一定能瞒过当代的曹操，但是不要忘记，魔高一尺，道高一丈，伪装手段也可以利用现代科学技术的成果。现代伪装技术是现代侦察手段的对立面，它们都在实践中不断地取得更大的进展。

在现代战争中，军用车辆、坦克、火炮都涂上绿色涂料，目的就是让它们在绿色的植物背景中不易被发现，这在军事上叫做"保护色迷彩"。过去保护色迷彩用的是普通绿漆，现在使用的已是特殊涂料。这种涂料一是没有光泽，不会在阳光的照射下产生耀眼的反光，二是它具有良好的近红外反射特征，对方更难发现这种目标。

单一色的保护迷彩所适合的场所还是有限的，所以专家们又研制出隐蔽能力和适应性更强的多色变形迷彩。比如坦克就用三种或四种颜色涂成不定形的斑点，成为图案奇特的花坦克。这些花坦克的一部分颜色和背景融合，另一些颜色却和背景形成明显对比，结果就歪曲了坦克的轮廓，敌方很难发现和识别。这种新的多色迷彩在军队装备中被广泛运用，"迷彩服"、"迷彩帐篷"等等都是这一类伪装术。

如果经常要根据地域、季节的变换来改变迷彩图案的颜色，终究还是一件麻烦的事。于是专家们又在研制"光变色涂料"——能随着背景色调的变化而自动变换颜色的新型涂料，这是高科技的产物，有人把它叫做"变色龙涂料"。例如一种用来伪装海上舰船的变色涂料，在晴天呈绿色，夜间或在红外线照射下呈黑色。这项技术目前还在继续研制和完善之中。此外，人们还在研究吸收雷达波和吸收热红外的涂料，这些新颖的涂料本领就更大了。

伪装技术还表现在"以假乱真"方面。早在第二次世界大战中，盟军就多次用假设的高炮阵地和坦克集群吸引过德国的轰炸机群。这种方法在两伊战争和海湾战争中又被再次使用，只不过假坦克、假飞机、假高炮的材料由木材、铁皮变成了充气薄膜、泡沫塑料等。其外型和色彩、光泽几乎可以乱真，据说伊拉克的假"飞毛腿"导弹就使美国飞行员多扔了很多吨炸弹。

在这种伪装术中同样要考虑对方的雷达、红外和其他侦察手段，所以热辐射问题、金属反射罩等也都是常用的手段，此外，烟幕伪装本领也是花样百出、手段高明的。

总之，现代的伪装技术正向着宽频段、多用途、高科技的方向发展，现代的"草船借箭"故事仍会在战争中以新的形式出现并逐渐完善。

8. 先声夺人——我军的第三代迷彩服

在现代战争中，暴露就等于死亡。我国国防科研人员在第一代、第二代迷彩服的基础上，又成功地研制成了第三代迷彩服。新型迷彩服的特点是伪装和隐蔽性能进一步提高，而且适应面扩大，使身穿这种迷彩服的士兵与周围环境浑然一体，不被对方发现。

迷彩作训服是现代军服系列中的一个特殊种类。1993年5月1日，我军正式列装八九式迷彩作训服。这便是我军的第三代迷彩服，属林地型。回顾一下我军迷彩作训服的历史，第一代是保护迷彩，第二代是仿造迷彩。八五式和八七式作训服都属前两代产品，其中八七式陆军迷彩作训服虽有林地、草原、荒漠等型色，而且又为夏、冬两种，但是都没有防红外夜视功能，因而不能适应现代战场尤其是夜间作战的各种需要。八九式迷彩服与前两代迷彩服相比有着质的飞跃，它采用各种不定形斑点，组成多色变形图案，从而歪曲了目标的轮廓。迷彩图案的颜色与背景融合，成了背景的一部分，斑斓的颜色又与背景形成反差，在一定的观察距离上歪曲了目标。因此，一个单兵的外形会分解成三段或五段不相干图形，使观察者无从辨认。迷彩服制作技术的关键环节是染料的配制，这是一种专门对付红外探测仪器的红外荧光合成染料。我军科研人员瞄准国际先进技术，下决心搞出自己的迷彩服染料。他们在全国范围内进行了广泛的自然环境背景调查，筛选了国内 2 000 多种染料配方，并且参考阅读了国外有关资料，经反复试验，终于研制成功了我国的迷彩服染料。

八九式迷彩作训服的隐蔽性能极好，这种第三代迷彩服在作战条件下的发现率低于普通绿军装 20% 以上，在同样 1 000 人的战斗单元里，可减少伤亡 20 人。用八九式迷彩服与外军迷彩服在红外夜视仪和红外照相上作背景对比试验，我军的迷彩服装要比日本军队的迷彩服强，仅次于美军。

1992 年，中国人民解放军工程大队 400 人以联合国维持和平部队身份赴柬埔寨期间，身着第三代迷彩服的中国工程兵部队受到了其他国家维持和平部队的赞扬。

目前，我军已研制出 7 种迷彩作训服：林地型、丛林型、山地型、荒漠型、市区型、海洋型和雪地型。市区型有水泥砖石的质感，海洋型像是泛着波光，荒漠型似有沙石的阴影，雪地型模拟枯草和融雪露出的岩石。这新一代的迷彩做训服在未来的战争中成为中国军人当之无愧的"保护神"。

9. 独树一帜——我国海洋迷彩服

海洋迷彩服是中国海军有关部门自行研制的，主要供海军陆战队使用。经有关情报中心联机检索，迄今为止，世界上其他国家还没有海洋迷彩服的记载。

海洋迷彩服是以适应海洋自然背景条件为基本要求而制作的战斗伪装服。中国海军陆战队在平时着装与海军其他部队一样，但由于作战空间、作战样式以及战术技术等方面的特殊性，对他们的战斗服装有一些特殊的要求。在服装结构上，要求有良好的人机功效，穿着方便舒适，能有效地遮蔽和防护人体皮肤；在制作上要求牢固平整，造型外观要协调大方，综合体现海军的特点和陆战队的特点，有特种部队的威严和"野感"；在面料的选择上，要求有良好的吸湿性、耐酸碱性及较高的强度，耐撕扯，耐磨损，并能有效地防可见光、红外侦察和一定的防光辐射、防火、防潮能力。同时面料质地应该柔软、缩水性小、挺括，色彩稳定不褪色。

海洋迷彩服的颜色，应能适应于两栖作战的特点，理想的色彩是四种颜色：银灰白、浅天蓝、叶绿、黑褐。海洋迷彩眼的帽檐比一般的训练帽檐宽而长，从而有效地降低了紫外线对面部的照射和太阳余光对眼睛的影响。在战斗帽的内部，采用海洋迷彩布衬圈，增强了吸汗性和舒适性，避免了一般训练帽汗水顺面部、眼窝往下流，刺激眼睛和影响战士瞄准、观察的缺点。

现代两栖作战的战场环境相当恶劣，用最简便的手段确保作战服装蔽体是战场防护与生存的基本要求。海洋迷彩服的衣兜制作也充分考虑到两栖作战的需要，其上衣的左右胸前和右臂上各有一个兜。右臂上的兜可以装一个急救包或一盒饮料，而左臂上没兜是为了钉缀海军陆战队臂章。海洋迷彩服的裤子上有6个兜，其中臀部两个贴布平兜，胯关节外侧两个斜插兜和大腿外侧两个布兜。这是因为考虑到作战人员的坐卧、蜷曲、蹲跪等动作的方便，大腿外侧的兜不论什么姿势都能用，很大，可以放急救包、手雷、弹匣和战时口粮。海洋迷彩服还有一个伪装帽套，它可以大大降低钢盔的热辐射。在伪装帽的一圈小布套上，还可以插上作战地区生长的草叶等。总之，海洋迷彩服强调把人体各个部分尽可能遮蔽起来，因为海洋迷彩服作为陆战人员最基本的防护手段，首先要确保人员皮肤不灼伤、划伤和碰伤，同时使战士的皮肤尽可能不受外界各种不利因素的影响。另外，海洋迷彩服还有一个斗帽和一个面罩，在需要时可有效地把人的脸部和脖颈都遮蔽起来，以提高伪装和防护效果。作为独特的战斗伪装服，海洋迷彩服已成为中国海军陆战队的象征。

10. 空中"间谍"——多用军用卫星

在举世瞩目的海湾战争中，多国部队曾在中东上空使用了不少军用卫星，这些形形色色的军用卫星在"沙漠盾牌"、"沙漠风暴"计划的胜利完成中起了很大的作用。

多址通讯卫星是美国海军的一种轻型军用存储和转发卫星，它能从有人值守的地面站和无人看管的传感器接收到电文信息。美国派兵进驻沙特阿拉伯后，为寻找支援"沙漠盾牌"行动的手段，就多次利用多址通讯卫星的存储和转发能力。据美国海军陆战队的查尔斯·盖格上校说："该系统一天可传输20—50页信息，这种传输速度是惊人的。"

舰队通讯卫星是一个以美国海军为主、海空军联合使用的特高频军用通讯卫星系统。它能在海军飞机、舰队、潜艇与地面站之间建立除两极地区以外的全球特高频卫星通讯。该系统不仅可以满足整个舰队的全球战术指挥、控制和通讯的需要，而且还可以使美国军事当局、地面指挥中心直接同舰队中任何一艘舰只进行通讯。

"白云"号海洋监视卫星是一种用来监视海上舰只和潜艇活动、侦察舰上雷达信号和无线电通信的军用卫星。它能有效地探测和鉴别海上舰船并准确地确定其位置、航向和航速。"白云"号卫星每次发射时一箭 4 星，一颗重约 450 千克的主卫星和 3 颗各重约 45 千克的子卫星同时截获各种舰载雷达信号，以测定水面舰只的位置。卫星上只带被动式侦察设备用以接收目标发射或辐射的雷达信号，一般载有电子信息收集系统，为了探测潜航的核潜艇，还装备有毫米波辐射仪和红外扫描器。

DSD 卫星为综合型导弹预警卫星。它的主要任务是：探测地面和水下发射的洲际弹道导弹尾焰并进行跟踪，提前获得 15～30 分钟的预警时间；探测大气层内和地面的核爆炸并进行全球性气象观测。

可在全球范围内连续提供位置、速度和时间三维信息的导航星一全球定位系统是一个无线电导航系统。该卫星系统所提供的极其精确的空间和时间信息对于陆上和空中战斗及其支援活动有极其重要的价值，它能使地面部队在沙漠和丛林地带更好地行军；能有效地改进炮队和空地攻击的准确度和协作效果；能使喷气战斗机在空中更顺利地会合并完成加油任务；能让货运飞机准确地把给养和物品空投到 9～12 米范围内的地面区域；能让战斗轰炸机在使用普通炸弹时其轰炸的精确度可与使用特殊的"灵敏"炸弹不相上下。

国防气象卫星每天绕地球 14 圈，美国军事气象人员通过它收集各种各样详细的气象数据，了解和观测全球各地变化万千的气象情况，根据这些情况，军事指挥人员可迅速作出是否执行各种任务的决定。

以上所述这些功效各异的军用卫星，将来在现代战争中一定会发挥重要的作用。

11. 天网恢恢——中国 IBIS 超低空目标指示雷达

20 世纪 60 年代以后，随着导弹技术的发展，中、高空防御能力日益得到加强，而低空和超低空突防则越来越被广泛使用。同时，由于低空无人飞行器技术的成熟，使用无人机也逐渐成为现代战争中重要的低空和超低空突防手段。这在中东战争、马岛战争、莫斯科红场事件以及海湾战争中都有生动的事例。

针对这种趋势，我国的国防科研部门及时研制了新型的 IBIS 雷达。这是一种低空性能好、多目标能力强、反应速度快、抗干扰性能好、自动化程度高、操作维修简便的超低空目标指示雷达。

IBIS 雷达是一种全相参脉冲多普勒雷达。它能在强地物干扰背景下检测目标，而且面对现代电子战环境以及多方位纵深突防战术有广泛的适用性。它能在各种复杂情况下为防空系统提供低空和超低空目标的准确指示，并与导弹、火炮等武器一起组成机动的野战防空系统，也可纳入现有的各类防空体系中，从而使该体系具有低空和超低空防御能力。

IBIS 雷达在全相参收发的基础上，又采用了数字自动目标检测技术来实现强杂波干扰下的活动目标检测，并且具有速度分辨功能，还可采用杂波图来实现慢速目标检测，所以它的低空和超低空探测能力特别强。该雷达在越野车辆装载条件下，天线可升高 12 米，以便扩展视野，克服邻近地物遮挡，保证雷达设备的机动性和良好的低空观察性能。以上各种设施使 IBIS 雷达能在野战的复杂环境中，探测到敌方各类试图利用地形来隐蔽自己的低空和超低空目标。IBIS 雷达的信息处理功能也很强，该雷达所获取的目标信息最后是以数字方式用硬件和计算机来提取并加工处理的。通过对天线各次扫描间目标点迹的航迹相关和卡尔曼滤波处理，使雷达具有一定的目标识别功能、目标自动录取功能和多目标跟踪功能以及信息处理的快速反应功能。

IBIS 雷达的抗干扰性能尤其出众。由于采用数字技术和计算机技术，该雷达在强地物干扰下能实现弱信号检测并同时进行反干扰。它还具有较强的抗雨、云干扰，抗电磁波干扰，抗箔条干扰等性能。另外，该雷达在工作过程中能自动检测有源干扰，并在该干扰所在空间方位上自动跳频，反应速度小于 3 毫秒，从而能有效地抗阻塞式干扰和掩护式宽带噪声干扰。

IBIS 雷达的自动化程度高，该雷达有一个分布式多微机网络监控系统，实现了雷达操作的程序控制和雷达电子设备运行状态的实时监视以及故障的机内定位，因此它操作容易，维修简便，很受雷达部队官兵的欢迎。配上必要的数据传输设备，还可实现雷达遥控和无人看守。

敬 启

本书的编选，参阅了一些报刊和著作。由于联系上的困难，我们与部分入选文章的作者未能取得联系，谨致深深的歉意。敬请原作者见到本书后，及时与我们联系，以便我们按国家有关规定支付稿酬并赠送样书。